1278

(Couvrir la couverture)

EXPOSITION UNIVERSELLE DE 1900

3889

Société Houillère de Liévin

NOTICE

HISTORIQUE ET DESCRIPTIVE

MAI 1900

DOUAI

IMPRIMERIE PAUL DUTILLEUX
45, Rue de Bellaing, 45

1900

SOCIÉTÉ HOUILLÈRE DE LIÉVIN

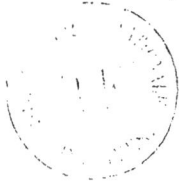

NOTICE

HISTORIQUE ET DESCRIPTIVE

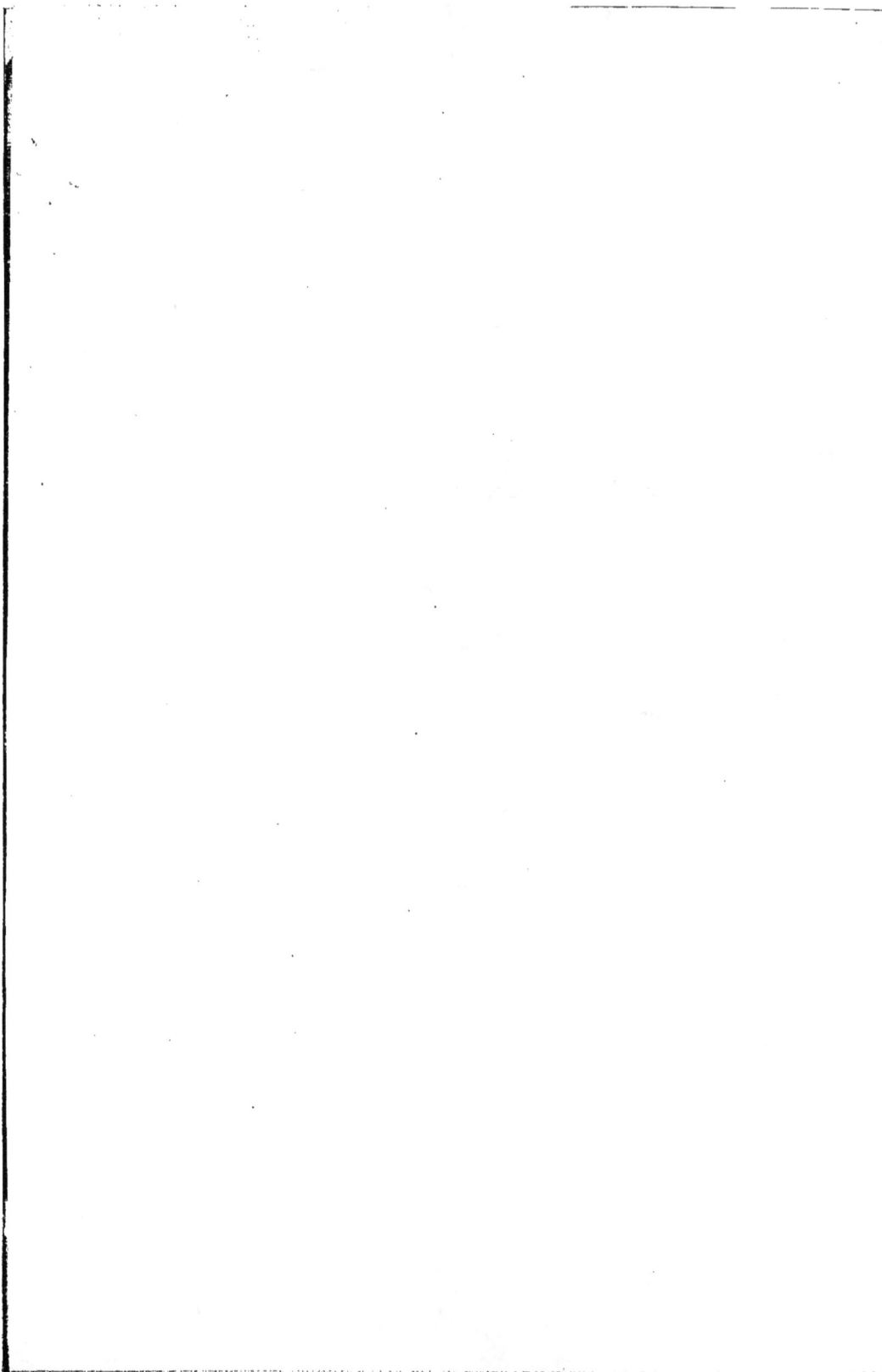

EXPOSITION UNIVERSELLE DE 1900

Société Houillère de Liévin

NOTICE

HISTORIQUE ET DESCRIPTIVE

MAI 1900

DOUAI

IMPRIMERIE PAUL DUTILLEUX
45, Rue de Bellaing, 45

—

1900

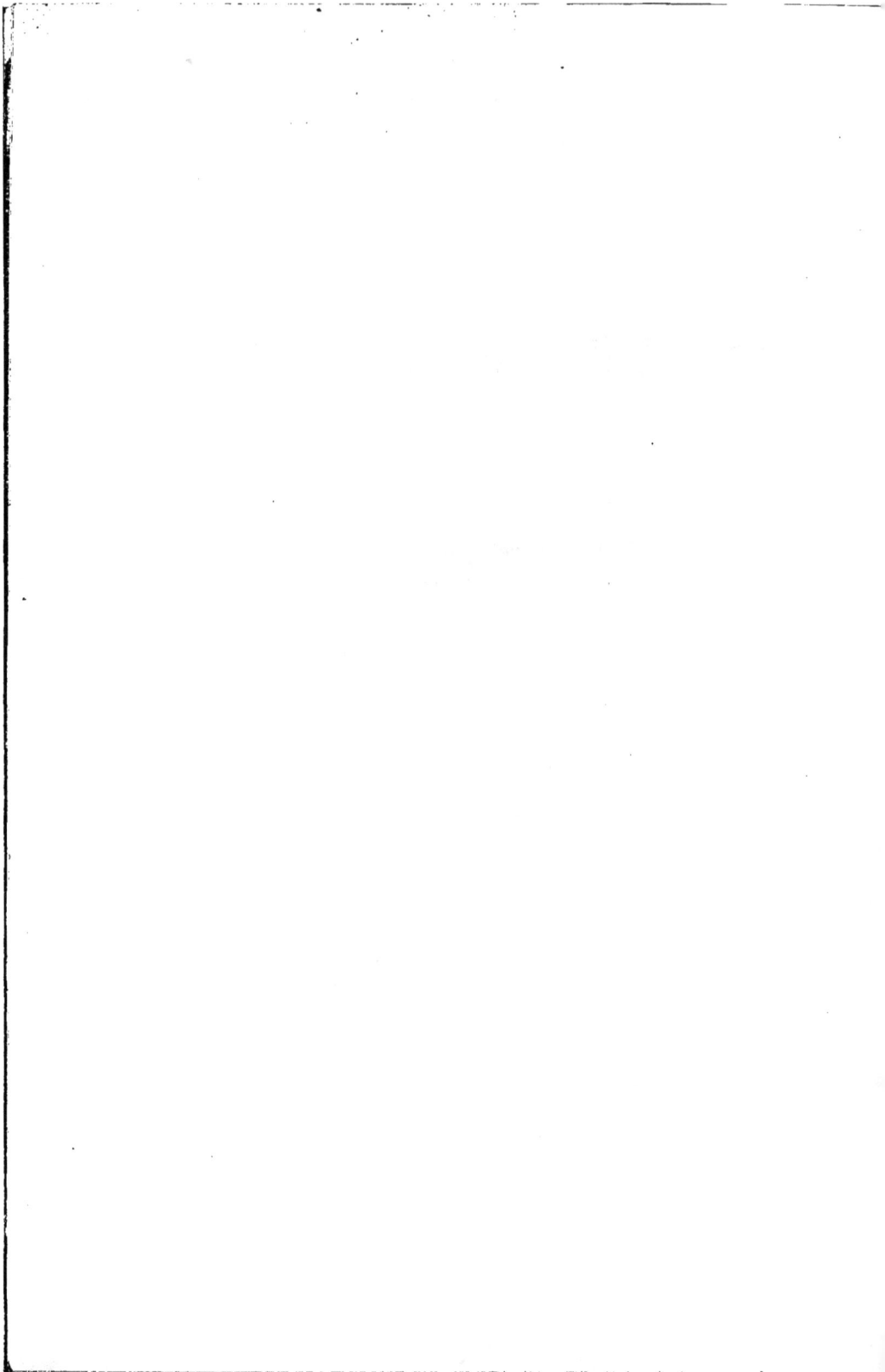

TABLE DES MATIÈRES

                                                                    Pages

NOMENCLATURE DES OBJETS EXPOSÉS   XI

SOCIÉTÉ HOUILLÈRE DE LIÉVIN   1

TRAVAUX DE RECHERCHES ANTÉRIEURS A LA CONCESSION :

    1º *Travaux de la Société de Liévin*   4

    2º *Travaux de la Société des mines de Lens* . . .   5

    3º *Travaux de la Société d'Aix*   6

    4º *Travaux de la Société de Béthune*   7

  Conclusions   7

TRAVAUX DE RECHERCHES POSTÉRIEURS AU DÉCRET DE CONCESSION :

  Première extension   9

  Deuxième extension   10

  Troisième extension   12

  Quatrième extension   13

LITIGE ENTRE LES SOCIÉTÉS DE LIÉVIN ET D'AIX   14

CONCESSION ACTUELLE :

  Situation géographique   15

  Situation par rapport aux autres concessions houillères . .   16

  Délimitation   16

ROUTES ET VOIES DE COMMUNICATION   18

ALTITUDE   20

APERÇU GÉOLOGIQUE   20

  Terrain quaternaire   21

  Terrain tertiaire   21

  Terrain crétacé   22

  Terrain primaire   27

TERRAIN HOUILLER   31

	Pages
Allure générale des couches	33
Failles importantes	34
Accidents secondaires	36
Composition du terrain houiller	36
Epaisseur des terrains séparant les couches	36
Nature des charbons	37
Gayet	37
Résultats généraux des travaux de recherches récents	38
EMPLACEMENT DES PUITS ET INSTALLATION	40
MÉTHODES D'EXPLOITATION	42
Déboisage	44
Abatage	44
PUITS :	
Creusement	45
Application du procédé Kind-Chaudron au siège nº 4	46
Creusement du puits nº 5	51
Aménagement des puits	52
Approfondissement des puits	52
Guidage	52
Revêtement des puits	54
CREUSEMENT DES GALERIES	55
Perforateurs à bras	56
Creusement des bowettes	56
Plans inclinés à travers bancs et beurtias	57
Emploi des explosifs	57
Allumage des mines	58
BOISAGE ET REVÊTEMENT DES GALERIES :	
Boisage	58
Muraillement	59
Blindage en fer	59
TRANSPORTS INTÉRIEURS :	
Chargement	61
Transport jusqu'au plan incliné	61
Transport par chevaux	61
Etablissement de la voie	62
Matériel roulant	63
Berlines en tôle d'acier	63
Essieux et roues de berlines	64

	Pages
Mode de graissage.	64
PLANS INCLINÉS.	64
EXTRACTION :	
Accrochages	65
Cages	65
Câbles.	65
Molettes	66
Chevalements	66
Changement de cage.	67
Machine d'extraction.	67
Bobines	68
Machine de secours	68
Freins.	68
Servo-moteur	70
Appareils indicateurs des machines d'extraction.	70
Translation du personnel	71
Téléphone	71
Evite-molettes	71
EPUISEMENT.	73
GRISOU	74
Dégagement de grisou des vieux travaux	76
Variations des dégagements de grisou par suite de l'arrêt des vieux travaux	76
Régime du grisou dans la houille.	80
Analyses du grisou au point de vue de l'azote et de l'argon.	81
VENTILATION :	
Aérage naturel.	82
Ventilateurs.	83
Influence de la cheminée	84
dᵒ du nombre des ailes	84
dᵒ de la forme des ailes	84
dᵒ de la largeur des ailes.	84
dᵒ de la double ouïe	85
Ventilateur à grande ouïe	85
Influence de l'ouverture de la vanne.	85
Du moteur des ventilateurs.	86
Graissage automatique des paliers du ventilateur Guibal.	86
Rendement des ventilateurs	87
Orifice équivalent.	88

Pages

Ventilation intérieure. 91
POUSSIÈRES CHARBONNEUSES. 92
ÉCLAIRAGE 92

Organisation des lampisteries 93
Appareil d'essai pour lampes de sûreté. 93

SURVEILLANCE AU POINT DE VUE DU GRISOU 94
RÉGIME THERMOMÉTRIQUE DE LA MINE 95
GÉNÉRATEURS 96
COMPRESSEURS D'AIR 97

Canalisation d'air comprimé 98

NETTOYAGE ET CRIBLAGE 98
CANAL DE LENS A LA DEULE 99
QUAI D'EMBARQUEMENT. 101
RENSEIGNEMENTS SUR LES APPAREILS DU QUAI 104

Coût des installations. 104

ATELIERS 105
MAGASINS 106

Bois de mine 106
Provenances. — Approvisionnements 106
Achats. — Classification. 107
Conditions de fournitures 109
Essais à la rupture. 110

ÉCLAIRAGE DE LA SURFACE 112
MAISONS OUVRIÈRES 112

Entretien 113
Recensement de la population 114

INSTITUTIONS DE PRÉVOYANCE 114
AVANTAGES ACCORDÉS PAR LA COMPAGNIE A SES OUVRIERS EN SUP-
PLÉMENT DE LEURS SALAIRES (1899) 115
HARMONIE DES MINES DE LIÉVIN 117
BILAN GÉNÉRAL AU 30 JUIN 1899. — PASSIF, ACTIF. 118
CONSEIL D'ADMINISTRATION ET PERSONNEL DIRIGEANT DEPUIS L'ORIGINE
DE LA SOCIÉTÉ 119
CONSEIL D'ADMINISTRATION, COMITÉ DE VÉRIFICATION DES COMPTES,
INGÉNIEUR-DIRECTEUR ET HAUT PERSONNEL DE LA SOCIÉTÉ . . . 120

RENSEIGNEMENTS STATISTIQUES ET TECHNIQUES :

Tableau du personnel Employés. 123
— du personnel Ouvriers 124
— de l'extraction de la Société depuis son origine . 125
— de la vente par départements et par industries . 126
— du cours des actions, du capital d'après ce cours
et des dividendes distribués. 127
— renseignements sur les puits. 128
— — sur le matériel d'extraction. . . 129
— — sur les châssis à molettes et cheminées. 130
— — sur les générateurs 131
— — sur les machines des criblages . 132
— — sur les compresseurs. 133
— — sur les machines locomotives. . 134
— — sur l'électricité 135

ANNEXES :

Flore houillère. 139
Statuts de la Société houillère de Liévin. 143
— de la caisse de liquidation 155
— de la caisse de secours. 163
Compte rendu des opérations de la caisse de liquidation
en 1899 175
Compte rendu des opérations de la caisse de secours en
1899 179
Règlement sur les mesures de sûreté. 183
— sur les mines à grisou 191

NOMENCLATURE DES OBJETS EXPOSÉS

1. ÉVITE-MOLETTES AVEC PLANS EXPLICATIFS.

2. APPAREIL ENREGISTREUR DES VITESSES DES CAGES ET DES SIGNAUX DU FOND.

3. APPAREIL POUR ESSAYER LES LAMPES DE SURETÉ DANS LES MÉLANGES EXPLOSIFS.

4. FOSSILES DES TERRAINS DÉVONIEN ET SILURIEN TRAVERSÉS PAR LE PUITS N° 5.

5. VUE PANORAMIQUE, COUPES ET PHOTOGRAPHIES DU SIÈGE D'EXTRACTION N° 4.

6. PLAN DE LA CONCESSION.

7. COUPE NORD-SUD PASSANT PAR LE PUITS N° 1 ET INDIQUANT LES DÉCOUVERTES FAITES DANS LE SUD DE LA CONCESSION.

8. TABLEAU GRAPHIQUE DE LA PRODUCTION.

9. ALBUM DES PLANS DU SIÈGE N° 4.

10. ALBUM DES PLANS GÉNÉRAUX.

Société Houillère de Liévin

NOTICE

HISTORIQUE ET DESCRIPTIVE

Société de Liévin

Aux débuts de l'année 1858, MM. Adolphe Deslinsel, fabricant de sucre à Denain, Courtin, cultivateur à Lourches, Charles Hary, cultivateur au Verger et les personnes ci-dessous désignées s'associèrent pour exécuter des travaux ayant pour but la recherche de la houille au Midi du bassin du Pas-de-Calais.

PROCÈS-VERBAL DE LA 1ʳᵉ RÉUNION DES ASSOCIÉS

Séance du 10 mars 1858, tenue chez M. CAVALLY, Hôtel de l'EUROPE, rue Saint-Jacques à Douai

Étaient présents :

MM. Adolphe Deslinsel, Maire et fabricant de sucre à Denain, porteur de deux parts dont une pour M. Aimé Deslinsel, son frère, propriétaire à Onnaing. . . . . 2 parts.

François Courtin, cultivateur à Lourches (personnellement) 2 »

Charles Hary, cultivateur au Verger, porteur de deux parts dont une pour M. le baron d'Herlincourt, propriétaire à Éterpigny . . . . 2 »

Desailly, négociant en grains à Cambrai (personnellement) 1 part.

Henri Crépin, cultivateur à Villers-lez-Cagnicourt (id.). 1 »

Jules Emond, notaire à Berlaimont, porteurs de deux
parts dont une pour M. Marie, son parent . . . . 2 »

Forest, propriétaire à Paris (personnellement) . . . . . 1 »

Charles Hayez, négociant à Douai, porteur de trois
parts dont :
Une demie à lui personnellement.
Une demie pour M. Hyacinthe Hayez, son frère.
Une demie pour M. Henry Hayez, son frère.
Une demie pour M. Lenoir, son parent.
Une part pour M. Aligard, son beau-frère. . . . . . . 3 »

Edmond Honoré, brasseur à Douai, porteur de deux
parts, dont une part pour M. Monscourt de Fressies, son
beau-père . . . . 2 »

Stiévenart, fabricant de cordages à Lens (personnellement) 1 »

Defernez, ingénieur à Lourches, porteur de deux
parts, dont une pour M. Victor Fauville de Neuville-sur-
Escaut . . . . 2 »

Villette, négociant en bestiaux à Féchain (personnellement) . . . . 1 »

TOTAL. . . . . 20 parts.

Les membres présents, tant en leur nom qu'en celui des personnes qu'ils représentent, déclarent se constituer en Société pour la recherche de la houille, dans le département du Pas-de-Calais.

M. Courtin propose d'adresser à l'Administration supérieure une demande en concession, pour l'extraction de la houille sur toute la longueur de la ligne Sud non concédée du bassin du Pas-de-Calais, depuis les fortifications de la ville de Douai jusqu'à la limite Est de la Compagnie de Nœux, sur une largeur moyenne d'environ deux kilomètres.

Cette proposition est acceptée à l'unanimité.

Les membres présents désignent M. Defernez pour la direction des travaux de sondage.

Ils nomment commissaires MM. Adolphe Deslinsel, François Courtin et Charles Hayez, à qui ils donnent pouvoir de faire les appels de fonds nécessaires au service des travaux, jusqu'à la concurrence de

20,000 francs (ou 1000 francs par part), et faire, au nom de la Société, les démarches nécessaires pour mener l'entreprise à bonne fin.

Vu et approuvé par tous les membres présents ci-dessus désignés.

Douai, le 10 mars 1858.

(Suivent les signatures).

Il paraît intéressant de faire remarquer que la proposition de M. Courtin, de demander en concession depuis la ville de Douai jusqu'à la limite est de la concession de Nœux et sur une largeur moyenne de deux kilomètres, comprenait exactement ce qui a été concédé par la suite, à la Société de Bully-Grenay (en extension), à la Société actuelle de Liévin, et plus tard à celles de Drocourt et de Courcelles-lez-Lens.

La Société de recherches fit face à toutes les dépenses par des apports successifs, et s'adjoignit un certain nombre de nouveaux sociétaires (en augmentation du nombre de parts ou en remplacement de ceux qui s'étaient retirés).

Le 14 avril 1859, un acte sous seing-privé réglait la constitution de l'association, comme société civile, pour l'exploitation de la houille dans la concession, dont la demande était faite sous le nom de *Société houillère de Liévin.*

L'acte divisait le capital en trois cent vingt-quatre parts avec obligation pour chaque associé de verser 1,700 francs par part, suivant des appels de fonds à déterminer par le Conseil d'Administration.

Il prévoyait, en outre, la transformation de ces parts en actions, après l'obtention de la concession ; il décidait que ces actions seraient de 1,000 francs et que leur nombre ne saurait être inférieur à 2,700 ni supérieur à 3,000.

Enfin, le 1er décembre 1862 (la concession datant du 15 septembre 1862), les statuts, qui régissent la Société depuis cette époque, furent élaborés à Douai et déposés en l'étude de Me Bauvois, notaire à Valenciennes, par acte du 16 décembre 1862. (Voir ces statuts aux annexes).

Travaux de Recherches antérieurs à la Concession

(28 Mars 1858 — 15 Septembre 1862)

(Voir planche II pour la position des sondages)

TRAVAUX DE LA SOCIÉTÉ DE LIÉVIN

Le 28 mars 1858, un premier sondage (n° 1607), fut entrepris à 200 mètres environ de la limite méridionale de la commune de Lens, contre l'ancien chemin de Liévin à Lens. Un accident força de l'abandonner dans la craie, à 124 mètres de profondeur.

Un deuxième sondage (n° 1610), fut attaqué le 9 juin 1858 à 312 mètres environ, au Midi de la concession de Béthune, à l'intersection du chemin de la place et du plat fossé. Il rencontra le terrain dévonien à 123ᵐ50 et le terrain houiller à 129 mètres, avec une couche de houille de 0ᵐ50 environ à 134ᵐ86, après avoir traversé quelques mètres de schistes bleuâtres, et fut arrêté à la profondeur de 186ᵐ40.

Le troisième sondage (n° 1613), entrepris le 19 juillet 1858, contre le chemin d'Eleu à Avion et à 320 mètres de la limite Sud de la concession de Lens, atteignit des schistes bleuâtres dévoniens à 126ᵐ20; il fut arrêté, puis repris et trouva le terrain houiller à 170ᵐ70 avec filets de houille à 181ᵐ31. Il fut poursuivi, jusqu'à la profondeur de 212 mètres.

Le quatrième (n° 1615), placé le 16 août 1858 à 1,170 mètres au Midi de la concession de Lens, à l'intersection du chemin de grande communication n° 68 avec le chemin de la place, rencontra le terrain houiller à 141ᵐ60 et constata à 142ᵐ40 une première couche de 0ᵐ80, puis à 153ᵐ70 une deuxième couche de 1ᵐ34 en deux parties, séparées par 0ᵐ38 de schistes, et à 176 mètres une troisième couche de 0ᵐ80 de puissance verticale; il fut arrêté à 183 mètres de profondeur.

Enfin, un cinquième sondage (n° 1618), fut placé à 1,100 mètres environ de la limite Sud de Lens, sur les bords de la rivière la Souchez. Commencé en février 1859, il atteignit les schistes calcaires dévoniens à 129 mètres et y resta jusqu'à 233ᵐ94, point où il fut arrêté.

Puits. — Entre l'exécution du quatrième et du cinquième sondage, la Société de Liévin, pour ne pas se laisser distancer par la Compagnie de Lens, qui exécutait aussi des recherches, comme on le verra ci-après, entreprit, à 600 mètres au Midi de la concession de Lens, un puits de 4 mètres de diamètre (fosse n° 1 actuelle). Commencé le 13 décembre 1858, il fut creusé avec de grandes difficultés d'épuisement qui nécessitèrent l'installation d'une machine de 150 chevaux. Il atteignit le terrain houiller à 137 mètres et deux couches y furent traversées, la première (Sainte-Thérèse), à 160 mètres de profondeur, avait 1m60 de puissance en deux parties, séparées par 0m40 de schistes, l'autre, à 168 mètres, avait 0m40 seulement d'épaisseur. Deux galeries de reconnaissance furent entreprises de suite, au Nord et au Sud, et montrèrent des terrains assez mouvementés ; les couches étaient d'ailleurs renversées, c'est-à-dire qu'elles avaient été repliées par le mouvement du Sud du bassin et présentaient le toit au mur et réciproquement, comme cela fut reconnu par la suite.

Tel était l'état des travaux au début de l'année 1861, au moment où il s'agissait de concéder les terrains demandés, non seulement par la Société de Liévin, mais aussi par la Société des Mines de Lens, la Société d'Aix et la Compagnie de Béthune, chacune d'elles réclamant, pour sa part, tout ou partie des terrains qui formèrent plus tard la première concession de Liévin et une extension obtenue par la Société de Lens à la même époque.

Il est indispensable de compléter l'historique des travaux de recherches par ceux des autres Sociétés et de dire en quelques mots les phases par lesquelles passèrent les demandes des quatre Sociétés concurrentes.

Sondages antérieurs à 1857. — On laissera de côté les sondages exécutés avant 1857, par des Sociétés ou des entreprises particulières, et qui n'ont abouti qu'à des résultats absolument négatifs ; car ces sondages ont tous atteint le dévonien et ne l'ont pas traversé, ce terrain étant considéré, à cette époque, comme devant arrêter tous les travaux. La carte de la planche II donne à leur sujet des indications très suffisantes.

TRAVAUX DE LA SOCIÉTÉ DES MINES DE LENS

En vue d'obtenir l'extension de sa concession au Midi, la Compagnie des Mines de Lens établit sept sondages à différentes dates, à partir du 20 juillet 1857, époque à laquelle fut commencé le premier (n°s 1625, 1605, 1609, 1606, 1612, 1619 et 1620). Trois seulement de ces sondages donnèrent des résultats positifs :

Le n° 1605 (10 juillet 1857), à 600 mètres au Sud de la concession, sur la route de Lens à Liévin, constata le terrain houiller, au début de l'année 1858, à 132^{m}07 de profondeur, et une couche, inclinée à 36°, de 1^{m}14 de puissance avec intercalation de 0^{m}52 de schistes, à 150^{m}68, puis une deuxième couche mince (0^{m}34) à 164^{m}05. Arrêté à 164 mètres.

Le n° 1606, à 400 mètres au Sud de la concession, sur le chemin de Lens aux prés Boyefiles, commencé le 16 mars 1858, donna les résultats ci-après :

Terrain houiller à 137^{m}09.

Couche 1^{m}29, hauteur verticale, avec 0^{m}45 de schistes intercalés à 167^{m}35.

Le n° 1625 (26 février 1859), placé sur le chemin de Liévin à Béthune, rencontra des schistes qui ne purent être bien définis à 135^{m}50, et fut arrêté à 263^{m}50 (résultat très incertain).

La Compagnie de Lens établit en outre deux puits. L'un, dit d'Eleu ne fut poussé qu'à 21 mètres de profondeur, il était tout près de la limite Sud de la concession.

L'autre, dit de Liévin (le puits de Saint-Amé n° 3 actuel de la Société de Lens), fut commencé le 4 juin 1858, à 4 mètres de diamètre, et poussé jusqu'à 184 mètres; il rencontra le terrain houiller à 144^{m}38 et plusieurs couches de charbon fort accidentées. A cette profondeur, en effet, on se trouvait, comme cela a été dit pour la fosse de la Société de Liévin, dans les terrains renversés et tourmentés qui n'ont pas encore donné lieu à exploitation suivie.

TRAVAUX DE LA SOCIÉTÉ D'AIX

La Société d'Aix exécuta aussi les sondages (n°s 408. 1616, 1623, 1622, 1614, 1617).

Trois tombèrent sur le terrain négatif et furent abandonnés.

Le n° 408 de la carte, suspendu par suite d'éboulement, ne fut jamais repris. La Société prétendit y avoir rencontré le terrain houiller ?

Le n° 1614, à 155 mètres au Sud de la limite de Béthune, trouva le terrain houiller à 122^{m}24, puis à 144^{m}15, une veine de houille de 1^{m}10 dont 0^{m}83 en charbon.

Arrêté à 149^{m}51.

Le n° 1623, à 18m00 au Sud de la concession de Béthune. Terrain houiller à 127m04. A 156m05 veine (d'après la Compagnie) de 1m45 en deux sillons de 0m40 et 0m45, séparés par des schistes.

Arrêté à 158m35.

La Compagnie d'Aix ouvrit aussi une fosse à 180 mètres au sud de la concession de Béthune (puits n° 2 de la Société actuelle de Liévin). Elle avait 4m10 de diamètre et fut poussée à 163m80, après avoir rencontré le terrain houiller à 126m50. On se servit, pour l'épuisement des eaux, de la machine de 25 chevaux qui avait été installée pour le fonçage, le niveau étant très peu aquifère.

Trois couches de houille, dont deux avaient respectivement de 0m70 et 0m80 de puissance, furent recoupées dans le creusement.

Deux galeries de reconnaissance poussées à 160 mètres de profondeur, rencontrèrent, comme aux deux fosses de Liévin et de Lens, des terrains irréguliers et renversés.

TRAVAUX DE LA SOCIÉTÉ DE BÉTHUNE

La Compagnie de Béthune exécuta aussi quelques travaux en vue de l'extension de sa concession au midi.

Ils consistèrent en trois sondages.

Le n° 1608, situé à 790 mètres au Sud de la concession de Lens, près du chemin dit des Cornailles. (Septembre 1858), atteignit le terrain houiller à 140m60 et une petite couche de 0m30 de charbon impur vers 204m00, où il fut arrêté.

Le n° 1621, contre le chemin de Béthune à Liévin et le plat fossé. (Octobre 1859), rencontra des schistes indéterminés de 131 à 131m50, où il fut arrêté. Résultat douteux.

Le n° 410, situé bien plus à l'Ouest, avait donné des résultats nettement négatifs.

Conclusions. — Les compétitions des quatre Sociétés furent l'occasion de nombreuses demandes et de non moins nombreux rapports des Ingénieurs des mines. Ces rapports faisaient ressortir les mérites des différentes Sociétés à l'obtention des terrains convoités ; il serait trop long de les passer en revue, l'intérêt qu'ils présentent, quelque grand qu'il soit, étant par trop rétrospectif.

En résumé, les conclusions furent :

1° Que la Société des mines de Lens avait la priorité des travaux et qu'il était juste de lui donner, en compensation, une extension de concession de 51 hectares comprenant sa fosse Saint-Amé ;

2° Que la Société de Liévin venait en seconde ligne, comme date des recherches ayant abouti à un résultat utile, dans un rayon beaucoup plus étendu, et qu'elle avait droit à une concession ;

3° Que la Société d'Aix n'avait fait que des découvertes insignifiantes, trop près des limites des concessions déjà données, et à une date postérieure à celles des Sociétés de Lens et de Liévin ;

4° Que la Compagnie de Béthune était dans le même cas que la Société d'Aix, comme dates de ses sondages peu nombreux ;

5° Qu'il convenait d'écarter ces deux dernières Sociétés (Aix et Béthune).

Concession primitive. — La concession accordée, par le décret du 15 septembre 1862 qui régla le différend, comprenait 761 hectares s'étendant au Midi des concessions de Béthune, Lens et Courrières. Elle affectait une forme générale triangulaire et était limitée : (voir planche II).

Au nord. — Par la ligne brisée IVZNMYGP (IV partie de la limite Sud de Courrières ; VZNMYG totalité de la limite Sud de Lens ; GP partie de la limite Sud de Béthune).

Au sud-ouest. — Par la ligne PA (A étant le clocher d'Angres).

Au sud-est. — Par la ligne IA.

La détermination de ces divers points sommets sera donnée à l'article concession, quand il s'agira de la délimitation définitive de la concession actuelle comprenant cette concession primitive et plusieurs extensions accordées par la suite.

Travaux de Recherches postérieurs au décret de concession

(15 Septembre 1862)

1re EXTENSION. — *(Décret du 2 février 1874)*

La Compagnie de Courrières produisit, le 8 mai 1871, une demande d'extension de concession au Midi, comprenant une partie située au Sud de la ligne IA, limite de la concession de Liévin, jusqu'à la route nationale n° 25 d'Arras à Lille.

La Société de Liévin introduisit le 1er septembre 1871, en même temps qu'une opposition à la Compagnie de Courrières, une demande en concurrence.

La demande en extension de la Société de Liévin comprenait toute la limite méridionale au-dessous de la ligne IA, plus les terrains situés à l'Ouest, au Midi de la Compagnie de Béthune et jusqu'à la concession de Nœux, sur une surface de 29 kilomètres carrés.

Elle se basait sur les découvertes des fosses n° 1 et n° 2 et sur un sondage qu'elle attaquait à l'Est pour démontrer l'existence du terrain houiller dans cette région, au-delà de la limite de concession.

Le 5 janvier 1872, la Compagnie de Béthune fit une opposition, pour la partie située au Midi de sa concession, en même temps qu'une demande en concurrence.

Le sondage n° 1627 de la Société de Liévin, entrepris le 7 décembre 1871, était situé sur la commune d'Avion à 380 mètres à l'Est, 5° Nord, du calvaire de cette localité ; il donna les résultats suivants :

A 149m70, schistes noirâtres houillers.

A 162m95, filets charbonneux.

A 163m31, veine en deux sillons de 0m35 et 0m44 séparés par 0m18 de schistes.

A 181m86, veine en deux sillons de 1m04 et 1m08 séparés par 0m02 de schistes.

A 197m00, arrêté dans du grès houiller.

Inclinaison des couches, 14° environ.

La Compagnie de Courrrières avait exécuté, en 1855, un sondage n° 1626 au Calvaire d'Avion. Il avait fourni les résultats ci-dessous, sur lesquels elle basait sa demande de concession au Midi de celle de Liévin, en même temps qu'elle forait au Midi du village de Sallau (1871-1872) et obtenait un résultat également positif.

Sondage de Courrières au Calvaire d'Avion 1855 :

A 142ᵐ », schistes bleuâtres dévoniens.
A 159ᵐ », terrain houiller.
A 189ᵐ », veinule de 0ᵐ28.
A 216ᵐ », veinule.
A 236ᵐ », veinule.
A 254ᵐ », veinule.
A 271ᵐ80, veine de 0ᵐ50.
A 308ᵐ50, veinule.
A 326ᵐ10, veine escailleuse en deux sillons de 0ᵐ34 et 0ᵐ65 séparés par 0ᵐ55 de schistes.
A 351ᵐ », arrêté en accident.
Inclinaison, 20° environ.

A la suite des travaux exécutés par les deux sociétés concurrentes, une extension de concession de 142 hectares fut accordée à la Société de Courrières, mais à l'Est seulement du point I, limite Est de la concession de Liévin.

La Société de Liévin, par décret du 2 février 1871, obtint une extension de 683 hectares, comprenant la figure IAPUL de la carte, la ligne brisée IAP étant l'ancienne limite Sud de la concession, le point U étant à la rencontre de la ligne joignant les clochers d'Aix à Givenchy avec celle joignant les clochers de Liévin et d'Angres-Liévin, le point L (la ligne IL étant commune avec Courrières) étant le point de rencontre du bord septentrional du chemin d'Avion à Méricourt avec la ligne joignant les clochers de Meurchin et de Loison.

2ᵉ EXTENSION. — *(Décret du 21 juin 1877)*

Les deux Sociétés de Liévin et de Béthune qui avaient présenté, en 1871 et 1872, des demandes concurrentes pour la partie non concédée du midi de Béthune, entre les limites Est de Nœux et Ouest de Liévin les avaient vues rejetées dans cette région, les travaux entrepris n'ayant pas encore fourni des données suffisantes pour la reconnaissance du gîte exploitable.

Ces travaux consistaient en deux sondages :

Le premier, par la Société de Liévin (n° 1628 de la carte), était placé à 330 mètres au Sud de la concession de Béthune, au croisement des chemins d'Aix à Lens et de Bully à Liévin.

Attaqué en novembre 1872, il atteignit, à 140 mètres, les terrains dévoniens, représentés à ce point par 71^{m}95 d'alternance de schistes rougeâtres et de grès, puis sur 97^{m}63 des schistes bleuâtres.

Il trouva le terrain houiller à 309^{m}58 et recoupa successivement des passées (veinules) de 0^{m}10 et de 0^{m}05 à 311^{m}43 et 314^{m}38, puis à 319^{m}38 une veine de 0^{m}25 et une deuxième de 0^{m}76 à 323^{m}58, une nouvelle veinule de 0^{m}25 à 336^{m}50 et une veine de 0^{m}56 à 353^{m}40.

Il fut arrêté, en mars 1875, à 353^{m}96.

L'inclinaison des bancs paraissait être de 30 à 35°.

Le deuxième, par la Compagnie de Béthune (n° 417 de la carte), désigné sous le nom de sondage d'Aix, était placé à 3,700 mètres environ à l'Ouest de celui de Liévin et près de la limite Sud de la concession de Bully.

Commencé en 1873, il atteignit à 144 mètres, le dévonien représenté par 263^{m}48 de psammites et de schistes rouges et bleus, et rencontra le terrain houiller à 407^{m}48. Il trouva successivement, à 420^{m}50, une veine de 0^{m}35, puis six veines ou veinules, et fut arrêté en 1876 à 501^{m}84, ayant coûté plus de 130,000 fr.

L'inclinaison des terrains était de 35°.

Dès que la Société de Liévin eut terminé son sondage, elle fit (le 1er avril 1875) une nouvelle demande de concession (la demande primitive ayant été rejetée, comme il a été dit ci-dessus) pour une surface de 1,332 hectares qui fut admise à la publication.

La Compagnie de Béthune fit opposition et se posa en concurrente pour une surface de même largeur, mais s'étendant un peu plus au Sud.

A la suite de la reconnaissance des travaux, l'Administration, faisant droit aux découvertes des deux Sociétés en cause, partagea le terrain concédable en deux parties : l'une de 591 hectares pour la Compagnie de Béthune ; la deuxième de 606 hectares (par décret du 21 juin 1877) pour la Société de Liévin. Cette extension est représentée par le pentagone PTRWU.

Ces points sommets seront déterminés à l'article concession.

3ᵉ EXTENSION. — *(Décret du 24 mai 1880)*

Une Société de recherches, désignée sous le nom de *Société de Vimy et du Midi de Courrières*, se forma le 8 avril 1873 dans le but d'exécuter des travaux de sondage au Midi des concessions du bassin, et établit un premier sondage à Vimy (avril 1873) fort loin de la limite présumée du bassin (4 kilomètres environ), qui donna des résultats négatifs. Dévonien de 151ᵐ à 258ᵐ50.

Un deuxième à Méricourt (19 février 1874) (nº 2010 de la carte) qui rencontra le dévonien à 150ᵐ50
et le terrain houiller, mais sans couches de houille. à . . . 441ᵐ50
il fut arrêté à 515ᵐ75

Enfin un troisième à Drocourt (15 juillet 1875) qui après avoir trouvé le terrain dévonien à . . . . 129ᵐ »
y resta jusqu'à 361ᵐ75
où il pénétra dans le terrain houiller et recoupa neuf couches et fut arrêté à 507ᵐ65

Cette Société déposa une demande en concession le 1ᵉʳ septembre 1876, sur 3,198 hectares, comprenant une partie du midi de la concession de Liévin, à partir de la route d'Arras à Lille vers l'Est.

La Société de Liévin fit opposition, le 29 mars 1877, pour cette région du midi de sa concession qui n'avait pas été explorée par la Société de Vimy (son sondage le plus rapproché, celui de Méricourt, se trouvait situé plus à l'Est et au Midi de Courrières), se basant sur les découvertes possibles d'un sondage qu'elle avait établi le 14 février de la même année, dès que son matériel utilisé au forage de Bully avait été disponible.

Ce sondage, placé sur le territoire de Méricourt, à proximité et un peu au Midi de l'angle Sud-est de la concession (nº 1630 de la carte), fournit les résultats ci-après :

Schistes verdâtres avec nodules calcaires de 141ᵐ à . . 218ᵐ »
puis schistes bleus calcareux avec grès durs jusqu'à . . . . 329ᵐ »
enfin terrain houiller jusqu'à 388ᵐ20
où il fut arrêté.

Une couche de houille de 0ᵐ65 fut traversée à 331ᵐ75
une deuxième » 1ᵐ » à 378ᵐ95

Pendant que ce sondage s'exécutait, la Société de recherches de Vimy avait obtenu (le 22 juillet 1878), sous le nom de la *Société de Drocourt*, une concession de 2,544 hectares, mais entièrement située à l'Est de la limite Est de Liévin. Le 30 mars 1879, cette nouvelle Société fit opposition à la demande de Liévin et se posa en concurrente pour la partie au Midi de la concession de Liévin qu'elle n'avait pu obtenir, en se basant sur son sondage de Méricourt, quoique ce sondage ne fut pas situé sur la partie non concédée et demanda tout au moins une indemnité.

Un décret du 24 mai 1880 rejeta les prétentions de la Société de Drocourt, en donnant à la Société de Liévin une extension de concession de 931 hectares, figurée par le triangle ULQ de la carte, dans lequel le point Q est le point de rencontre de la ligne IL prolongée au Sud avec la ligne Sud de la concession de Drocourt, déterminée par la direction des clochers d'Acheville et de Bois-Bernard.

4ᵉ EXTENSION. — *(Décret du 24 juillet 1899)*

Dans le courant des années 1897 et 1898, la Société de Liévin explora activement le Sud de sa concession par des galeries souterraines partant du puits n° 1. La bowette Sud de l'étage de 476 mètres rencontra, à 1,100 mètres du puits, la veine Léonard en place qu'elle suivit sur une longueur de 300 mètres. Après avoir abandonné cette veine, la galerie traversa encore des couches en place, rencontra une masse de charbon de 14 mètres d'épaisseur, puis une série de veines renversées et enfin la grande faille du Sud à 2,125 mètres du puits n° 1 et à 1,600 mètres sous le recouvrement dévonien. La galerie traversa la faille et avança de 90ᵐ50 dans les roches, qualifiées siluriennes par les géologues, puis elle fut arrêtée ; elle était arrivée à 94 mètres de la limite Sud de la concession.

Les découvertes faites par cette exploration donnaient la certitude que la grande faille était moins inclinée qu'on ne l'avait supposé jusqu'à ce moment, et qu'au Sud de la concession de la Liévin on pourrait rencontrer le terrain houiller exploitable à une profondeur inférieure à 600 mètres.

Le 24 décembre 1897, la Société de Liévin déposait une demande d'extension de concession basée sur ces découvertes ; elle déclarait en même temps qu'elle avait l'intention de faire la preuve matérielle de l'existence du terrain houiller en dehors de la concession, par des galeries souterraines.

Après avoir suspendu l'avancement de la bowette Sud à 476 mètres de profondeur, on creusa à l'extrémité de cette galerie un puits descendant de 3^{m}25 de diamètre à 108 mètres au Nord de la limite Sud de la concession. Ce puits rencontra le terrain houiller à 12 mètres et fut arrêté à la profondeur de 102 mètres. On lança une galerie horizontale vers le Sud qui franchit la limite de concession rencontrant, à 52 mètres et à 104 mètres de cette limite, deux couches exploitables renfermant du charbon à 30 pour 100 de matières volatiles.

Cette galerie fut arrêtée à 385 mètres au-delà de la limite Sud de la concesssion ; en ce point, elle avait rencontré le terrain silurien.

L'inclinaison de la grande faille de recouvrement, mesurée entre les trois points où on l'avait traversée, est de 10°.

Comme couronnement de ces travaux, un décret du 24 juillet 1899 accorda à la Société de Liévin une extension de 1,164 hectares figurée sur la planche II par le rectangle QWKH. Elle avait demandé une extension de 2,074 hectares. Aucune demande concurrente n'avait été produite.

Litige entre les Sociétés de Liévin et d'Aix

Le décret du 15 septembre 1862, qui instituait la concession primitive de Liévin et qui avait mis la Société d'Aix hors de cause, lui enjoignait de suspendre les travaux d'exploitation sur un gîte qui ne lui était pas concédé.

Elle continua néanmoins son exploitation jusqu'en 1863, ce qui fit l'objet d'un procès auprès du Tribunal de Béthune, qui rendit un jugement condamnant le Directeur à une amende de 200 francs pour exploitation illicite d'une mine concédée à autrui.

Le décret de concession de la Société de Liévin, ne comportait aucune indemnité pour la Société d'Aix, au point de vue de l'invention de la mine ; cette dernière dut simplement chercher à revendre à la Compagnie de Liévin ses travaux considérés au point de vue utile, conformément à l'article 45 de la loi de 1810, visant les indemnités à payer par les propriétaires de mines pour travaux antérieurs au décret de concessions.

L'affaire fut portée le 4 janvier 1864 devant le Conseil de Préfecture, la Société d'Aix réclamant 1,237,500 francs pour dépenses, en capital et intérêts, de travaux jugés par elle utiles.

MM. Dusouich, Daubrée et Linder furent désignés comme experts pour juger sur le fond et sur la somme que la Société de Liévin pourrait être appelée à verser, comme représentation des travaux utiles et de la reprise des constructions érigées, du matériel et de l'outillage.

Le rapport des experts, déposé le 28 janvier 1865, concluait au paiement à la Société d'Aix, d'une somme de 230,000 francs.

Le Conseil de Préfecture, ayant demandé l'avis des ingénieurs des mines en fonction, adopta un moyen terme entre leur chiffre 109,285 francs et celui des experts, et fixa l'indemnité à 143,455 fr. 84.

Un pourvoi devant le Conseil d'État, formé par la Société d'Aix, fut rejeté, et l'arrêté du Conseil de Préfecture maintenu par décision du 26 décembre 1867.

Enfin, le 25 février 1868, une convention entre les deux Compagnies représentées par Me Devaux, avocat, liquidateur judiciaire de la Société d'Aix et M. Courtin, administrateur de la Société de Liévin, termina le différend et régla définitivement le litige sur la base suivante :

Pour indemnités des travaux, des constructions et du matériel, déduction faite du bénéfice réalisé par la Société d'Aix sur l'extraction de la houille. 143,455 84

Pour indemnités d'un sondage, frais d'entretien des travaux du jour de la concession à la remise, et pour intérêts des sommes dues par la Société de Liévin depuis l'introduction de l'instance. 94,522 10

TOTAL. 237,977 94

Concession actuelle

Situation géographique. — La concession actuelle totale de la Société houillère de Liévin, c'est-à-dire contenant les quatre extensions obtenues successivement et qui ont porté sa surface à 4,145 hectares, est située dans le département du Pas-de-Calais, sur partie des arrondissements d'Arras-Nord (canton de Vimy) et de Béthune (canton de Lens).

Elle s'étend sur les communes de :

Méricourt.	
Vimy.	
Avion.	
Eleu	Canton de Vimy.
Givenchy-en-Gohelle . . .	
Souchez	
Ablain-St-Nazaire	
Liévin	
Angres-Liévin	Canton de Lens.
Aix-Noulette.	
Bully	

Situation par rapport aux autres concessions houillères. — La concession de Liévin est placée à peu près au centre et au midi des concessions du bassin du Pas-de-Calais.

Sa limite Nord est entièrement commune avec la limite Sud de la concession de Lens et comprend en outre la moitié environ de la limite Sud de Béthune et le tiers de celle de Courrières.

Sa limite Ouest est commune avec une portion de la limite Est de Béthune.

A l'Est, elle est limitée par la concession de Drocourt.

Enfin sa limite Sud forme la limite Sud de la partie concédée du bassin.

Délimitation. — Le décret du 24 juillet 1899, rendu à la suite de la quatrième extension, délimite textuellement comme suit la concession totale actuelle.

AU NORD. — A partir du point I, sur la limite méridionale de la concession de Courrières, déterminé par la rencontre de la ligne qui réunit les clochers de Meurchin et de Loison avec celle qui réunit les clochers d'Eleu et de Beaumont :

1° Par une droite IV qui fait partie de la susdite limite méridionale, le point V étant déterminé par la rencontre de l'alignement ci-dessus des clochers d'Eleu et de Beaumont avec celui des clochers d'Avion et d'Annay;

2° Par la droite VZ qui fait partie de la limite orientale de la concession de Lens, le point Z étant situé à la rencontre de l'alignement ci-dessus des clochers d'Avion et d'Annay avec celui qui réunit le clocher d'Eleu au point P, intersection des axes des chemins d'Aix à Lens et de Liévin à Bully ;

3° Par la portion ZN de la ligne passant par ledit point Z, le clocher d'Eleu, le point G, angle Sud-ouest de la concession de Lens et ledit point P ;

4° Par la ligne NM, le point N étant déterminé par l'intersection de la ligne ZNGP et du bord occidental du petit chemin de Lens à Liévin, passant près du bois de Liévin et le point M étant déterminé par la rencontre du bord occidental du chemin de grande communication de Lens à Aire, passant par Liévin, avec une parallèle à la ligne ZNGP menée par le point Y ci-après défini ;

5° Par la ligne droite MY, parrallèle à la ligne ZNGP, allant dudit point M au point Y, situé sur le bord occidental du chemin dit de Souchez à Pont-à-Vendin et à 330 mètres du point où le même bord dudit chemin vient rencontrer la ligne ZNGP ;

6° Par la ligne droite YG, allant dudit point Y au point G, angle Sud-ouest de la concession de Lens commun aussi à la concession de Grenay (et déterminé par l'intersection de la ligne qui joint les clochers de Mazingarbe et de Liévin avec la droite ZNGP), les lignes ZN, NM, MY, YG, étant communes avec la concession de Lens ;

7° Par la droite GP allant dudit point G au point P ci-dessus défini ;

8° Par la portion PT de la ligne PO, qui joint le point P ci-dessus au point O, déterminé par l'intersection du prolongement vers l'Est de la droite tirée du clocher de Maisnil-lez-Ruitz au moulin de Coupigny, avec l'axe du chemin dit chemin du Prince, chemin classé présentement comme chemin de grande communication n° 75, de Doullens à La Bassée, le point T étant pris sur ladite ligne PO, à 200 mètres mesurés dans la direction du point P, à partir de l'axe du chemin de grande communication n° 165 passant par Aix-Noulette et Bully et allant de Bouvigny à Meurchin (les lignes GP et PT sont communes avec la concession de Grenay).

A L'OUEST. — Par la ligne TR qui joint le point T ci-dessus défini au point R, clocher d'Aix-Noulette, puis par la ligne droite RWK joignant le point R au point W et prolongée jusqu'en K où elle rencontre le prolongement de la ligne qui passe par le clocher de Givenchy-en-Gohelle et par l'angle Sud-est d'une maison située sur le bord occidental de la route d'Arras à Lille, inscrite sous le n° 118, section A, lieu dit la « Chaudière » du cadastre de la commune de Vimy et appartenant à Bachelet Hippolyte, cabaretier à Vimy ; ledit point W étant le point où l'axe du chemin dit chemin des Bois qui se dirige vers Aix et vers la grande route d'Arras à Béthune est coupé par la ligne droite menée du clocher de Bouvigny au point U, déterminé par l'intersection de la ligne menée du clocher d'Aix au clocher de Givenchy-en-Gohelle avec le prolongement de celle qui réunit les clochers de Liévin et d'Angres-Liévin, la ligne brisée TRW étant commune avec la concession précitée de Grenay.

Au sud. — Par la ligne KH obtenue en prolongeant la ligne qui passe par le clocher de Givenchy-en-Gohelle, et par l'angle Sud-est d'une maison située sur le bord occidental de la route d'Arras à Lille, inscrite sous le n° 118 de la section A, lieu dit : la Chaudière, du cadastre de la commune de Vimy et appartenant à Bachelet Hippolyte, cabaretier à Vimy, depuis le point K précédemment défini jusqu'au point H où cette ligne rencontre le prolongement de la ligne qui passe par les clochers de Meurchin et de Loison.

A l'est. — Par la ligne HI, prolongement de la ligne qui passe par les clochers de Meurchin et de Loison, entre le point H précédemment défini et le point I, point de départ de la ligne HI constituant, sur une partie de sa longueur, la limite occidentale de la concession précitée de Drocourt.

Routes et voies de communication

La concession de Liévin est traversée à l'Est par la route nationale n° 25 d'Arras à Lille; dans la partie centrale, par le chemin de grande communication n° 58 d'Acq à Lens et dans l'Ouest par la route nationale n° 37 d'Arras à Béthune. Des chemins vicinaux en grand nombre la sillonnent dans tous les sens.

Les puits de Liévin sont reliés entr'eux par un chemin de fer particulier appartenant à la Société, qui s'embranche à Lens au chemin de fer du Nord et se trouve ainsi placé sur les grandes lignes suivantes :

De Lens à Hazebrouck, Dunkerque et Calais, etc.

De Lens à Paris par Arras et Amiens.

De Lens à Lille, Douai, Valenciennes, Cambrai, etc.

De Lens à Armentières.

De Lens à Béthune, Brias, Saint-Pol.

De Lens à Bully-Grenay, Brias.

La ligne de Libercourt à Lens, Béthune et Lillers, dite ligne des houillères, passe au nord près de la concession de Liévin, mais sans y entrer. La ligne de Lens vers Arras traverse la concession à l'Ouest.

La Société de Liévin possède deux lignes de chemin de fer :

1° Le chemin de fer concédé par décret du 11 décembre 1864, qui relie le siège n° 1 à la gare de Lens en passant par le siège n° 3. Il a une longueur de 5 kil. 200 et fait le transport des charbons des sièges n°s 1 et 3, à la gare de Lens. Il effectue, en outre, le transport public des marchandises entre Lens et Liévin.

2° Le chemin de fer minier qui relie le siège n° 4 à la gare de Lens. Il a une longueur de 1,714^{m}45 et a été reconnu d'utilité publique par décret du 16 mai 1891.

La Société a commencé la construction d'un chemin de fer minier qui reliera, à la ligne concédée arrêtée au n° 1, le siège n° 2 dont on prépare la mise en exploitation et le nouveau siège n° 5, qui est en installation. Ce chemin de fer aura une longueur totale de 2,193^{m}95.

Quand cette ligne sera construite, la longueur totale des chemins de fer de la Société sera de 9,118 mètres, sans compter les réseaux de voies ferrées qui se trouvent dans les carreaux des fosses au garage de Lens et au rivage.

Une rivière, de faible importance, traverse la concession, c'est la Souchez. Elle est alimentée par deux petits cours d'eau qui prennent leur source dans la région où commencent les collines de l'Artois, l'un à Ablain Saint-Nazaire, l'autre, le plus important, à Carency ; ces deux ruisseaux qui s'appellent comme les villages où ils ont pris naissance se réunissent sur le territoire de Souchez et y forment la rivière de ce nom. Après avoir traversé Liévin, la Souchez se rend à Eleu, Lens, Harnes, Courrières, puis elle prend le nom de Deûle, forme le canal de la Haute-Deûle, traverse Lille et va se jeter dans l'Escaut au nord de Tournai.

C'est la Souchez qui alimente le canal, construit en 1885-86, qui part d'Eleu-dit-Leauwette où se trouve le bassin de chargement de la Société de Liévin, traverse la ville de Lens et se relie à Harnes au canal des mines de Courrières qui est lui-même relié au canal de la Haute-Deûle.

Altitude

La concession de Liévin, située au Sud de la grande plaine de Lens ne présente pas, comme cette dernière, une surface entièrement unie. Le voisinage des collines de l'Artois se fait sentir principalement dans l'Ouest de la concession, où le sol est généralement beaucoup plus élevé qu'à l'Est. Ainsi, à Noulette, sur la colline qui domine Aix, la hauteur au-dessus du niveau de la mer est de 115 mètres, tandis qu'elle ne varie que de 35 à 70 mètres dans la partie centrale et dans l'Est.

Sur la lisière méridionale, le sol s'élève en allant vers Givenchy jusqu'au plateau de Neuville-Saint-Vaast.

L'orifice du puits n° 1 est à l'altitude $+ 49^m62$
» n° 2 » $+ 65^m06$
» n° 3 » $+ 50^m33$
» n° 4 » $+ 40^m30$
» n° 5 » $+ 71^m18$

Dans le Sud de la concession, on trouve des côtes plus élevées :
$+ 119$ entre Souchez et Givenchy-en-Gohelle ;
$+ 140$ entre Givenchy et Vimy.

Aperçu géologique

A Liévin, comme dans tout le bassin du Pas-de-Calais, le terrain houiller est recouvert d'une couche de morts-terrains, de 125 à 150 mètres d'épaisseur, appartenant à la formation crétacée. Celle-ci affleure souvent, quelquefois elle est surmontée d'un faible manteau de terrain tertiaire ou de terrain quaternaire ou des deux réunis.

En dessous des morts-terrains on trouve :

1° Du terrain houiller exploitable dans le nord de la région centrale de la concession ;

2° Des terrains plus anciens, dévoniens et siluriens, dans la région méridionale, dans l'ouest et dans l'est.

Le terrain houiller plonge sous ces terrains anciens dont l'épaisseur augmente en allant vers le sud. Ce phénomène de recouvrement est connu sur toute la lisière méridionale du bassin franco-belge. Dans le Pas-de-Calais, il a été signalé d'abord à Cauchy-la-Tour (midi de Ferfay), puis successivement vérifié à Courcelles-lez-Lens, à Auchy-au-Bois, à Liévin, à Drocourt, etc.

La planche II donne une idée de l'importance qu'a à Liévin ce recouvrement sur lequel nous reviendrons plus loin.

Terrain quarternaire. — Le terrain quarternaire est assez largement représenté dans la concession de Liévin. Il n'existe pas au puits n° 1 ; il est peu épais au n° 3 ; il a 2ᵐ50 aux puits nᵒˢ 2 et 5 et 6 à 7 mètres au puits n° 4.

Quand il est complètement représenté, il est formé :

1° A la partie supérieure, d'une argile compacte : la terre à briques, tantôt pure, tantôt mélangée de morceaux de silex ;

2° A la partie inférieure, d'un limon beaucoup moins argileux que le précédent, fortement mélangé de craie ; on l'appelle souvent *ergeron*.

Aux abords de Lens, dans la vallée de la Souchez, il existe en dessous de ces alluvions un banc de tourbe assez épais.

Au sud de Liévin, à Givenchy-en-Gohelle, la formation tertiaire est surmontée d'une argile à silex qui a été attribuée au quaternaire.

Terrain tertiaire. — La formation tertiaire est représentée à Liévin par l'étage éocène inférieur ; elle n'existe que dans le sud et l'est de la concession. C'est d'abord une couche de sable, à grains assez gros, souvent coloré en rouge, de l'âge des sables d'Ostricourt. Il renferme des bancs de grès à empreintes végétales, qu'on exploite comme pierres à pavés. Cette formation existe à Givenchy d'où elle se prolonge vers le sud de Liévin.

En dessous, on trouve quelquefois, notamment à Eleu, dans le bois d'Avion et au nord de Souchez, le tuffeau à *cyprina planata*, sable vert, fin, argileux, micacé.

Les sables et le tuffeau correspondent au niveau des sables de Bracheux, étage Thanétien.

M. Gosselet signale aussi que, dans le bois, au sud d'Eleu, le tuffeau est surmonté d'une argile grise qui s'enfonce sous les sables.

Le même géologue indique, au sud de Liévin, une assise tertiaire plus récente que celle des sables de Givenchy, on y trouve dans l'argile à silex, des galets de grès à *nummulites lœvigata* qui correspondraient au niveau du calcaire grossier de Paris (Lutétien).

Terrain crétacé. — La formation crétacée, de beaucoup la plus importante dans l'ensemble des morts-terrains, est composée comme suit, en commençant par le haut :

ETAGE SÉNONIEN. — 1° Craie blanche ou légèrement grisâtre, à grains de glauconie. Silex abondants à la base. Epaisseur 25 mètres dans l'ouest de la concession, 50 mètres dans l'est.

C'est la zone à *Micraster cor testudinarium* ; on y rencontre, outre ce fossile :

> *Echinoconus conicus,*
> *Echinocorys vulgaris,*
> *Echinocorys gibbus,*
> *Térébratula semi-globosa,*
> *Ostrea hippopodium,*
> *Oxyrhina mantelli,*
> *Ptychodus mamillaris.*

2° Craie grise de 10 à 15 mètres d'épaisseur, renfermant le *banc de meule* dont l'épaisseur est de 0m50 à 3 mètres et qui est formé par une craie phosphatée très dure.

C'est la zone à *Micraster breviporus*, elle marque la limite du sénonien et du turonien. On y rencontre :

> *Spongicuris,*
> *Micraster breviporus,*
> *Micraster cor testudinarium,*
> *Rynchonella plicatilis,*
> *Inoceramus undulatus,*
> *Scaphites geinitzii*
> *Ptychodus mamillaris.*

ETAGE TURONIEN. — 1° Après la craie grise, on pénètre dans la craie marneuse qui constitue les *bleus* des mineurs. Epaisseur 20 à 30 mètres.

C'est la zone à *Térébratulina gracilis* de l'étage turonien. Elle affleure au sud de la concession, le long d'une faille qui se dirige de Noulette à Givenchy en passant au nord de Souchez. On y trouve :

> *Rynchonella Cuvieri,*
> *Térébratulina gracilis,*
> *Térébratula semi globosa,*
> *Spondylus spinosus,*
> *Inocéramus Brongniarti,*
> *Ptychodus mamillaris.*

2° Viennent ensuite les *dièves* des mineurs; c'est une marne très argileuse, grise, blanche ou verte. Epaisseur 30 à 35 mètres. La marne verte forme la base de cette assise qui est la zone à *Inocéramus labiatus*. Ce fossile y est très abondant. M. Ch. Barrois y a aussi trouvé (fosse n° 3) :

> *Spondylus spinosus*,
> *Odontaspis raphiodon*,
> *Osméroïdes Lewesiensis*,
> *Rynchonella Cuvieri*,
> *Ostrea vésicularis*.

ETAGE CÉNOMANIEN. — 1° En dessous des dièves vertes, on rencontre une craie blanche peu marneuse, devenant plus argileuse vers la base. Epaisseur 30 à 45 mètres.

C'est la zone de la craie glauconieuse à *Ammonites Rhotomagensis* on y trouve :

> *Rynchonella mantelliana*,
> *Térébratula semi-globosa*,
> *Pecten Beaveri*,
> *Plicatula inflata*,
> *Inocéramus striatus*,
> *Janira Ostréa sygmoïdea*,
> *Ammonites rhotomagensis*,
> *Ammonites mantelli*,

2° TOURTIA. — C'est une marne sableuse verte reposant sur une argile grise. Epaisseur 6 à 10 mètres.

Voici quelle est la composition du tourtia au puits n° 5 qui vient de le traverser :

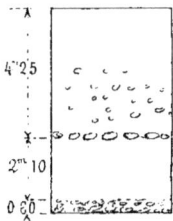

4ᵐ25	Marne blanche avec points verts de glauconie dont l'abondance augmente avec la profondeur.
	Sable gris verdâtre, puis vert foncé, avec nodules de phosphates de chaux.
	Banc de galets de silex.
2ᵐ10	Argile calcareuse, sableuse, grise, un peu verdâtre, contenant nodules arrondis laissant dans leur alvéole une trace gris brunâtre.
	Banc de galets plus ou moins épais, souvent aplatis.
0ᵐ60	A la base, galets à cassure noire, très fossilifères.

Au point de vue paléontologique, les géologues ont, tour à tour placé le tourtia dans les zones :

> à *Ammonites laticlavius*,
> à *Pecten asper*,
> à *Ammonites inflatus*.

Dans ces derniers temps, MM. Gosselet et Ch. Barrois, d'accord avec les géologues anglais, ont réuni les trois zones en une seule (*Annales de la Société géologique du Nord*, 1896).

Voici les fossiles que M. Ch. Barrois a reconnus au puits n° 3 :

Dans les sables verts	{ *Epiaster ?* { *Pecten undulatus?*	*Pecten asper* *Ostréa vésiculosa*
Dans l'argile grise	{ *Térébratula biplicata* { *Térébratella nénardi* { *Térébratella pectita* { *Gastrochœna* { *Nucula ?* { *Junira quinquecostata* { *Pecten membranaceus* { *Pecten acuminatus* { *Pecten élongatus* { *Pecten subacutus*	*Pecten sub interstriatus* *Pecten serratus* *Spondylus striatus* *Ostréa carinata* *Ostréa hippopodium* *Ostréa latélaris* *Ostréa halioloïdea* *Spongiaire indéterminable* *Frondicularia*

M. Th. Barrois a reconnu au n° 5 de Lens :

Pecten asper *Pecten orbicularis* *Pecten serratus* *Ostréa*	*Ostréa* *Pleurotomaria Brongniarti* *Ammonites Mantelli*

DES ROCHES COMPOSANT LES MORTS-TERRAINS ET DU RÉGIME DES EAUX. — Les roches du terrain crétacé supérieur au tourtia sont la craie presqu'entièrement formée de carbonate de chaux et des marnes plus ou moins argileuses. Quand elles sont faiblement argileuses, elles forment les *bleus;* quand elles sont fortement argileuses, elles constituent les *dièves* des mineurs.

Voici un tableau qui donne une idée des variations de la quantité d'argile dans les marnes rencontrées au puits n° 5.

| Profondeur | Teneur pour 100 | | Observations |
	Carbonate de chaux	Argile	
38 m 00	74.74	21.5	
42 00	71.11	25.3	
47 00	84.32	12.65	Bleus. Craie marneuse.
59 00	76.54	19 45	
64 00	89.35	7.90	
72 00	65 90	28.75	
80 00	75.71	19.85	Zone des dièves.
83 00	62.26	32.55	
99 00	50.08	39.65	
103 00	90.10	8.25	
107 00	89.26	9.35	
109 00	84.39	13.11	
111 00	80.02	17.10	Craie marneuse.
114 00	74.71	21 60	
117 00	86.62	10.80	
121 00	81.60	15.16	

Dans l'est de la concession, dans l'est du bassin du Pas-de-Calais, dans le Nord, et en Belgique, les dièves sont souvent plus argileuses que celles du puits n° 5 ; on a constaté jusqu'à 66 pour 100 d'argile.

Le tableau ci-dessus montre que la quantité d'argile contenue dans les marnes est très variable ; des bancs faiblement argileux sont intercalés dans des assises plus grasses. Mais c'est la base des dièves, le niveau des dièves vertes, qui contient le plus d'argile.

Le régime des eaux dépend de la composition des terrains : la craie est essentiellement perméable à l'eau, elle forme la zone aquifère qui rend le creusement des puits si difficile quelquefois. La craie supérieure est tantôt fissurée, tantôt compacte ; la craie grise est souvent très compacte et peu perméable. Néanmoins la craie grise et la craie blanche présentent des crevasses très larges et qui débitent des venues d'eau considérables.

C'est presque toujours dans la zone de la craie supérieure au banc de *meule* qu'existe le vrai niveau, *le grand niveau*, et qu'on va chercher les eaux nécessaires à l'alimentation des chaudières.

A Liévin, dans l'ouest de la concession, aux puits n°s 2 et 5, ce niveau est faible et fournit si peu d'eau qu'on a dû creuser une grande longueur de galeries, soit à la base de la craie blanche, soit dans la craie grise, pour trouver des sources.

Ces travaux ayant été insuffisants, on a dû approfondir les puits jusque dans les *bleus*, qui ne sont pas complètement imperméables et fournissent en général peu d'eau, mais qui, au puits n° 5, donnent plus d'eau que le niveau de la craie.

Au n° 1, le niveau de la craie n'est pas très abondant en eau ; il l'est davantage au n° 3 et encore plus au n° 4.

Il est difficile d'expliquer ces différences. Le relief du sol doit avoir une influence : les puits dans lesquels le niveau d'eau est faible sont ceux où l'altitude du sol est la plus élevée. D'un autre coté, les sièges n°ˢ 3 et 4 où l'eau est abondante, sont voisins de la vallée de la Souchez dans laquelle les eaux pluviales s'accumulent.

La coupe suivante passant par les puits de la concession, coupe sensiblement ouest-est, peut aussi jeter quelque lumière sur la question.

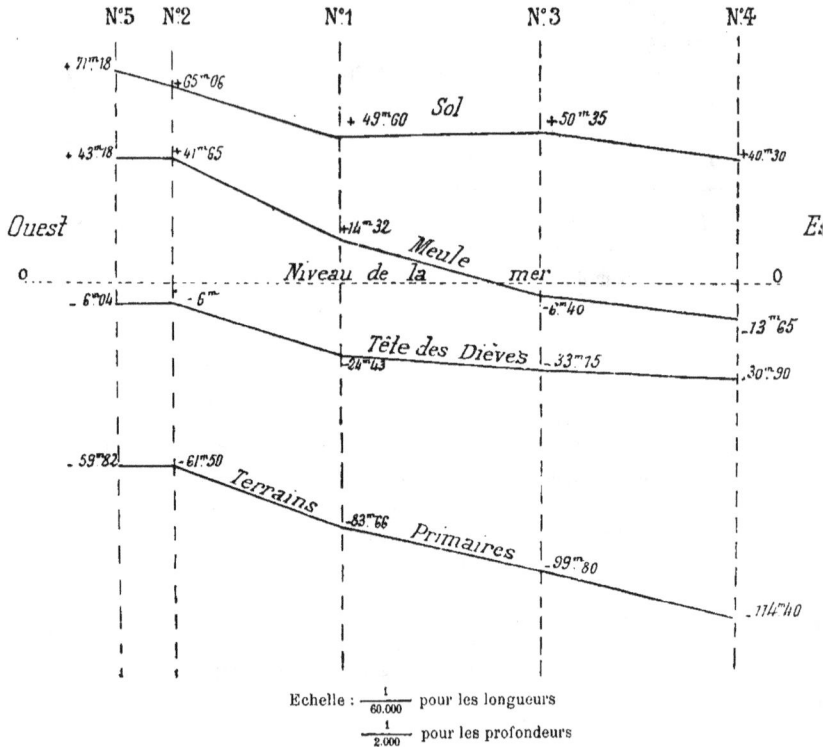

Echelle : $\frac{1}{60.000}$ pour les longueurs

$\frac{1}{2.000}$ pour les profondeurs

On voit que la tête des dièves, c'est-à-dire la partie supérieure des terrains imperméables, plonge vers l'est. Les eaux de la craie peuvent, à cause de cela, avoir une tendance à se porter vers cette région.

Une analyse du banc de *meule* du puits n° 5 a donné les résultats suivants :

Silice et argile inattaquables. . . . . .   0.50 %
Alumine et oxyde de fer. 1.00
Carbonate de chaux. 92.60
Phosphate tribasique de chaux. 4.34

Elle montre que la quantité de phosphate n'est pas considérable.

Terrains primaires. — Si l'on enlève les morts-terrains par la pensée, on se trouve en présence d'une surface formée par les terrains primaires, qui plonge vers l'ouest comme le banc de *meule* dont il a été parlé ci-dessus.

Le terrain houiller affleure dans la région du nord et s'enfonce en allant vers le sud sous les terrains dévoniens et siluriens. La planche II marque les limites de ce recouvrement.

D'après les données acquises à ce jour, un sondage placé près de la limite sud de la concession de Liévin, rencontrera en dessous du terrain crétacé en descendant :

1° Schistes et grès rouges du dévonien (coblentzien inférieur) qui affleurent à Aix, Bouvigny, Beugin, etc., et qu'on trouve à 13 mètres de profondeur à Souchez ;

2° Schistes et grès gédinniens, rouges et verts, avec nodules de calcaire ;

3° Schistes gris bleuâtre avec faune des schistes de Mondrepuits ;

4° Schistes et calcaires siluriens supérieurs correspondant à la zone de Wenlock.

Les circonstances qui ont amené ce recouvrement sont connues. On sait qu'au sud du bassin du Pas-de-Calais (qui est le prolongement de celui de Namur en Belgique), existe un autre bassin beaucoup plus étendu dans le sens nord-sud, mais improductif; prolongement du bassin de Dinant (Belgique), il passe à Aulnoye et Doullens. Les deux bassins étaient séparés, à l'origine, par la crête silurienne du Condroz qui affleure en Belgique mais plonge sous les morts-terrains en France. Une grande poussée venant du sud, appelée Ridement du Hainaut par M. Gosselet, a rejeté le bord nord du bassin de Dinant sur le bord méridional du bassin du Pas-de-Calais. Les roches dévoniennes, appartenant au bassin du sud, reposent sur le silurien de la crête du Condroz.

Le terrain houiller est séparé de ces couches anciennes par la grande faille du sud, appelée faille eifelienne en Belgique.

A l'ouest du bassin, à Auchy-au-Bois, on trouve entre le houiller exploitable et la faille du sud un massif de calcaire carbonifère ; c'est un lambeau de poussée appartenant à la base du bassin du Pas-de-Calais, qui a été renversé par la poussée du sud et entraîné avec les roches primaires du bassin de Dinant. Les couches de houille, qui reposaient sur le flanc méridional du bassin du Pas-de-Calais, ont subi le même renversement.

Ce lambeau de calcaire carbonifère n'existe pas au sud de Liévin.

Les sondages situés dans la concession de Liévin peuvent se diviser en trois catégories :

1° Ceux de la région nord qui ont rencontré directement le terrain houiller exploitable en dessous des morts-terrains ; c'est aussi le cas des puits 1, 1bis, 2, 3, 3bis, 4 et 4bis.

2° Ceux qui ont rencontré en dessous du tourtia des schistes gris, gris bleuâtre, aujourd'hui attribués soit au gédinnien inférieur, soit au silurien supérieur. Le puits n° 5 a traversé cette formation.

3° Enfin ceux qui ont rencontré des schistes rouges et verts, avec grès verdâtres attribués au gédinnien supérieur. Cette formation est surmontée, au Sud du bassin, des grès et schistes rouges appartenant au Coblentzien inférieur qui se rencontre en affleurement à Aix, Bouvigny, Rebreuve, Beugin, La Comté, etc.

Les attributions au Coblentzien et au Gédinnien des terrains rouges, ont été faites depuis longtemps par M. Gosselet, et on n'a, jusqu'à présent, aucune raison sérieuse pour en contester l'exactitude.

Les schistes gris bleuâtre, au contraire, ont d'abord été classés dans le terrain houiller inférieur. Les travaux exécutés par la Société de Liévin en 1897, 1898, ont fourni aux géologues de Lille des documents paléontologiques assez probants pour modifier la détermination première, et il est acquis aujourd'hui que ce terrain gris est silurien supérieur ou dévonien tout à fait inférieur.

Il en résulte que ces schistes au lieu de former un lambeau de poussée originaire du bassin du Pas-de-Calais, comme on le pensait autrefois, appartenaient à la crête du Condroz elle-même ou au rivage nord du bassin méridional, que la trace de la faille eifelienne, au lieu de se trouver entre le terrain rouge et les schistes gris bleuâtre, est marquée par la surface qui sépare la base de ces schistes du terrain houiller exploitable.

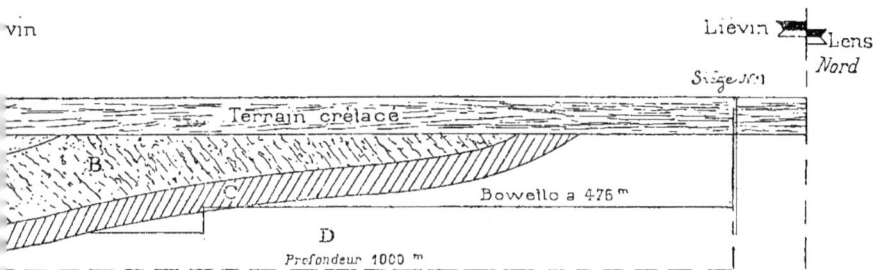

LÉGENDE

A. Grès rouges avec intercalation de schistes rouges argileux . . . . } Dévonien, Coblentzien inférieur.

B. Schistes rouges et verts avec grès gris verdâtre. . } Dévonien, gédinnien supérieur.

C. Schistes gris bleuâtre, plus ou moins foncés, calcareux. . . . . } Dévonien, gédinnien inférieur (zone de Mondrepuits) (?). Silurien supérieur (zone de Wenlock).

D. Terrain houiller exploitable.

Nous avons décrit ci-dessus, à propos de la quatrième extension de concession de Liévin, les recherches exécutées par la Société dans la région. Rappelons que le résultat capital de ces recherches a été de montrer que l'inclinaison du plan de la faille eifelienne diminue avec l'augmentation de profondeur. Cette inclinaison était connue en divers points du bassin : 18 degrés à Auchy-au-Bois [1], de 35 degrés dans le puits de Drocourt [2], et de 22 degrés à Courcelles-lez-Lens. Or la rencontre du silurien par la galerie du n° 1 de Liévin a mis en évidence que l'inclinaison moyenne de la faille eifelienne est de :

12 degrés entre son affleurement au tourtia et le niveau de 476 mètres et de 10 degrés entre le niveau de 476 mètres et celui de 576 mètres.

Voici maintenant quelles sont les déterminations paléontologiques qui ont pu être faites dans la concession de Liévin.

Les schistes gris bleuâtre calcareux de la bowette sud de 476, siége n° 1, ont fourni de nombreux fossiles qui ont été étudiés par M. Ch. Barrois [3].

(1) Le Terrain houiller d'Auchy-au-Bois, par M. Breton, page 58.
(2) Bulletin de l'Industrie minérale, tome XII, 1883, page 550.
(3) Annales de la Société géologique du Nord, tome XXVII, page 178.

Abondance d'*atrypa réticularis* (fossile du dévonien supérieur). Certains bancs calcareux sont formés par un brachiopode, *Dayia navicula*, très répandu dans les couches de Wenlock (Angleterre) et dans l'étage E du silurien de Bohème et caractéristique du silurien supérieur.

> *Orthoceres*. Tiges d'encrines.
> *Discina rugata. (Sown. in Davidson)* (Pl. V fig. 17).
> *Orthis élégantula* (Dalm.) ou une forme très voisine.
> *Strophomena* du groupe *corrugatella, Davidson*.
> Débris de trilobites : *Calymène Blumenbachi* (2 queues).
> Et *Acaste Downingix*, Murch. (2 glabelles, 3 queues).

Une carotte du sondage n° 1630, territoire de Méricourt, extraite à la profondeur de 274 mètres, dans le milieu de la formation des schistes gris-bleuâtre, a été examinée par M. Ch. Barrois qui a trouvé [1] :

> *Primitia cf. Jonesii, de Kon* (très voisine de l'espèce de Mondrepuits).
> *Tentaculites ornatus* (espèce du dévonien très inférieur à du dévonien supérieur).
> *Lingula Lewisii, sow.* (forme voisine de l'espèce de Ludlow).
> *Spirifer Mercuri* (identique à l'espèce de Mondrepuits).
> *Orthis cf. lunata*.
> *Strophomena cf. semi globosa* (grandes analogies avec l'espèce de Wenlock)
> *Rynchonnella deflexa* (échantillon indéterminable, mais ressemble à l'espèce de Wenlock).
> *Retzia Bonchardi* (échantillon indéterminable, mais ressemble à l'espèce de Wenlock).
> *Schizodus* (spécimens indéterminables).

M. Barrois conclut que cette faune est supérieure à celle de la galerie du n° 1 de Liévin; elle appartient au niveau des couches de Ludlow (silurien supérieur) ou à celle des schistes de Mondrepuits dans les Ardennes (gédinnien inférieur).

Dans les premiers jours de l'année 1900, le puits n° 5, en creusement, a rencontré, en dessous du tourtia, des schistes argileux gris clair

---

[1] *Annales de la Société géologique du Nord*, tome XXVII, page 212.

bleuâtre altérés dans le voisinage du crétacé, très fossilifères. M. Gosselet, après un premier examen de la faune, y a reconnu les genres suivants :

> *Tribolites* probablement *Homalonotus*,
> *Strophomena*,
> *Tentaculites*,
> *Grammysia*,
> *Spirifer*,
> *Orthis*,
> *Avicula*,
> *Primitia*.

L'étude de ces fossiles n'est pas achevée actuellement et la détermination des espèces n'est pas faite. Ce qu'on peut dire, c'est que la faune paraît nouvelle ; M. Gosselet trouve qu'elle est analogue à celle des schistes de Mondrepuits (gédinnien inférieur), sans toutefois être identique.

Ces schistes gris sont, somme toute, fort intéressants au point de vue géologique, en ce qu'ils paraissent marquer une ère transitoire entre le dévonien et le silurien.

Terrain houiller

Les coupes sensiblement Nord-Sud, passant par les puits de Liévin (voir pl. IV, V, VI), montrent un caractère commun : à la partie supérieure, l'existence d'un terrain houiller irrégulier, renversé, en dessous duquel se trouve le terrain houiller en place, en général plus régulier que le premier.

Les couches de houille des terrains renversés appartiennent au même faisceau que celles des terrains en place.

Le renversement est la conséquence de la grande poussée venue du Sud qui a transporté les terrains primaires anciens sur le houiller.

L'exploitation des veines renversées au puits n° 1 a donné pendant longtemps de mauvais résultats que l'examen de la coupe suffit à justifier. C'est ce qui explique les débuts pénibles qu'a eus la Société de Liévin, alors que les Compagnies voisines ont presque toutes pénétré directement dans les terrains plus réguliers en place.

Ce n'est qu'en 1869, qu'un travers-banc du puits n° 1 se dirigeant vers le Nord, au niveau de 283 mètres, a rencontré la première couche en place, Eugène. Le puits fut approfondi et il recoupa les veines François, Edouard, etc. On avait acquis la certitude que ces veines en place formaient la partie supérieure du riche faisceau de Lens, l'avenir de la Société était assuré et les travaux entrèrent dans une phase nouvelle.

Au début, on ne trouvait aucune analogie entre les veines renversées et les veines en place, et on pensait qu'elles appartenaient à deux groupes absolument distincts, séparés par une faille inclinée vers le Sud.

Comme il arrive souvent, le développement des travaux est venu jeter un jour nouveau sur l'allure des couches. Au puits n° 1, on a trouvé les points appelés *crochons* où les veines Louis, Augustin, Eugène, François, Edouard font leur ennoyage, c'est-à-dire, leur renversement; on a exploré, à partir de leur crochon, ces couches renversées et on a fini par reconnaître, à la suite des modifications observées dans la structure, qu'elles étaient les mêmes que les couches renversées des étages supérieurs et que la faille n'existe pas. L'assimilation suivante a été faite et peut être considérée comme définitive :

Saint-Victor   est *Léonard* renversée.
Veine supérieure » *Alfred* renversée.
Sainte-Pauline » *Du Souich* renversée.
Sainte-Sophie » *Edouard* renversée.

Au puits n° 2, l'assimilation suivante est acquise :

Veine Paul est *Léonard* renversée.
Veine Jean » *Beaumont* renversée.

Les veines supérieures, *Marie*, *Sainte-Barbe*, *Saint-Honoré*, *Saint-Jean-Baptiste* dont l'exploitation est ancienne, sont peu connues et on manque encore de données pour déterminer leur place exacte dans le faisceau inférieur à Léonard.

Au puits n° 3, les travaux de reconnaissance sont moins avancés, mais on prévoit l'indentification suivante :

Marguerite   serait *Arago* renversée.
Célestin » *Désirée* renversée.
2me *veine du Nord* » *Louis II* renversée.
3me » » *Amé* renversée.
4me » » *Léonard* renversée.

Allure générale des couches. — L'allure des couches renversées est difficile à définir à cause de son irrégularité. Les couches en place, au contraire, ont une allure régulière. Elles sont inclinées vers le Sud, faiblement aux sièges n°ˢ 1 et 4, plus fortement aux sièges n°ˢ 2 et 3 où la pente atteint 25 degrés. Il en résulte que la direction générale des voies de fond est Est-Ouest.

Toutes les couches en place, explorées jusqu'à ce jour, se renversent sur elles-mêmes à une distance de la limite Nord de la concession d'autant plus grande que la couche est plus basse dans la série, ce qui indique que le champ d'exploitation, dans les plateures, augmente avec la profondeur. L'augmentation de la largeur des plateures, suivant la ligne Nord-sud, est même très rapide au siège n° 1. En effet, si on réunit, dans la coupe (pl. IV), les points d'ennoyage (les crochons des veines), par des lignes droites, on constate d'abord que l'inclinaison des lignes ainsi obtenues diminue.

Ligne du crochon de Louis à celui d'Eugène 22°.
  »   d'Eugène   »   de François 16°.
  »   de François   »   d'Édouard 12°.
  »   d'Edouard   »   Du Souich 0°.

Si d'un autre côté, on compare l'épaisseur des massifs qui séparent les veines à la distance, projetée horizontalement, qui sépare les crochons suivant la ligne Nord-sud, on arrive au tableau suivant :

	Epaisseur des terrains entre les veines	Distance horizontale des crochons
De Louis à Eugène.	50 ᵐ »	133 ᵐ »
D'Eugène à François. . . .	54 »	298 »
De François à Edouard. . .	56 »	230 »
D'Edouard à Du Souich. . .	67 »	800 »

On voit que, comme nous le disions plus haut, l'étendue des plateures augmente singulièrement avec la profondeur. Ajoutons que ceci n'est encore établi que pour le siège n° 1 ; aux autres sièges les travaux sont trop peu développés pour qu'on puisse y vérifier la loi.

On remarquera aussi, dans la coupe du n° 1, que les crochons des veines inférieures sont plus rapprochés des terrains anciens que ceux

3

des veines supérieures et que l'épaisseur des terrains renversés diminue en descendant.

Dans le gisement du n° 3 (pl. V), la ligne qui réunit les crochons a aussi une tendance à se rapprocher de l'horizontale.

Au n° 4, les travaux ne sont pas encore assez développés pour permettre d'envisager cette question.

Failles importantes. — **La faille des Plateures**, dont l'existence est reconnue au Levant de la concession de Liévin, à Courrières et à Drocourt, est une faille de transport, presque horizontale, qui a affecté les terrains renversés en refoulant leur partie supérieure vers le Nord. En montant dans les couches renversées, partant du crochon, on ne tarde pas à être arrêté par cette faille.

Cet accident n'a pas été remarqué au n° 1.

Au n° 3, il paraît exister. Il traverse le puits à 280 mètres de profondeur et coupe la tête des veines renversées, Louis, Augustin, Eugène, à 300 mètres au Sud du puits.

Au n° 4, il n'est pas connu.

Faille Desailly. — Rencontrée à 400 mètres au Levant de la fosse n° 4, par la bowette de l'étage de 331 mètres, la faille Desailly, orientée N 60° O, plonge au Sud et produit un rejet de 70 à 80 mètres, plaçant Frédéric à hauteur de François ; elle paraît être le prolongement de la faille d'Avion des mines de Lens. En avançant vers l'Est, elle devient parallèle à la faille du Calvaire.

Faille du Calvaire. — Au siège n° 4, on a reconnu sur un kilomètre de longueur la faille du Calvaire, orientée N 70° O ; elle plonge au Nord et relève les terrains au Midi de 130 mètres environ, mettant Du Souich à la hauteur de François.

Failles du Midi du N° 4. — Les bowettes des étages de 331 et 421 ont rencontré deux failles, se réunissant en profondeur, formant renfoncement vers le Sud et dont le rejet total est de 160 mètres environ. Ces failles amènent les terrains renversés au niveau de 330 et à celui de 421, et placent Du Souich presque en face de Léonard. Elles sont sans doute le prolongement à l'Est de la faille Viala.

Faille Viala. — La faille Viala, orientée N 70° O, plonge au Sud et relève les terrains au Nord de 120 à 150 mètres environ.

A l'étage de 383, au puits n° 3, elle passe à 50 mètres au Nord du puits et elle traverse celui-ci à 480 mètres de profondeur. Elle franchit la limite N de la concession à un kilomètre au Levant du n° 1 et porte le nom de faille Saint-Amé dans la concession de Lens.

Faille d'Eleu. — La faille d'Eleu qui, dans la concession de Lens, forme un rejet atteignant 320 mètres, n'a plus qu'une importance de 100 mètres lorsqu'elle pénètre dans la concession de Liévin à 450 mètres à l'Est du puits n° 3. Elle paraît se réunir à la faille Viala, de sorte qu'à 800 mètres au Levant du puits n° 3, ces deux accidents, fondus en un seul, forment une faille plongeant au Sud avec un rejet de 230 mètres environ.

Faille du Riaumont. — La faille du Riaumont, orientée N 60° 0, plonge au Sud, passe près du puits n° 1 où elle renfonce les terrains au Sud de 30 mètres environ; au Levant elle se poursuit jusqu'à un kilomètre du puits n° 1, son rejet change de sens, elle renfonce les terrains au Nord de 30 mètres environ. Son importance augmente en allant vers le siège n° 3 où elle est connue aux étages de 526 et de 600 ; le rejet est de 60 mètres sur la méridienne.

Faille Simon. — La faille Simon, orientée N 65° 0, a été rencontrée à 450 mètres du puits n° 1 par la bowette sud de 430 ; elle met le crochon d'Edouard en face de Du Souich renversée, ce qui représente un rejet de 60 mètres ; on la connaît jusqu'à un kilomètre dans la région du Levant.

Faille d'Angres-Liévin. — Au Couchant du puits n° 1, on suit la trace d'une faille appelée d'Angres-Liévin dans la concession de Lens.

Cet accident qui a produit un rejet de 60 mètres dans la concession de Lens, doit passer à 300 mètres Ouest du puits n° 1, de Liévin. Les travaux, aux niveaux de 476 et 430 mètres, se sont développés dans les couches en place jusqu'à un kilomètre du puits n° 1 sans rencontrer cet accident. Mais ces couches sont fort irrégulières ; elles subissent, dans la région où devrait se trouver la faille d'Angres-Liévin, un plissement considérable, se traduisant par un renfoncement à l'Ouest et un rejet vers le Nord. On a suivi ce plissement à 300 mètres de la limite Nord de la concession ; à 150 mètres de cette limite, il se traduit par deux cassures éloignées de 30 mètres environ produisant, pour la veine Alfred en place, un déplacement de 45 mètres entre les étages de 476 et de 534. Ces deux cassures réunies doivent former, en pénétrant dans la concession de Lens, la faille d'Angres-Liévin.

Le passage du plissement à la cassure formant faille, est ici présenté par un exemple remarquable.

Accidents secondaires. — Les accidents peu importants sont nombreux dans la concession de Liévin, surtout dans les régions où la pente est faible. On les voit naître, augmenter rapidement d'importance, puis diminuer, disparaître, et quelquefois changer de sens.

Les étreintes sont fréquentes dans les couches renversées et les rendent inexploitables souvent sur une grande surface.

Composition du terrain houiller. — Les roches stériles du terrain houiller sont formées de schistes et de grès.

Si l'on envisage le massif houiller depuis Louis, la veine supérieure, jusqu'à Désirée, on trouve quinze couches exploitables qui représentent, au total, 16 mètres de charbon, soit 5,3 % du massif total; les veinules ou passées forment dans le même massif une épaisseur de 6m75 ou 1,7 % du total.

La proportion des schistes est de 52 %, celle des grès de 41 %. L'épaisseur moyenne des quinze couches ci-dessus est de 1m10. La planche VII indique les couches reconnues à Lens, au-dessous de Désirée et que les puits de Liévin trouveront en profondeur. Ces couches arrêtées à Emilie, forment une épaisseur totale de 10m60. En-dessous de la veine Emilie, on a l'espoir de rencontrer des veines demi-grasses et peut-être même les veines maigres du Centre et du Nord du bassin.

La structure des couches de charbon est rarement constante en tous les points de la concession; leur épaisseur, la composition des bancs qui les forment sont essentiellement variables.

La veine Eugène et la veine Edouard ont une plus grande puissance au n° 1 que dans l'Est de la concession. Par contre, les veines Amé, Louis II, Désirée, qui sont inexploitables au n° 1 et au n° 3, sont notablement plus épaisses au n° 4, région du Levant.

A ce point de vue, la veine Léonard est très intéressante; sa structure se modifie sans cesse. Elle est souvent formée de bancs de charbon dans lesquels se trouvent intercalés, des lits d'escaillage, des schistes gris ou du gayet, ces divers éléments subissent des changements innombrables. Les bancs de charbon augmentent ou diminuent d'épaisseur, disparaissent même, le gayet se transforme en schiste ou s'évanouit, les bancs de schistes n'existent pas dans certaines régions, etc. La veine Léonard est de plus affectée par un grand nombre d'accidents locaux qui n'intéressent pas les couches voisines.

Le charbon de la veine Edouard se transforme souvent soit en un gayet terreux soit en schiste et s'étrangle sur de grandes surfaces.

Epaisseur des terrains séparant les couches. — L'épaisseur des terrains séparant les couches est très variable aussi. Le plus fort intervalle stérile connu à Liévin est de 76 mètres, entre Eugène et François au n° 4. C'est une exception ; en général les stampes ne dépassent pas 30 mètres d'épaisseur.

Le massif de stérile qui sépare deux couches varie souvent, notablement aux divers puits de la concession. Ainsi, les veines Louis et Augustin, distantes de 4 mètres au n° 1, sont espacées de 16 mètres au n° 3. Au contraire, l'important massif de grès qui se trouve au n° 1, entre Augustin et Eugène, disparaît complètement au n° 3 où les deux couches ne sont séparées que par 4 mètres de schistes noirs friables ; plus à l'Est encore, au n° 4, les deux veines n'en forment qu'une seule. Eugène et François, distantes de 53 mètres au n° 1, le sont de 76 mètres au n° 4. A ce dernier puits, ainsi qu'au n° 3, un banc de grès de 25 mètres d'épaisseur se présente dans le mur d'Eugène, alors qu'il n'existe pas dans la région du n° 1.

Nature des charbons. — Les charbons de Liévin appartiennent tous à la même catégorie, ou au moins à des catégories très voisines. La houille des terrains renversés a beaucoup d'analogie avec le *flénu* (houille sèche à longue flamme); elle renferme 36 à 40 % de matières volatiles. A mesure qu'on descend, les matières volatiles diminuent et les veines Du Souich et Alfred n'en renferment plus que 33 % et peuvent être rangées dans la catégorie des veines à gaz. Enfin, les veines inférieures du faisceau, Ernestine et Nella, reconnues au siège n° 3, ne contiennent que 27 % de matières volatiles.

Comme la production est surtout concentrée dans les veines en place, le charbon de Liévin doit être classé comme *flénu gras et houille à gaz*. Il est recherché pour la consommation domestique, la fabrication du gaz et comme charbon industriel.

Une seule veine, la veine Frédéric, fournit du charbon de forge : elle ne contient que 28 % de matières volatiles, c'est-à-dire moins que Du Souich et Alfred qui lui sont inférieures.

On rencontre quelquefois dans les grès, des filets de charbon irrégulièrement intercalés. Ce charbon, brillant, a donné à l'analyse :

Matières volatiles . . . . 27.01.
Cendres . . . . 17.61.
Carbone . . . . 55.38.

soit : 48,17 % de matières volatiles, cendres déduites.

Gayet. — Le gayet est un charbon d'aspect terne, léger, sec, à longue flamme qui se rencontre fréquemment dans les couches de

Liévin. Il est analogue au *cannelcool* anglais, sans cependant atteindre la qualité et la pureté de ce dernier. Il se trouve en bancs continus dans certaines couches, la veine Léonard notamment.

On a rencontré dans les schistes formant le toit de la veine Eugène au n° 1, des morceaux de gayet à arêtes arrondies et de forme aplatie; le grand axe est horizontal. Au n° 3, on a trouvé des lentilles de gayet dans les massifs de grès.

Voici quelques analyses de gayets de diverses provenances qui indiquent que leur composition est loin d'être constante :

ÉCHANTILLONS analysés	Carbone	Matières volatiles	Cendres	CENDRES DÉDUITES Carbone	Matières volatiles	OBSERVATIONS
Passée entre Eugène et François . .	60.68	30.51	8.81	60.55	33.45	Siège n°3. Bel échantillon.
Veine Léonard à 456	61.09	23.61	15.30	72.13	27.87	» »
Veine Léonard renversée à 526. . .	57.56	30.65	11.79	65.74	34.26	» Renferme du charbon ordinaire.
Veine Beaumont à 424 (Est) . . .	73.42	23.57	3.01	75.70	24.30	Fosse n°4. Très bel échantillon.
Veine Beaumont à 424 (Nord). . .	74.03	23.71	2.26	75.73	24.27	» »
Veine Beaumont (Beartia de Courrières)	73.29	24.63	2.08	75.85	24.15	» »

Résultats généraux des travaux de recherches récents. — Les travaux de recherches exécutés dans les dix dernières années ont donné les résultats suivants en commençant par l'Ouest :

1° L'approfondissement du puits n° 2, exécuté en 1891-92, commencé à la profondeur de 400 mètres et arrêté à 550 mètres, a successivement rencontré les veines renversées :

Alfred . . . . à 404m40
Du Souich . . . . à 409m50
Frédéric . . . . à 418m80

ensuite les veines en place :

Edouard . . . . à 478m45
Auguste . . . . à 495m70
Frédéric . . . . à 530m75
Du Souich . . . . à 542m80
Alfred . . . . à 548m50

Une reconnaissance exécutée au niveau de 542 mètres a montré que les veines Du Souich et Alfred sont fort régulières ; mais elles sont très rapprochées l'une de l'autre, ce qui créera des difficultés d'exploitation. Le massif qui les sépare n'est que de 4 mètres. Ces couches sont moins épaisses que dans la région centrale, et elles seront moins avantageuses dans la région Ouest de la concession que dans la région Est.

2° Au puits n° 1, la grande recherche du Midi a fourni des données précises sur l'allure de la grande faille Eifélienne. Cette même recherche a aussi montré que les couches en place s'étendent beaucoup plus loin au Sud qu'on ne le pensait, et qu'un accident important produit un relèvement des terrains en plateure à environ 1,000 mètres au Midi du puits.

On a aussi constaté que les veines renversées qu'on avait délaissées dans les étages supérieurs, sont susceptibles d'une exploitation rémunératrice, à la condition qu'elles aient une certaine épaisseur. Les veines Edouard, Du Souich, Alfred renversées sont couramment enlevées maintenant.

Au n° 3 les recherches faites dans la région Sud, au niveau de 526, ont montré un relèvement de la veine François produit par la faille Riaumont, et au delà du crochon de cette veine, on a rencontré un accident important formant renfoncement et mettant Léonard renversée en face du crochon de François. La bowette a été creusée jusqu'à 1,100 mètres du puits sans trouver de veine exploitable, et est restée dans les terrains renversés, assez réguliers, avec pente montante vers le Sud.

Au n° 4, on a reconnu que le gisement est traversé par quatre accidents importants, presque parallèles entre eux et à la limite de concession, partageant le champ d'exploitation en lambeaux restés, malgré les accidents, en allure assez régulière.

Emplacement des puits et installations

On a vu par l'historique de la Société de Liévin, que le puits n° 1 fut placé au Midi de la fosse Saint-Amé que la Société de Lens construisait à la hâte pour l'obtention de la concession. Le puits n° 2 a été creusé par la Compagnie d'Aix et racheté par la Société de Liévin. Ces deux emplacements furent donc déterminés par des circonstances indépendantes du gisement, inconnu à cette époque.

Le dégagement de grisou qu'on constata, dès le niveau de 245 mètres au puits n° 1, vint ajouter un facteur de plus aux difficultés que la Compagnie avait à vaincre dans l'exploitation des couches irrégulières qu'elle y trouvait. Dès qu'elle fut convaincue de la richesse du gisement par la découverte des veines en place du beau faisceau de Lens, à l'étage de 283 mètres, et sans attendre de prescription administrative, la Société de Liévin creusa en 1874, le puits n° 1 bis (¹) placé à 45 mètres du puits n° 1, destiné à créer une deuxième issue à la surface et à mettre les travaux dans de bonnes conditions d'aérage.

En 1872, on avait décidé la création d'un siège d'extraction nouveau, le n° 3. Le puits n° 3 fut commencé en novembre 1872, le puits n° 3 bis en octobre 1873. Il sont distants l'un de l'autre de 35 mètres : l'un sert à l'entrée de l'air dans la mine, l'autre à sa sortie.

Le puits n° 3 est à 2,225 mètres Est du n° 1.

En 1890, on a commencé l'installation du siège n° 4 situé sur le territoire de la commune d'Avion. Il est formé de deux puits distants

(1) Depuis la rédaction de la notice que la Société de Liévin a présentée en 1889, on a changé les numéros des puits : ainsi, le puits n° 5 est devenu le n° 1 bis et le n° 4 est devenu le n° 3 bis.

La dénomination actuelle est la suivante :

Siège n° 1 . . . . . { Puits n° 1. / Puits n° 1 bis.
Siège n° 2 . . . . . | Puits n° 2.
Siège n° 3 . . . . . { Puits n° 3. / Puits n° 3 bis.
Siège n° 4 . . . . . } Puits n° 4. / Puits n° 4 bis.
Siège n° 5 . . . . . (en creusement). { Puits n° 5. / Puits n° 5 bis.

de 40 kilomètres. Le puits n° 4 se trouve à 2,575 mètres Est du puits n° 3 ; sa distance à la limite Est de la concession est de 1,325 mètres. Ce siège a été mis en exploitation en janvier 1894.

Enfin, en 1899, on a placé un nouveau siège, le n° 5, dans l'Ouest de la concession. Il est formé de deux puits distants de 50 mètres et actuellement en creusement. Le puits n° 5 est à 789 mètres Sud-Ouest du puits n° 2 et à 2,225 mètres Ouest du puits n° 1. Sa distance à la limite Ouest de la concession est de 2,040 mètres.

Les sièges n°ˢ 1, 3, 4 sont placés à une faible distance de la limite septentrionale de la concession : 245 mètres pour le n° 1, 300 mètres pour le n° 3, 380 mètres pour le n° 4. Ce fait s'explique facilement, car, à l'époque de l'installation de ces sièges, on n'avait que peu de confiance dans le Sud du bassin et on tenait à établir les puits au centre des gisements reconnus comme riches.

Les idées se sont modifiées depuis, grâce aux recherches faites dans la région Sud du siège n° 1 en 1897 et 1898. Aussi n'a-t-on pas hésité à éloigner le dernier siège créé, le n° 5, de la limite Nord de la concession. Il en est distant de 810 mètres.

Les installations actuelles de la Société de Liévin comprennent :

Le siège n° 1, composé des puits n° 1 (retour d'air) et n° 1 *bis* (entrée d'air), tous deux affectés à l'extraction ;

Le puits n° 2, fait le service de l'extraction et de sortie d'air pour les travaux du Couchant du n° 1 et ceux du Levant du siège n° 5 ;

Le siège n° 3, composé de deux puits d'extraction, l'un (n° 3 *bis*) d'entrée d'air, l'autre (n° 3) de sortie d'air ;

Le siège n° 4, formé de deux puits d'extraction, les n°ˢ 4 et 4 *bis*, le premier sert d'entrée d'air, le second de retour d'air ;

Le siège n° 5, formé par les puits n°ˢ 5 et 5 *bis* en fonçage.

Méthodes d'exploitation

Toutes les couches de Liévin sont grisouteuses et on n'applique pas, pour l'enlèvement de la houille, la méthode par éboulement dont les inconvénients sont connus : production de grands vides formant réservoirs de grisou, chantiers difficiles à aérer.

La méthode par avancement avec remblais est la seule employée. Les remblais proviennent de travaux préparatoires ou de recherches, du creusement et de l'entretien des galeries. Les couches minces fournissent souvent un excédent de terres qu'on utilise pour les couches épaisses. Cependant au siège n° 4, ces diverses provenances ne suffisent pas et on descend, depuis quelques années, des remblais pris à la surface dans un ancien dépôt de roches houillères.

On ne déhouille guère de couches ayant moins de 70 centimètres d'épaisseur. Dans quelques cas particuliers, on a exploité une couche de 50 centimètres, mais il a fallu pour cela des circonstances très favorables. En général, l'irrégularité du gisement, la faible inclinaison des couches, leur dureté s'opposent à l'exploitation des veines ayant moins de 70 centimètres d'épaisseur.

Les tailles chassantes sont seules employées. De nombreuses tentatives d'exploitation par tailles montantes, ont fait ressortir les inconvénients du système : aérage difficile du front de taille et production facile de dépôts de grisou.

La hauteur des tailles est de 8 à 20 mètres :

Le front de taille accordé à chaque ouvrier varie de 2^m50 à 6 mètres ; il dépend de l'épaisseur de la couche, du plus ou moins de solidité du toit, de l'entretien des galeries. Quand le charbon est facile à abattre, on a intérêt, au point de vue du prix de revient, à diminuer le nombre d'ouvriers par taille.

L'ensemble des tailles chassantes est disposé suivant le type à *gradins renversés*. Dans ce système, il y a en haut de chaque taille, à la *coupure*, une région difficile à aérer. Le système inverse des tailles à *gradins droits* échappe à cet inconvénient, aussi l'applique-t-on quand on le peut, notamment quand on exploite en vallée. Dans cette seconde méthode, la mise en place des terres provenant du creusement de la voie est plus difficile.

Quand on ne dispose pas d'une force motrice au fond, les remblais doivent être amenés à la partie supérieure de l'exploitation à l'aide de la machine d'extraction et descendus dans les plans inclinés par la gravité. A Liévin, on n'a guère recours à ce système qui immobilise la machine d'extraction et oblige à l'usage d'accrochages multiples; il ne peut d'ailleurs s'appliquer que dans les gisements très réguliers. L'air comprimé existe à tous les sièges et des moteurs sont installés au sommet des plans inclinés. Ils élèvent le remblai dans les tailles en amont de la voie de fond, et le charbon dans les tailles en vallée. Quand on n'a pas besoin de force motrice et qu'on utilise la gravité pour la descente des berlines chargées, on agit sur un débrayage qui isole le moteur et on dispose de la poulie ou du tambour avec un frein.

Les moteurs à air comprimé ainsi employés, soit pour le remblayage, soit pour l'extraction du charbon exploité en vallée, sont considérables. Voici les chiffres pour 1899 :

Siège n° 1. . . . . 42 ⎫
Siège n° 3. . . . . 36 ⎬ Total. . 112
Siège n° 4. . . . . 34 ⎭

Le type des moteurs est variable. Ils sont généralement à engrenages. Ils ont toujours deux cylindres dont le diamètre est de 15 à 20 centimètres.

Malgré ce développement des moteurs en vue du remblayage, la plupart des puits envoient encore des terres à la surface. Le n° 4 seul fait exception actuellement.

Voici les terres extraites aux autres sièges en 1899 :

	EXTRACTION EN TONNES		RAPPORT
	CHARBON	TERRES	
Siège n° 1. . .	399.692	34.857	8,70 %
Siège n° 3. . .	365.393	32.761	11,00 %

Cet excédent de terres s'explique par l'irrégularité du gisement, l'exploitation de veines minces, et enfin, par suite de l'obligation où l'on se trouve de donner de grandes sections à toutes les galeries pour arriver à l'élargissement de la mine.

Le remblayage immobilise un matériel berlines assez considérable. Aussi, pour une extraction journalière d'environ 2,500 berlines :

Le siège n° 1 a besoin de 2,000 berlines
Le siège n° 3 » 1,914 »
Le siège n° 4 » 1,850 »

Quand les circonstances de l'exploitation rendent le transport des remblais difficile et onéreux, on s'efforce de créer des remblais sur place par l'établissement de galeries à grande section; mais les galeries élevées sont difficiles à aérer, leur établissement et leur entretien sont coûteux.

Déboisage. — L'emploi de remblais complets a un avantage indirect, l'enlèvement du boisage des tailles au fur et à mesure de l'avancement du remblai. Ce déboisage se fait couramment dans les couches où le toit est solide; il n'est pas pratiqué dans les autres. Il est confié à un ouvrier spécial non intéressé dans le chantier et qui reçoit des instructions précises au point de vue de la sécurité.

Les bois enlevés peuvent généralement resservir, et la main-d'œuvre du transport des bois au chantier est simplifiée.

On déboise aussi les galeries abandonnées quand cela est possible, quelquefois on les remblaie, mais cela est souvent impossible ou dangereux.

Abatage. — En général, le déhouillement des couches a lieu en commençant par la supérieure; néanmoins, les circonstances locales obligent à faire souvent des exceptions à cette règle, et, quand les couches sont éloignées les unes des autres, il n'y a pas d'inconvénient sérieux à cette manière de procéder.

Quand deux couches sont très voisines et qu'on exploite d'abord l'inférieure, les cassures produites par l'exploitation créent un écoulement du grisou de la couche supérieure vers l'autre, et ce grisou se dégageant par le toit de celle-ci en tous les points de l'exploitation est souvent difficile à balayer. Dans ce cas, le charbon de la couche supérieure devient dur et, à l'inverse de ce qu'on pourrait croire, l'abatage est plus difficile.

Qu'on commence d'ailleurs l'exploitation par l'une ou l'autre des couches, c'est toujours la première exploitée qui est la moins dure et la plus grisouteuse.

L'entretien des galeries peut aussi influer sur le choix du système et souvent on s'efforce d'arriver à ce que les deux exploitations se suivent d'assez près.

L'emploi des explosifs est interdit pour l'abatage du charbon ; quand celui-ci est fort dur, on emploie le coin-multiple et mieux le brise-roches.

Depuis 1872, on se sert du pic à pointes mobiles avec emmanchement conique, qui permet à l'ouvrier d'avoir toujours des pointes de réserve au fond.

La Société fournit les outils à son personnel et se charge de leur entretien. Quand l'ouvrier quitte les travaux, il paie les outils manquants.

Les ouvriers sont payés à la berline de charbon fournie ; ils doivent boiser leur chantier et livrer le charbon propre au point du chargement. Pour y arriver, ils se servent souvent de planches placées le long de la taille sur lesquelles se fait le *boutage* du charbon. Ces planches sont avantageusement remplacées par des plaques ou des couloirs en tôle.

Souvent les ouvriers prennent à leur compte, moyennant un prix spécial, le chargement et le roulage jusqu'au plan incliné. Ce système est avantageux.

Souvent aussi les ouvriers font eux-mêmes l'entretien de leur galerie de roulage moyennant un supplément fixe pour chaque berline fournie. Cette organisation, appliquée avec soin, donne aussi de bons résultats.

L'ouvrier passe quelquefois avec la Société un contrat par lequel il accepte un prix déterminé pour un avancement de 50 à 100 mètres. La Compagnie, de son côté, s'engage à ne pas réduire le prix pendant la durée du contrat. L'ouvrier peut le rompre, moyennant une indemnité de 10 francs, en général. Ce système rend l'ouvrier plus indépendant de ses chefs directs.

Puits

Creusement. — La partie supérieure des morts-terrains est aquifère et constitue ce qu'on appelle le *niveau*. Au n° 4, on rencontre l'eau à 8 mètres de profondeur, aux autres puits, on ne la trouve qu'à 20 et 32 mètres. La base du cuvelage est placée dans les dièves à une profondeur qui varie de 95 à 110 mètres.

La traversée des terrains aquifères a été effectuée à niveau vide, aux puits n°ˢ 1, 2 et 5. Les puits n°ˢ 3, 3 *bis*, 1 *bis*, 4 et 4 *bis*, ont été creusés par le système Kind-Chaudron.

Application du procédé Kind-Chaudron au siège n° 4. — Le puits n° 4 est placé à une faible distance des puits n° 5 de Lens et de Courrières qui avaient rencontré des venues d'eau considérables. Il y avait tout lieu de croire que l'application du procédé de fonçage à niveau vide rencontrerait de grosses difficultés et serait coûteuse. D'un autre côté, à l'époque où l'on commença le creusement du n° 4, le procédé par la congélation n'avait pas encore reçu les perfectionnements qui l'ont rendu pratique. C'est pourquoi on eut recours au système Chaudron.

Pour les puits creusés autrefois par ce procédé (3, 3 *bis*, 1*bis*), on s'était adressé à l'entreprise Chaudron qui avait appliqué la méthode classique. Le cuvelage, composé d'anneaux complets transportés de l'usine du fondeur au puits, était limité au diamètre utile de 3ᵐ65. Ce diamètre ayant été jugé insuffisant pour le puits n° 4, la Société fut entraînée à faire quelques modifications dont il sera parlé plus loin et à conduire elle-même le travail.

Tête du puits. — Le puits fut creusé à bras jusqu'à 10ᵐ60, profondeur nécessaire pour installer le trépan et le plancher de manœuvre. On avait rencontré l'eau à 8ᵐ30 ; on dut installer deux pompes Worthington à l'aide desquelles on put creuser le puits jusqu'à 10ᵐ60. Le débit de ces pompes était de 400 mètres cubes à l'heure et, bien que marchant à grande vitesse, elles ne purent abaisser l'eau au-dessous de la cote ci-dessus. On se hâta de maçonner, avec du mortier au ciment la partie creusée.

Creusement au trépan. — Pour arriver au diamètre utile de 4 mètres à l'intérieur des collets du cuvelage, on creusa le puits à 5 mètres de diamètre. Cela nécessita un trépan de 4ᵐ90 de largeur, pesant 22 tonnes.

On commença par creuser un petit puits de 110 mètres de profondeur et de 2 mètres de diamètre, à l'aide d'un trépan de 10 tonnes.

Cuvelage. — Les anneaux sont en fonte d'une seule pièce, ont une hauteur de 1ᵐ50, un diamètre extérieur de 4ᵐ268 et un diamètre utile de 4 mètres.

Le chemin de fer n'ayant pu se charger du transport d'anneaux de cette dimension, on dut installer une fonderie près du puits.

TABLEAU DES ANNEAUX EMPLOYÉS

Désignation des pièces	Épaisseur de la partie cylindrique	Épaisseur des collets d'assemblage	Pression d'épreuve	Poids moyen des pièces	Observations
	millim.	millim	atm.	kil.	
Nos 1 et 2	62	62	20	12.000	
Nos 3 à 5	58	62	18	11.500	
Nos 6 à 11	56	62	18	10.690	Les boulons d'assemblage au
Nos 12 à 17	52	62	16	10.400	nombre de 60 ont 30 m/m de
Nos 18 à 23	48	52	16	10.000	diamètre.
Nos 24 à 31	44	52	14	9.500	
Nos 32 à 37	40	52	14	8.500	
Nos 38 à 43	36	42	12	8.000	
Nos 44 à 49	32	42	12	7.500	
Nos 50 à 60	28	42	10	7.000	Poids total. 569.500 kil. Prix : 298.594 fr. 80 cent.

La boîte à mousse employée par M. Chaudron, jugée inutile, a été supprimée.

Pour la descente du cuvelage on n'a fait usage ni de tiges de suspension ni de colonne d'équilibre ; le faux cuvelage de raccord a également été supprimé.

BÉTONNAGE. — L'emploi des cuvelages en fonte exige un bétonnage soigné pour parer aux éventualités de la rupture du métal. La suppression de la boîte à mousse augmentait encore son importance ; aussi l'anneau de béton compris entre la surface extérieure du cuvelage et la paroi du puits fut porté à 0m 36 d'épaisseur. La composition du béton est indiquée par le tableau ci-dessous.

DÉSIGNATION	PROFONDEURS DU PUITS			
	de 102 mètres à 92 mètres	de 92 mètres à 62 mètres	de 62 mètres à 32 mètres	de 32 mètres jusqu'au sol
Ciment Portland	3 parties	»	»	»
Ciment de Dannes . . .	»	2 parties	1 partie	1 partie
Ciment belge dit Romain	»	1 »	1 »	2 »
Chaux hydraulique. . .	1 partie	1 »	1 »	2 »
Scories bien vitrifiées. .	1 »	1 »	1 »	1 »
Sable lavé sans argile .	1 »	1 »	1 »	2 »

Au puits n° 4 *bis*, la chaux hydraulique a été supprimée, parce que la prise avait été trop lente au n° 4. En outre, on a remplacé les scories par du gravier de mer.

Le béton a été fabriqué à l'aide d'un manège à meules, et descendu au fond du puits au moyen de cuillers se vidant automatiquement à leur arrivée et manœuvrées à l'aide de petites machines à vapeur spéciales.

ORGANISATION DU TRAVAIL. — Deux postes de douze heures composés chacun de :

> 1 chef sondeur,
> 6 manœuvres,
> 1 mécanicien,
> 1 chauffeur,
> 1 forgeron pendant le poste de jour seulement.

Le travail était suspendu pendant les repas et le dimanche à partir de midi.

DURÉE DU TRAVAIL. — Voici le temps consacré aux diverses opérations :

DÉSIGNATION	N° 4	N° 4 *bis*
Creusement au petit trépan, jusqu'à 110ᵐ00 au n° 4 jusqu'à 111ᵐ71 au n° 4 *bis*.	du 26/7 1890 au 18/10 1890 } 84 jours.	du 1ᵉʳ/11 1891 au 14/1 1892 } 75 jours.
Creusement au grand trépan, jusqu'à 102ᵐ24 au n° 4 jusqu'à 103ᵐ00 au n° 4 *bis*.	du 10/12 1890 au 17/6 1891 } 189 jours.	du 15/1 1892 au 7/6 1892 } 144 jours.
Pose du cuvelage.	du 22/6 1891 au 19/7 1891 } 28 jours.	du 17/6 1892 au 29/6 1892 } 13 jours.
Bétonnage et extraction des eaux.	du 22/7 1891 au 30/10 1891 } 101 jours.	du 4/7 1892 au 6/8 1892 } 33 jours.

Le n° 4 *bis* a été creusé plus rapidement que le n° 4, parce que le personnel était plus habitué au travail. Ce puits, commencé le 1ᵉʳ novembre 1891, était cuvelé à 103 mètres de profondeur le 6 août 1892, soit en 9 mois 6 jours.

ACCIDENTS. — Aucun accident ne s'est produit pendant le cours du travail.

On a constaté de nombreux éboulements dans la craie.

DÉPENSES

	N° 4	N° 4 bis
Tête du puits	3.436 91	3.436 91
Baraque Chaudron	7.185 91	7.185 91
Travaux divers de préparation	11.789 14	6.789 14
Creusement au petit trépan	17.939 84	13.136 40
Creusement au grand trépan	47.800 16	25.958 48
Cuvelage { Anneaux de fonte	149.297 40	149.297 40
Plomb et boulons	27.661 75	27.661 75
Bétonnage { Chaux.	1.589 70	»
Ciment	7.463 95	11.689 12
Sable	943 60	1.463 15
Main-d'œuvre pour mise en place du cuvelage	17.392 74	11.100 51
Transports divers	5.774 25	5.774 25
Charbon consommé	27.000 »	20.385 »
TOTAL DES DÉPENSES	327.275 35	283.878 02
Prix de revient du mètre :		
Fonçage	1.133 50	777 11
Cuvelage (1).	2.075 »	1.988 11
Total	3.208 50	2.765 22

Le matériel Chaudron a été acheté de rencontre au prix de . . 36.476 31

Les diverses réparations à ce matériel et le transport ont coûté. 21.933 10

TOTAL 58.409 41

Cette somme n'est pas comprise dans le prix de revient du mètre. Rappelons que pour les anciens puits (3, 3 bis, 1 bis), le mètre de puits cuvelé par le procédé Chaudron, avec cuvelage en fonte de 3ᵐ65, a varié de 1.800 à 2.200 francs.

CREUSEMENT EN DESSOUS DU CUVELAGE. — En dessous du cuvelage, le diamètre des puits 4 et 4 bis a été fixé à 4ᵐ50 à l'intérieur de la maçonnerie, soit 5ᵐ50 au terrain.

(1) Le prix des fontes, à cette époque, était fort élevé ; il dépassait les prix ordinaires de 20 pour 100. En outre, l'obligation d'installer une fonderie spéciale près des puits a occasionné une dépense supplémentaire.

4

Le creusement a été effectué par le procédé habituel, machine à deux cylindres et à engrenages. Diamètre des pistons 280 millimètres, course 300 millimètres. Câbles ronds en acier, construits spécialement en vue d'atténuer le mouvement de rotation du tonneau. Tonneaux en fer de 7 hectolitres.

L'orifice du puits était recouvert de volets qui s'ouvraient pour livrer passage aux tonneaux.

Le revêtement provisoire était métallique et on approfondissait le puits de 30 à 60 mètres avant d'établir la maçonnerie.

Le puits était éclairé par l'électricité.

Le goyau qui régnait sur la demi-surface du puits était fait de planches jointives.

Le creusement du n° 4, commencé le 10 novembre 1891 . à 102^{m}29 était terminé le 3 février 1893 . . . . à 440^{m}10 soit un avancement journalier moyen de 0^{m}75.

Le creusement du n° 4 *bis*, commencé le 1er septembre 1892 . à 103^{m}00 était terminé le 23 avril 1894 . . . . à 450^{m}50 soit un avancement journalier moyen de 0^{m}77.

Au n° 4 *bis*, une venue d'eau assez importante a été rencontrée ; on a installé une pompe refoulant l'eau à la surface. Cette venue s'est tarie au bout de quelques années.

DÉPENSES

		N° 4	N° 4 *bis*
Installation et outillage.	Machine et chevalet . . .	12.917 30	9.594 50
	Tonneaux en fer.	1.476 »	1.476 »
	Bois divers	6.212 05	6.212 05
Creusement	Salaires	112.660 »	106.401 63
	Consommations	42.841 74	36.654 21
	Main-d'œuvre	18.250 04	17.918 60
Muraillement.	Briques	21.505 29	15.088 85
	Chaux, ciment, sable . . .	7.093 50	6.367 75
	Divers.	12.643 80	1.908 78
Goyau provisoire. . . .	Salaires.	6.915 54	5.990 01
	Consommations	7.805 06	5.555 84
Eclairage électrique.		2.271 68	2.271 59
Transports divers		3.849 »	3.849 50
Charbon consommé		18.153 »	18.000 »
TOTAL DES DÉPENSES		274.624 »	237.319 32

PRIX DE REVIENT DU MÈTRE DE PUITS

		Nº 4	Nº 4 *bis*
Creusement	Salaires	331 31	311 50
	Consommations	243 64	179 77
	TOTAL.	546 95	491 27
Muraillement.	Salaires	53 93	51 57
	Consommations	166 22	111 80
	TOTAL.	220 15	163 37
Goyau		35 05	25 76
TOTAL GÉNÉRAL.		802 15	680 40

Creusement du puits n° 5. — Dans la région où est placé le siège n° 5, on ne redoutait pas de grande venue d'eau et l'expérience a confirmé les prévisions. On a traversé les terrains aquifères par les moyens ordinaires du système à niveau vide. Le grand diamètre du puits (5ᵐ50 diamètre utile dans le cuvelage et 6 mètres diamètre utile en dessous) a motivé l'installation de deux machines pour l'extraction des déblais. Quatre tonneaux circulent donc dans le puits. Capacité des tonneaux en fer 7 hectolitres. Câbles plats en aloës.

Le puits creusé jusqu'à 32 mètres, niveau de l'eau, à l'aide de treuils à bras, a été attaqué par les moyens mécaniques fin juillet 1899. Le Le 1ᵉʳ décembre 1899, le puits avait traversé les terrains aquifères et se trouvait cuvelé jusqu'à 90 mètres. Le 1ᵉʳ mai 1900, le puits était achevé sur une hauteur de 185 mètres. C'est un avancement journalier de 0ᵐ65 qui a été obtenu grâce à l'absence d'eau et à l'usage du double moteur pour l'extraction.

Pendant la traversée du niveau, la venue d'eau journalière n'a pas dépassé 200 mètres cubes.

Le cuvelage est en fonte. Chaque anneau, de 1^{m}50 de hauteur, est formé par huits segments. L'épaisseur de la fonte est de 30 $^m/^m$ à la partie supérieure et de 50 $^m/^m$ à la base.

Aménagement des puits. — Les anciens puits étaient, en général, divisés en deux compartiments ; l'un servait à l'extraction, l'autre recevait les échelles pour la circulation des ouvriers. Mais la profondeur de plus en plus grande des puits rend la descente et la remonte aux échelles fort pénibles ; aussi les ouvriers n'usent-ils plus de ce moyen. D'un autre côté, les échelles, les planchers et la cloison qui les isole du compartiment d'extraction, constituent des résistances assez sérieuses au mouvement de l'air. Aux sièges n°s 3 et 4, on a supprimé ce compartiment des échelles. Une machine de secours est installée à la surface, pour servir à remonter les ouvriers à l'aide de tonneaux, en cas d'avarie de la machine principale. Ces machines de secours servent peu d'ailleurs, car, à tous les sièges, il y a deux puits voisins l'un de l'autre et tous deux munis de puissantes machines d'extraction.

Approfondissement des puits. — Autrefois, à l'époque où il n'y avait qu'un puits par siège, on appliquait avec succès le procédé Lisbet pour l'approfondissement direct des puits pendant l'extraction. Ce procédé est abandonné aujourd'hui qu'il existe à chaque siège deux puits où les accrochages d'extraction sont à des niveaux différents. On emploie un moteur à air comprimé placé au fond et on effectue un serrement très solide en dessous du niveau de l'extraction.

Guidage. — A l'exception des puits n°s 4 et 4 *bis*, tous les puits sont guidés en bois. On trouvera dans un tableau placé à la fin du volume tous les renseignements relatifs à ce guidage.

Aux puits n°s 4 et 4 *bis*, on a installé le guidage métallique Briart, avec de légères modifications. Une traverse unique, placée dans l'axe du puits, reçoit deux par deux les quatre guides, chaque cage étant guidée par deux rails placés sur le même côté.

Guides en acier pesant 25 kil. par mètre. Ci-contre le profil. L'âme est renforcée en A et B où se produit le frottement des mains courantes. Le profil de celles-ci est tel qu'elles ne peuvent user, par frottement, le bourrelet du rail sur les côtés C et D. Cette condition contribue à assurer le fonctionnement du parachute Hypersiel porté par la cage.

Les rails guides ont 9 mètres de longueur. A la partie inférieure de chacun d'eux est rivé un patin qui s'appuie sur la traverse.

Les extrémités des guides sont séparées par un vide de 27 millimètres.

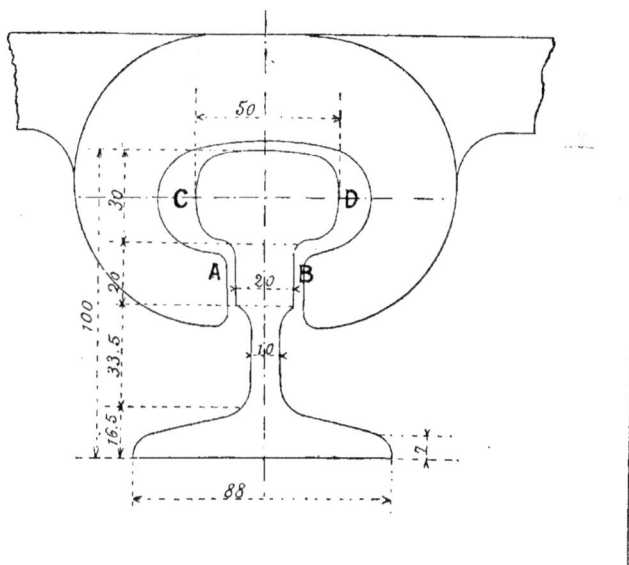

Les traverses, placées à 1ᵐ50 de distance, sont formées de fers
à I de 180 × 103 × 10 et fixées dans des boîtes en acier logées dans la
maçonnerie (dans le cuvelage elles sont boulonnées sur les brides
des anneaux); le calage des traverses dans les boîtes est obtenu à
l'aide de coins en chêne qu'on peut déplacer facilement en cas de
mouvement de la colonne du puits.

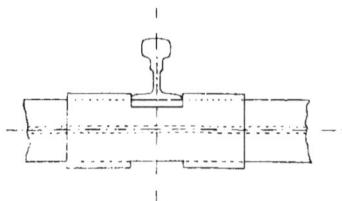

Sur la partie supérieure de
chaque traverse, est fixée une
plaque entaillée pour recevoir
le guide et empêcher son déplacement latéral.

Les traverses portent en
outre : les guides pour cordes
de sonnette, les supports des tuyaux à air comprimé, les échelles
verticales nécessaires pour circuler dans le puits, en cas d'avarie.

Les guides sont soigneusement graissés.

Le guidage métallique bien installé, permet de donner aux cages une vitesse très grande, sans que son mouvement cesse d'être doux. Il présente cependant des inconvénients : 1° les réparations, en cas d'avarie, sont longues et difficiles ; 2° les eaux du fond, souvent oxydantes, rongent le fer assez rapidement ; 3° les déformations produites par les mouvements du puits ont plus d'inconvénients qu'avec le bois.

Prix de revient de 451 mètres de guidage en fer au puits N° 4.

Main-d'œuvre		12.035 95
Consommations.	Rails, traverses	41.472 96
	Griffes et boulons.	5.547 10
	Divers	1.300 »
Charbon consommé		6.000 »
	Total	66.356 01
Prix du mètre		147 13

Les inconvénients indiqués plus haut, font que la Société de Liévin ne considère pas la supériorité du fer pour guidage comme absolument établie. Elle a même employé le bois pour le guidage de son nouveau puits, le n° 5.

Revêtement des puits. — Les parties de puits creusées dans les terrains non aquifères sont revêtues de maçonnerie. On a, dans certains cas et notamment pour les réparations, employé le revêtement consistant en anneaux métalliques (fers à ⊔) placés à 1 mètre de distance, réunis entre eux par des entretoises (fers à ⊔) avec garnissage en tôle ou en bois de chêne.

Creusement des galeries

La confection des galeries secondaires qui suivent la marche de l'abatage est confiée, tantôt aux ouvriers à veine, tantôt à des ouvriers spéciaux, désignés sous le nom de *Coupeurs de mur* et travaillant l'après-midi. Mais l'effet utile des ouvriers du poste du matin, étant plus considérable que celui des ouvriers du poste du soir, on a une tendance à réduire le nombre de ces derniers et à confier le creusement des voies aux ouvriers à veine. On perd ainsi, il est vrai, les avantages de la division du travail, et il faut plus de chantiers pour une production déterminée, mais dans bien des cas, ces avantages ne compensent pas les inconvénients du travail de nuit.

Le creusement des galeries se fait de préférence dans le mur de la couche, afin de ne pas découper le banc de toit qui vient peser ensuite sur le boisage de la taille ; mais à Liévin on est amené à faire souvent exception à cette règle, parce que les terrains du toit sont généralement plus faciles à abattre sans explosif que ceux du mur.

Le creusement des galeries ou coupage des murs est fait à la tâche. Le prix du mètre d'avancement est basé sur un prix au décimètre d'épaisseur de terrain enlevé, lequel, fixe en général dans un même quartier, dépend de la largeur de la voie et de la dureté du terrain. Il varie de 0 fr. 40 à 1 fr. 25.

Les galeries secondaires d'exploitation ont 1^m60 à 2^m20 de hauteur, suivant la puissance de la couche.

Les bowettes ont toujours au moins 3^m00 de largeur et 2^m50 de hauteur. Les voies de fond principales ont $2^m50 \times 2^m30$.

Les retours d'air principaux ont une section minima de 4 mètres carrés.

Les outils employés pour l'établissement des galeries, coupage des murs, sont le pic au mur, la pointerolle, le coin simple, le coin appelé aiguille infernale, et exceptionnellement les explosifs.

Autrefois, on utilisait couramment la poudre pour le creusement des galeries, dès que les roches présentaient une certaine dureté.

Depuis 1885, la Société de Liévin a pris la résolution de restreindre l'usage des explosifs, dans la plus large mesure possible, pour diminuer les chances d'accident pouvant résulter de l'inflammation du grisou et des poussières charbonneuses. Les résultats obtenus dans cette voie sont remarquables : le tirage des mines pour le creusement des galeries d'exploitation est devenu un fait tout à fait exceptionnel, il n'a lieu que dans les grès durs, et le plus souvent on se dispense de les attaquer. Grâce à l'emploi des perforateurs à mains et de l'aiguille coin, cette transformation a pu s'opérer sans augmentation notable dans le prix de revient. L'extension de ce mode de travail a été beaucoup facilitée par l'emploi du coin multiple d'Elliott et de son complément le brise-roches Thomas.

Perforateurs à bras. — Les perforateurs qui servent au creusement des trous pour l'aiguille-coin, sont analogues à ceux qui sont en usage pour le creusement des trous recevant les charges d'explosif, les diamètres seuls varient.

On n'emploie à Liévin que les perforateurs rotatifs à main : ils sont de plusieurs espèces. Le plus simple *(Conquérant des Anglais)* consiste en un fleuret fixé sur une vis tournant dans un écrou immobile ; le pas de la vis est en raison inverse de la dureté. Ce perforateur, à avancement régulier, rend des services dans les terrains peu durs et surtout homogènes, mais comme les roches homogènes sont rares, l'emploi de cet outil est très limité.

M. Lisbet, ancien ingénieur en chef de la Compagnie, a le premier appliqué couramment le principe de la rotation pour l'entaillement des roches en imaginant, à l'aide de sa vis creuse, un dispositif qui permet de proportionner la pression sur l'outil au degré de dureté du terrain. Son appareil a été employé à Liévin pendant plus de vingt ans, et il a toujours rendu de grands services, en facilitant le travail de l'ouvrier et en procurant une économie sur le prix de revient du mètre de bowette.

Le perforateur Lisbet demande cependant des ouvriers exercés, et c'est sans doute pour cette raison, que ce bon outil ne s'est guère répandu que dans les Compagnies où on s'est appliqué à former les ouvriers à son maniement. Aujourd'hui on se sert de préférence des perforateurs Elliot et surtout du Cantin.

Creusement des bowettes. — On emploie toujours les explosifs pour le creusement des travers-bancs. Une tentative faite pour leur substituer le bosseyage mécanique n'a pas eu de succès.

Les trous de mine sont creusés à l'aide des perforateurs à bras quand on ne dispose pas d'air comprimé. Mais la perforation mécanique tend de plus en plus à se substituer au travail à la main. Elle permet les avancements rapides et, dans les terrains durs, elle procure une économie notable.

Le perforateur Burton ou Éclipse est uniquement employé avec l'affût à colonnes.

Plans inclinés à travers bancs et beurtias. — Dans le but d'arriver à concentrer la production à un seul niveau, on établit à Liévin beaucoup de beurtias ou puits intérieurs. Ils servent aussi, dans les gisements à faible pente, à subdiviser les relevées d'exploitation.

A la tête du beurtia est installée une poulie verticale à contrepoids. Quand on prévoit la nécessité d'élever des remblais ou des matériaux, on adjoint à cette poulie un moteur à air comprimé, spécialement disposé en vue de ce service. Il suffit, dans ce cas, de manœuvrer un embrayage pour isoler la poulie-frein ou la mettre en relation avec le moteur.

Quand la couche à exploiter est peu élevée au-dessus de la galerie principale, on remplace le beurtia par un plan incliné à travers banc qui est alors plus facile à installer.

Emploi des explosifs. — La Société de Liévin a fait en 1886 et 1887, une série d'essais pour étudier l'action des explosifs sur le grisou et les poussières ([1]). Ces expériences ont fait ressortir le danger de la poudre noire, l'importance du bourrage qui surmonte la charge, et la nécessité de bannir, pour ce bourrage, des substances combustibles.

Dès 1886, la poudre noire a été exclue des travaux. Depuis cette époque, les explosifs de sûreté ont fait leur apparition. La Société de Liévin a fait de nombreux essais sur ces explosifs pour étudier leur action sur le gaz d'éclairage, sur le grisou et sur les poussières ([2]). Ils ont montré que les explosifs de sûreté sont encore capables d'enflammer le grisou et même les poussières, mais que leur emploi, entouré de certaines précautions, constitue un progrès très grand dans la voie de la sécurité.

Depuis cette époque, des prescriptions administratives, communes à tout le bassin du Nord et du Pas-de-Calais, ont réglementé l'usage des explosifs ainsi que le mode de bourrage.

On a tenté à Liévin de substituer aux explosifs l'emploi de la chaux; mais les essais ont complètement échoué à cause de l'action trop lente et trop peu énergique de la chaux.

(1) Comptes rendus de l'*Industrie minérale.* Année 1888, page 13)
(2) *Annales des mines.* Livraisons novembre, décembre 1890.

On a aussi fait usage de la bourre Chalon qui est constituée par une eau gélatinisée, c'est-à-dire une matière spongieuse imprégnée de 99 °/₀ d'eau ; les résultats ont été assez satisfaisants, mais la fabrication courante de cette bourre était difficile.

Allumage des mines.— L'allumage des mines à l'aide de l'électricité tend à se substituer complètement à l'emploi de la fusée. Il est déjà général aux sièges n° 3 et 4 et se développe au siège n° 1.

On se sert d'amorces électriques à fil de platine dites de quantité, dont la déflagration est produite par des exploseurs à faible tension.

La liaison de l'exploseur avec les capsules est faite à l'aide de deux fils de fer nus, galvanisés (n°ˢ 16 ou 18), placés sur les cadres de boisage. Ces fils, dont la valeur est faible, restent à demeure dans les galeries où l'on fait usage courant d'explosifs. Les avantages de l'allumage électrique, au point de vue de la sécurité, sont connus. Il semble, d'un autre côté, que malgré le prix élevé des amorces électriques, le coût du creusement des galeries ne se trouve pas augmenté du fait de l'allumage électrique.

Boisage et revêtement des galeries

Boisage. — Les essences de bois en usage pour le soutènement sont le sapin, le charme, l'aulne, le tremble, le chêne. Voici dans quelles proportions ces diverses espèces participent à la consommation générale :

Sapin.	50 °/₀
Charme	15 »
Tremble	10 »
Chêne	10 »
Aulne	5 »
Divers	10 »

Les bois de tailles sont généralement en sapin, mais les rallonges et les queues sont toujours en bois gris, à cause du peu de résistance du sapin sous faible diamètre. Le chêne s'emploie dans les galeries de longue durée et surtout comme chapeau.

Muraillement. — Le muraillement est peu usité à cause de son prix élevé. On l'emploie dans les galeries principales qui avoisinent le puits. On utilise comme moellons les querelles de la mine ; les briques servent pour les voûtes. Les murs en pierre sèche sont fort répandus.

Blindage en fer. — Le blindage à l'aide de cadres en fer est appliqué depuis mai 1879. Pendant une période de onze ans (31 mars 1889, 28 février 1900), on en a employé 25.925. Au total, le nombre de cadres descendus dans la mine actuellement, est de 34.025. Le prix d'un cadre s'est pendant longtemps maintenu à 15 et 16 francs. Mais en 1898 il a atteint 20 francs, en 1899 il était de 26 francs. Le coût du revêtement métallique, par suite de la hausse du fer, est maintenant plus élevé qu'autrefois ; néanmoins on en continue l'emploi.

Le cadre est formé par un $\mathbf{I}$ à ailes inégales, pesant 15 k. 50 le mètre courant, l'aile la plus large est placée dans l'intérieur de la galerie. Deux montants inclinés recourbés à leur sommet en arc de cercle, reliés entre eux par un manchon, dans lequel des coins en bois produisent le serrage.

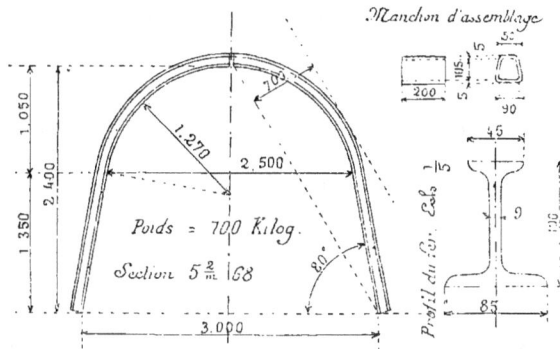

L'assemblage à l'aide du manchon a complètement remplacé l'éclissage autrefois employé.

Le cadre présente une surface utile de 5m268.

La distance des cadres entre eux varie de 0m80 à 1m50 selon la nature des terrains.

Les pieds des montants sont posés sur un sol dur et, à défaut, sur une pièce de bois d'une surface assez étendue pour répartir convenablement la pression.

Le garnissage se fait soit à l'aide de planches en sapin, ou en chêne, jointives, soit à l'aide de rondins en bois, jointifs ou peu éloignés l'un de l'autre, dont les extrémités sont logées entre les deux ailes du Ⲧ. On utilise souvent les produits du déboisage.

Quelquefois on garnit les cadres métalliques à l'aide de queues en fer de un millimètre carré, système Daburon ; mais la liaison de ces queues avec le cadre se fait difficilement.

Le revêtement en fer a beaucoup d'avantages.

Il demande une excavation moindre que le bois, pour une section utile déterminée.

Il produit des galeries très régulières.

Il résiste mieux que le bois, en cas de forte pression, les cadres plient mais ne cassent pas ; et on parvient souvent à les maintenir en place, quoique pliés, pendant un temps très long. Il ne se produit jamais d'éboulements.

Quand les cadres sont trop fortement pliés, on les enlève et on les redresse à chaud, à peu de frais, et ils resservent alors comme les cadres neufs.

Quand le cadre est cassé, on utilise les morceaux, soit comme chapeaux de revêtement de galeries, soit comme éléments d'anneaux circulaires pour revêtement de beurtias.

Les déchets non utilisables ont encore, comme mitraille, une valeur qui n'est pas négligeable.

En définitive, la longue durée des galeries cadrées en fer, le peu d'entretien qu'elles nécessitent, font que l'usage du blindage s'est développé d'une façon continue et ce développement n'est même pas arrêté par la hausse importante du fer.

Dans les travers-bancs le revêtement métallique suit immédiatement le creusement. Ce mode de travail est très avantageux.

En se plaçant au point de vue de la résistance qu'offrent au mouvement de l'air les parois des galeries, on doit encore attribuer une grande supériorité au revêtement métallique sur le bois, et quand les cadres sont réunis à l'aide de planches, les parois de la galerie forment une surface lisse capable de rivaliser avec la maçonnerie, et obtenue, en somme, à moins de frais.

Transports intérieurs

Chargement. — Le chargement se fait directement aux chantiers à l'aide de pelles en acier, qui prennent le charbon sur un sol garni de tôles ayant 5 millimètres d'épaisseur.

L'emploi des couloirs en tôle dans les tailles se répand.

Les cheminées ne sont guère employées, à cause de la poussière qu'elles produisent (les poussières de Liévin sont inflammables). On leur substitue les plans inclinés chaque fois qu'on le peut.

Transport jusqu'au plan incliné. — Ce transport est souvent à la charge des ouvriers du chantier, moyennant rémunération supplémentaire, tantôt il est fait par la Compagnie à l'aide de hercheurs qu'on paie suivant un barême déterminé.

Transport par les chevaux. — Du pied des plans inclinés jusqu'au puits, le transport est fait à l'aide de chevaux de forte taille, qui traînent des rames de 20 berlines. On donne aux voies, sur lesquelles circulent ces chevaux, une pente vers le puits de 5 millimètres par mètre.

Le nombre des chevaux occupés au fond est de 165. Dans ce nombre sont compris 68 chevaux de petite taille (1^{m}21 à 1^{m}40), principalement utilisés pour monter le charbon ou les remblais dans les galeries faiblement inclinées. L'usage de ces petits chevaux, qui ne mangent que la moitié à peine de la ration du grand cheval, est avantageux parce qu'ils circulent dans les galeries basses et sinueuses.

La descente des chevaux dans les puits se fait au moyen de cages spéciales ; au n° 2, l'étage supérieur de la cage d'extraction est assez élevé pour les recevoir. Pour faire voyager ces animaux dans les beurtias d'exploitation, on se sert du classique appareil en cuir. Quand les chevaux sont de faible taille, on les couche dans une berline spécialement construite dans ce but.

Ration d'un cheval de forte taille :

Avoine	10	kilog.
Son.	2	»
Foin	4	»
· Lentilles	4	»

La nourriture d'un gros cheval revient à 2 fr. 70 par jour environ, y compris la tourbe qui remplace la paille pour la litière.

Etablissement de la voie. — Les rails sont en acier, du type Vignole, et de deux dimensions différentes :

. L'un, pesant 5 kil. 500 par mètre, est employé dans les galeries secondaires.

L'autre, pesant 10 kilos le mètre, sert pour les galeries principales.

	Rail de 6 k.	Rail de 10 k.
	millimètres	millimètres
Hauteur du rail	50	68
Largeur du champignon	25	30
Epaisseur de l'âme	6	9

L'écartement de la voie est de 60 centimètres, entre les champignons du rail.

Les traverses sont en fer et du type Legrand : c'est un ⌐⌐ sur le dos duquel sont fixés des patins, alternativement internes et externes par rapport au rail, qu'ils maintiennent ainsi dans la position voulue.

Dimensions du fer en ⌐⌐ —
{ Largeur. . . . . . 80 millimètres.
{ Longueur des ailes 25 »
{ Epaisseur de l'âme 8 »

Longueur de la traverse. 0m820
Poids de la traverse. . . 5k500
Ecartement des traverses 1 mètre d'axe en axe.

A chaque joint, on rapproche les traverses.

Nombre de traverses métalliques employées à Liévin depuis leur introduction (1877) jusqu'au 30 juin 1899 . . . . 410.637.

Nombre de traverses existant réellement au 30 juin 1899. 246.512.

La différence représente les pertes et l'usure, soit 7.000 traverses par an.

Les traverses métalliques Legrand forment une voie très-rigide, dont la pose et l'enlèvement sont faciles. Elles permettent même de supprimer les éclisses dans les voies à faible fatigue.

Pour les bifurcations dans les voies principales, on se sert de croisements formés avec des rails de 10 kilos rivés sur des traverses en tôle de fer. Ces appareils préparés aux ateliers, sont descendus d'une seule pièce dans la mine.

Les croisements des voies principales forment deux séries correspondant à des courbes de 6 et de 12 mètres de rayon.

Matériel roulant. — Pendant longtemps, on a employé exclusivement la berline en bois : caisse rectangulaire fixée sur deux longrines reposant sur les essieux. Ce véhicule est excellent, mais il a l'inconvénient de donner une faible contenance, pour une hauteur sur rail assez grande.

Les berlines en bois ont un autre inconvénient que ne présentent pas celles en tôle : elles laissent passer beaucoup de menu charbon par les joints des planches ; des poussières se répandent ainsi dans toutes les galeries de la mine, et, outre une perte sèche, ces poussières inflammables constituent un danger à éviter. C'est pour ces raisons que depuis douze ans on a introduit une berline en tôle d'acier contenant, pour le même profil extérieur, un hectolitre de plus que la berline en bois et qui permet une puissance d'extraction plus grande dans le même temps.

La situation actuelle de ce matériel est la suivante :

Nombre de berlines en bois. 346
Nombre de berlines en tôle d'acier . 5.565

En fait, actuellement on ne se sert plus que de berlines en tôles pour l'extraction du charbon. Celles en bois sont utilisées pour le remblai.

BERLINES	Dimensions intérieures de la caisse			Hauteur sur roues	Contenance en litres	Écartement des essieux	Poids			Poids utile	Rapport du poids utile au poids mort
	Hauteur	Largeur	Longueur				Caisse	Train	Total		
En bois. .	0m580	0m710	1m230	0m928	506	44 m/m	132 k	58 k.	190 k.	415 k.	2,18
En acier .	0m727	0m500 / 0m770	1m220	0m92x	610	40 et 44 m/m	200 k.	60 k.	260 k.	520 k.	2,00

Berline en tôle d'acier. — Épaisseur des tôles du fond 4 millimètres.

Épaisseur des tôles de tête 2 mill. 5.

Épaisseur des tôles de flanc 3 millimètres.

Les tôles d'acier, qu'on se contentait de goudronner d'abord, sont maintenant galvanisées.

Essieux et roues. — Les essieux et les roues sont les mêmes pour les deux berlines.

Diamètre de l'essieu 41 millimètres.

  »   » au calage de la roue 38 millimètres.

Les roues sont fixes sur l'essieu.

Largeur de la jante 48 millimètres.

Saillie du mentonnet 15 millimètres.

Diamètres de la roue à la jante 310-320-350 millimètres.

Écartement des roues sur l'essieu 564 millimètres.

Mode de graissage. — Le graissage se fait aux culbuteurs, avec de la graisse à bas prix, au moyen d'une spatule en bois.

Prix de revient du graissage par tonne extraite . . . 0 fr. 012

Plans inclinés

L'emploi de l'air comprimé comme moteur tend à se généraliser dans les plans inclinés, même quand ceux-ci sont en amont de la voie de fond. Au lieu d'une simple poulie avec frein, on installe une machine à air comprimé qui commande une poulie ou un tambour avec frein. Un débrayage permet de rendre ces derniers indépendants du moteur et de servir pour la descente des charges par la gravité.

Ces moteurs facilitent le remblayage et permettent de donner un grand développement à l'exploitation en vallée, avantageuse à bien des points de vue.

Le plus souvent les plans inclinés, garnis de moteur mécanique, sont à une seule voie ; c'est pour le creusement et l'entretien du plan une économie notable. Il semble aussi que les chances d'accident sont moindres dans les plans à simple voie.

Les plans inclinés à corde sans fin pour l'exploitation par tailles chassantes dans les couches inclinées de 10 à 25 degrés, sont employés avec avantage depuis 1878. Ils ont été étendus à l'exploitation en vallée par machine à air comprimé [1].

(1) Voir description compte rendus de l'*Industrie minérale* 1883, page 66.

Extraction

Accrochages. — On cherche à éviter d'avoir en activité dans un même puits des accrochages multiples peu compatibles avec les fortes productions.

Généralement au puits principal de chaque siège, on n'extrait que par un seul niveau; mais au puits d'aérage, il est difficile de réaliser cette condition, ce puits ayant pour mission de préparer les nouveaux étages et de finir les anciens.

Les cages ont deux berlines par étage et le nombre des étages varie de 2 à 4.

On ne fait pas manœuvrer la cage d'extraction sur les taquets du fond; les relations entre les divers niveaux de la cage sont réalisées par des balances placées dans l'accrochage.

Aux accrochages inférieurs, on emploie des planchers de recette (ponts mobiles à charnières) sur lesquels se pose la cage d'extraction. Ils offrent l'avantage de fermer la surface du puits et d'assurer, bien mieux que les taquets, la conservation de la cage.

Les étages intermédiaires sont munis de taquets à relèvement (dits à corbeaux), avec contrepoids, les maintenant toujours ouverts.

Les taquets de la surface sont aussi à corbeaux.

Cages. — Les cages sont en fer et acier à deux berlines par étage, le diamètre des puits ne permettant pas l'emploi de quatre berlines par étage. Ce dernier système va être essayé au n° 5 où le diamètre du puits est de 5^{m}50.

Câbles. — Les câbles en aloës sont seuls employés. Un essai de câbles plats en acier, fait au n° 1 bis, a donné de mauvais résultats; depuis 1887, ce puits est aussi pourvu de câbles en aloës qui ont une bien plus longue durée et qui offrent une plus grande sécurité.

Les câbles à huit aussières se substituent aux câbles à six aussières.

Les câbles sont tous employés pour transporter les hommes, et on les soumet à une surveillance continue. Une visite journalière est faite par un employé désigné à cet effet. En outre, on procède à des coupages à la patte d'autant plus fréquents que le câble est plus ancien. Une machine à essayer les matières à la traction, installée dans l'atelier central, permet de déterminer la résistance qu'offrent les bouts ainsi coupés.

5

Pour se rendre compte de la valeur de l'indication obtenue, on prélève sur tous les câbles hors de service, des bouts coupés de 100 en 100 mètres, qu'on essaye ensuite à la traction. L'expérience acquise jusqu'à présent montre que les diverses parties des câbles employés à Liévin s'usent assez également et qu'en définitive, la valeur de la résistance de l'extrémité donne approximativement la marche de l'usure du câble.

Les essais à la traction se pratiquent de deux façons, soit sur câble entier, soit sur aussières séparées, selon la longueur dont on dispose. Pour le premier mode d'opérer, il faut un bout de 5 mètres, tandis que les aussières séparées peuvent être essayées par longueurs de moins d'un mètre. Il va de soi qu'on ne peut couper 5 mètres chaque fois qu'on renouvelle la patte ; c'est donc le deuxième procédé qui est le plus fréquemment appliqué.

La résistance totale des aussières, éprouvées séparément, est moindre que la résistance qu'offrirait le câble essayé entier. De nombreuses expériences comparatives ont permis d'établir que quand la section totale du câble est plus petite que 8500 millimètres carrés, il faut multiplier la résistance totale des aussières par le coefficient 1,15, pour avoir la résistance du câble entier. Ce coefficient devient 1,2 pour les sections voisines de 9000 millimètres carrés et 1,3 pour les sections supérieures à 9500.

Quand la résistance tombe en-dessous de 3 kilogs par millimètre carré et qu'aucune cause accidentelle n'a pu contribuer à affaiblir le résultat, on estime que le câble doit être surveillé.

L'allongement avant rupture est aussi une donnée importante : il varie entre 2 et 8 pour 100. Quand la charge de rupture et l'allongement sont faibles à la fois, la sécurité peut être compromise et on met le câble hors service.

La durée des câbles est de 20 mois à 2 ans ; les quantités extraites varient de 150.000 à 350.000 tonnes suivant les conditions de fonctionnement.

Molettes. — Les molettes sont entièrement en fer et placées sur paliers avec vis de réglage.

Chevalements. — Les chevalements sont tous en fer. Les derniers construits sont du type triangulaire, avec cette différence que les montants verticaux sont remplacés par une légère charpente verticale, entourant le puits et supportant les guides. Deux fortes bigues inclinées sont placées suivant la direction de la résultante des efforts.

Changement de cage. — Le dispositif pour changer les cages des nᵒˢ 1, 2 et 3 n'a rien de particulier.

Aux nᵒ 1 *bis* et 4, les contre-guides de la recette inférieure forment une porte mobile autour d'un axe vertical ; deux rails latéraux et un troisième placé en travers du puits, permettent de recevoir les chariots sur lesquels on pose les cages à enlever ou à atteler.

Machines d'extraction. — La machine du puits nᵒ 3, installée en 1873, est munie d'une détente Scohy. On sait que ce dispositif comporte quatre tiroirs par cylindre, deux pour l'échappement, deux pour l'admission. Sur la chapelle des tiroirs d'admission se meut un tiroir de détente mis en mouvement par un excentrique. Ce tiroir est réglé pour donner une détente fixe pendant tout le voyage. Afin d'obtenir la marche à pression pleine, pendant la période des manœuvres, on a placé sur la chapelle d'admission, un deuxième tiroir commandé par la sonnerie. Malgré sa complication apparente, cette machine fonctionne bien et ne donne pas lieu à de grandes réparations.

La machine du puits nᵒ 1 *bis*, installée en 1878 est munie d'une détente, par soupapes, type Audemar-Kraft. La difficulté d'obtenir des soupapes étanches a fait revenir à la distribution par tiroirs, pour la machine du puits nᵒ 3 *bis*.

Cette dernière a été construite dans les ateliers de MM. Dubois et Cⁱᵉ d'Anzin. Afin d'éviter les espaces nuisibles, chaque cylindre porte deux tiroirs commandés par la même tige attelée sur la coulisse de changement de marche. La détente est variable ; elle est obtenue par un deuxième tiroir, placé sur ceux d'admission et commandé lui-même par un excentrique calé sur l'arbre des bobines. Une transmission, reliée au mouvement de la sonnerie et réglée par un *sabre* analogue à celui de la machine Guinotte, actionne également ce tiroir et produit la détente en le déplaçant dans le sens vertical. La lumière d'admission sur le tiroir de distribution est oblique. La plaquette de détente est également oblique avec la même inclinaison. On comprend que le mouvement vertical de cette plaquette couvre plus ou moins vite la lumière, suivant sa position, et produit la détente. Pendant le voyage des cages dans le puits, la détente varie suivant l'équilibre du moment, et quand les conditions d'équilibre de la machine changent, on modifie le profil du sabre conducteur. La pleine admission se rétablit d'elle-même à la fin du voyage, et un dispositif permet de la rétablir en cours du voyage, quand cela est nécessaire. Cette machine fort robuste se comporte très-bien ; afin d'éviter l'usure, on a donné aux paliers une très-grande largeur réduisant la pression par unité de surface.

Les machines des n°ˢ 1, 2, 4 et 4 *bis*, sont semblables à celle du 3 *bis*, avec cette différence que le sabre est remplacé par une came circulaire jouant le même rôle.

Bobines. — Les bobines sont en quatre pièces généralement en fonte. Au n° 4, elles sont, partie en fonte, partie en tôle. Au n° 4 *bis*, elles sont en tôle rivée sur un moyeu en fonte.

Les bras de bobines sont en fer dans les nouvelles machines.

Freins. — Les freins, aux anciens puits, sont à sabots en bois supportés par deux machoires actionnées par un cylindre à simple effet. Dans les nouvelles installations, on se conforme à la prescription administrative qui demande le fonctionnement automatique du frein. Quand la pression de vapeur vient à manquer, le frein se sert naturellement par l'action d'un contrepoids. Voici comment l'idée est réalisée aux puits n°ˢ 4 et 4 *bis*.

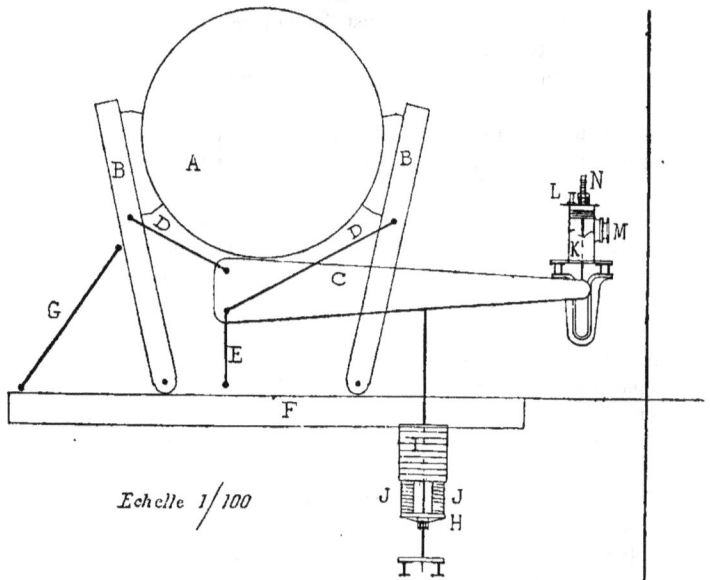

Echelle 1/100

A. Poulie en fonte et tôle faisant corps avec les bobines.
B. Mâchoires en tôle garnies de sabots en bois tendre.
C. Balancier formé de deux flasques en tôle d'acier, entretoisées.

D. Bielle en acier doux reliant le balancier aux machoires.

E. Bielle en acier doux reliant le balancier à la poulie.

F. Poutre en tôle fortement reliée à la maçonnerie.

G. Bielle à longueur réglable, permettant de répartir également entre les deux côtés le jeu existant entre la machoire quand le frein est ouvert.

H. Plateau fixé sur la tige du contrepoids et portant le ressort à boudin.

I. Contrepoids composé de rondelles en fonte coulissant librement sur la tige et reposant sur les ressorts J.

K. Cylindre du frein dont le piston soulève le balancier.

Le dessus du piston est en communication permanente avec l'atmosphère par le tuyau L. Le dessous peut être mis en communication soit avec l'atmosphère soit avec la vapeur, à l'aide d'un tiroir à coquille M, manœuvré par le mécanicien.

La partie inférieure du cylindre est purgée par un appareil automatique qui enlève les eaux de condensation.

Une tige filetée N vissée dans le couvercle du cylindre, sert de butée au piston dans sa course ascendante et limite l'ouverture totale du frein. On manœuvre cette vis au fur et mesure de l'usure des sabots en bois.

En marche normale, la pression de vapeur applique le piston contre la butée. Si l'on veut faire fonctionner le frein, il suffit de mettre le dessous du piston en relation avec l'atmosphère par une manœuvre de tiroir ; le contrepoids produit le serrage des machoires. Celles-ci sont réglées pour qu'il y ait peu de jeu (2 millimètres) entre les sabots et la poulie ; ce réglage doit être surveillé.

Pour modérer la vitesse de chute de la masse tombante, il est nécessaire que l'orifice d'échappement de la vapeur soit faible, on lui donne la forme ci-contre, qui permet de réaliser une admission et un échappement progressifs. Le mécanicien n'ouvre le tiroir à fond que dans le cas où il faut agir instantanément.

Le jeu entre les sabots et la poulie doit être faible, avons-nous dit, c'est parce que la puissance vive acquise par le contrepoids, dans sa chute, devient très grande quand la hauteur de chute augmente. Cette force vive est en partie détruite par l'élasticité des organes ; un ressort sur lequel repose le contrepoids complète cette action : quand les sabots prennent contact avec la poulie, le plateau à ressorts s'arrête et les ressorts emmagasinent la force vive du contrepoids, en créant sur le plateau un effort supplémentaire.

Ce système de frein est avantageux ; mais il nécessite plus de soin et d'entretien que l'ancien.

Dans une machine d'extraction projetée pour le n° 5, on complètera le dispositif ci-dessus par cette addition : on pourra produire une pression de vapeur sur la face supérieure du piston, qui s'ajoutera à l'action du contrepoids.

Servo-moteur. — Il y a un servo-moteur à toutes les machines nouvelles à tiroir, c'est-à-dire aux machines des puits nᵒˢ 1, 2, 3 *bis*, 4, 4 *bis*.

Pour remédier à l'inconvénient des mouvements brusques du servo-moteur à vapeur, on a placé, sur le prolongement du cylindre à vapeur, un cylindre à eau dont le tiroir est manœuvré en même temps que le tiroir à vapeur. Le piston hydraulique empêche les écarts du piston à vapeur.

Appareils indicateurs des machines d'extraction. — Des marques sur les câbles, des voyants à aiguille et des sonneries renseignent le machiniste sur la position des cages pendant le voyage.

Au siège n° 1, un appareil enregistreur qui figure à l'exposition, indique :

1° La vitesse des cages dans le puits pendant les différentes périodes d'une ascension ;

2° La durée d'un voyage et celle des manœuvres ;

3° Le nombre de voyages pendant une période déterminée.

L'appareil se compose d'un transmetteur et d'un récepteur.

Le transmetteur est placé près des molettes dont la vitesse à la circonférence est égale à la vitesse des câbles dans le puits. L'axe d'une molette communique, par engrenages, le mouvement à une came produisant, à des intervalles réguliers, qui correspondent à 10, 20, 30 mètres, etc, de parcours dans le puits, un contact entre deux lames métalliques. Ce contact établit un courant électrique qui se transmet au récepteur.

Le récepteur relié par fils au transmetteur et placé à une distance quelconque de celui-ci, se compose d'un électro-aimant qui, à chaque passage du courant, attire un levier, lequel trace par son déplacement une ligne verticale sur un papier mobile dont le mouvement est uniforme.

La distance X entre deux lignes verticales est l'expression du temps que le câble a mis à parcourir 10, 20, 30 mètres. On a adopté 30 mètres pour l'appareil des nos 1 et 1 *bis*.

Le papier est enroulé sur un tambour vertical de 287 millimètres de diamètre et 340 millimètres de hauteur ; il est animé, à sa circonférence, d'une vitesse de 30 millimètres à la minute et se déplace verticalement de 6 millimètres pendant une révolution. Le crayon en repos trace une hélice sur le tambour. Les dimensions de ce dernier ont été calculées pour qu'une feuille donne les indications de 24 heures.

Les piles sont placées près de l'enregistreur.

Cet appareil fonctionne depuis plus de dix ans au siège no 1 où il permet d'exercer un contrôle utile sur la marche de la machine d'extraction, notamment pendant la circulation des hommes.

Il peut d'ailleurs être appliqué à n'importe quelle machine.

Translation du personnel. — Cette opération est effectuée à l'aide des cages. Les ouvriers se placent dans les berlines, à trois par wagonnet et le moulineur les pousse dans la cage ; au fond le chargeur d'accrochage tire la berline. Ce système est très puissant et permet d'effectuer la translation du personnel avec ordre et sécurité.

Téléphone. — Aux sièges nos 3 et 4 les divers accrochages du fond sont reliés à la surface par un téléphone.

Evite-molettes. — Dans le but de parer aux accidents dus aux mises à molettes, la Société de Liévin fit étudier par M. Dubois fils, ingénieur à Anzin, un évite-molettes adapté à la machine d'extraction du puits no 1 et qui réalise le programme suivant qui lui avait été donné :

1° Le mécanicien reste libre de l'allure de sa machine pendant la plus grande partie du trajet des cages dans le puits ;

2° Lorsque la cage montante arrive à une distance déterminée du jour, 60 mètres par exemple, l'appareil entre en action et pour toute nouvelle position de la cage, fixe une vitesse qui ne peut être dépassée.

Les vitesses tolérées au mécanicien décroissent à mesure de l'approche des taquets et se maintiennent à une faible valeur, un mètre par exemple, pour toutes les manœuvres et les positions accidentelles de la cage entre les taquets et les molettes.

3° Si le mécanicien dépasse la vitesse qui lui est tolérée pour une position déterminée de la cage, l'appareil ferme l'arrivée de vapeur et fait le frein.

L'action du frein est très-variable, suivant la position de la cage. Quand celle-ci est à une grande distance du jour, l'action du frein est lente et progressive; elle devient de plus en plus rapide à mesure que la cage arrive près de la recette.

4° Lorsque la cage dépasse un point déterminé entre la recette et les molettes, l'action du frein est instantanée; ceci sans danger, puisque du fait de l'appareil, la vitesse se trouve limitée.

Le serrage instantané s'obtient par un sabre placé dans le chevalet et actionné par la cage.

5° Lorsque la cage descend, la vitesse est limitée pendant quelques mètres sous la recette, puis le mécanicien redevient maître de l'allure de la machine.

6° Pour assurer le fonctionnement constant de l'appareil, un organe spécial provoque à chaque voyage, la fermeture de la prise de vapeur pendant l'ascension, et le mécanicien est obligé de mettre son levier de modérateur à la position « fermé à fond » pour pouvoir à nouveau introduire dans les cylindres.

L'appareil figure à l'exposition.

Épuisement

L'épuisement se fait à l'aide de cages guidées.

	Siège N° 1	Siège N° 2	Siège N° 3	Siège N° 4
Quantité d'eau extraite en 1898	267.900 h.	144.256 h.	84 560 h.	225.880 h.
Venue journalière	734 h.	395 h.	284 h.	748 h,

Voici quelques renseignements sur le degré de salure des eaux de certaines régions de la concession.

	Proportion de chlorure de sodium par litre d'eau	
Siège N° 1. (Février 1897).		
Eau du niveau crétacé.	0 g. 36	
Etage de 476. Descenderie n° 2 d'Edouard Levant (crochon).	5	63
» Descenderie n° 1	6	82
Etage de 534. Bowette sud . . . . ·	8	64
Puits N° 2.		
Eau du niveau crétacé	0	92
Eau du terrain houiller. Etage de 392	2	82
» Etage de 542	4	01

Il semble que la quantité de sel augmente avec la profondeur. Les eaux de la Méditerranée contiennent 27 grammes par litre.

Dans les approfondissements des puits, dans les beurtias creusés en descendant, dans les travaux en vallée, l'épuisement s'effectue à l'aide de pompes à air comprimé, généralement du système Worthington ou Burton débitant de 20 à 200 litres par minute.

Le nombre des pompes actuellement en usage dans ce but est de :

Siège n° 1.   11
Siège n° 3.   10
Siège n° 4.   10

On s'est servi longtemps, à Liévin, de la bâche Lisbet. C'était un réservoir cylindrique en tôle monté sur roues, de la contenance de sept hectolitres, placé au point le plus bas : on le remplissait d'eau par un trou d'homme et on admettait ensuite l'air comprimé sur la surface du liquide, qui était ainsi élevé au niveau d'extraction par une conduite montante, au bas de laquelle était une soupape de retenue. Cet appareil était simple et pratique, mais il avait l'inconvénient d'un faible rendement ; de plus la hauteur d'élévation d'eau était forcément limitée et enfin il fallait un homme pour le remplissage.

Cette main-d'œuvre est supprimée par l'emploi des pompes, et celles-ci, quoiqu'ayant des organes plus délicats que le récipient, ont obtenu la préférence.

Grisou

A part l'étage de 265 au siège n° 4, tous les travaux souterrains de Liévin dégagent du grisou. A toutes les fosses, les niveaux supérieurs ont été indemnes de gaz ; mais celui-ci a invariablement fait son apparition vers 250 à 300 mètres de profondeur.

Voici quelle a été la quantité de grisou dégagée pendant l'année 1898, au siège n° 1, le plus grisouteux.

Volume d'air débité par seconde		Teneur % en grisou		Volume total du grisou			Extraction en charbon (1898)	Volume de grisou par tonne extraite
Puits n° 1	Puits n° 2	Puits n° 1	Puits n° 2	par seconde	par heure	pour l'année	(tonnes)	
$40^{m3}900$	$12^{m3}650$	0.43	0.37	$0^{m3}221$	795^{m3}	$6.964.200^{m3}$	397.708	$17^{m3}151$

Le courant d'air qui circule dans les travaux du siège n° 1 est extrait, partie par le puits n° 1, partie par le puits n° 2. Cette indication est nécessaire pour la compréhension du tableau ci-dessous.

Au siège n° 3, les résultats suivants ont été relevés :

Volume d'air débité par seconde	Teneur °/₀ en grisou	Volume total du grisou			Extraction en charbon 1898 (tonnes)	Volume de grisou par tonne extraite
		par seconde	par heure	pour l'année		
$52^{m3}184$	0.26	$0^{m3}136$	$489^{m3}600$	$4.288.896^{m3}$	335.310	$12^{m3}790$

Un dosage partiel limité au courant d'air de l'étage le plus profond de cette fosse (600ᵐ), a donné les résultats suivants :

Volume d'air débité par seconde	Teneur °/₀ en grisou	Volume total de grisou		Extraction en charbon en 1898 (tonnes)	Volume de grisou par tonne extraite
		par seconde	par heure		
$6^{m3}630$	0.28	$0^{m3}018$	$66^{m3}600$	335.310	$12^{m3}441$

Si l'on remarque que cet étage est dans la période de préparation qui produit généralement beaucoup de gaz, on peut admettre que, jusqu'à présent, la quantité de grisou dégagée n'augmente pas avec la profondeur. C'est aussi à cette conclusion rassurante qu'aboutissent les observations faites au siège n° 1.

Voici les résultats relatifs au siège n° 4 :

Volume d'air débité par seconde	Teneur °/₀ en grisou	Volume total de grisou			Extraction en charbon 1898 (tonnes)	Volume de grisou par tonne extraite
		par seconde	par heure	pour l'année		
$49^{m3}244$	0.244	$0^{m3}120$	$432^{m3}000$	$3.784.320^{m3}$	307.405	$12^{m3}310$

En définitive, le volume de grisou dégagé par les travaux de Liévin varie entre 12 et 17 mètres cubes par tonne extraite.

Ce dégagement est assez continu et provient du charbon même. Il ne parait pas exister de différence notable entre le régime grisouteux des diverses couches.

Les soufflards ne sont pas nombreux.

DÉGAGEMENT DE GRISOU DES VIEUX TRAVAUX. — Dans la notice publiée en 1889, la Société de Liévin écrivait qu'elle n'avait pas eu l'occasion de constater des dégagements notables de grisou provenant des vieux travaux. Depuis cette époque, des remarques assez nombreuses ont modifié l'opinion des ingénieurs de la Compagnie et on a établi, d'une façon bien nette, par des observations faites avec la lampe Chesneau que, en cas de chute de la pression barométrique, certains vieux travaux abandonnés et non aérés, déversent, dans le courant d'air général, du grisou en quantité appréciable. Ce phénomène se traduit par une augmentation de la teneur en grisou du retour d'air, à partir du point d'aboutissement des travaux abandonnés. Le danger qui pourrait résulter de cet appoint en grisou des vieux travaux, n'est pas considérable, son influence ne se faisant sentir, le plus souvent, qu'en des points où le courant d'air ne rencontre plus d'ouvriers

VARIATIONS DES DÉGAGEMENTS DE GRISOU PAR SUITE DE L'ARRÊT DES TRAVAUX. — On s'est souvent demandé dans quelle mesure le dégagement de grisou diminue, quand on arrête l'abatage du charbon dans une mine. On a rarement l'occasion de faire des essais pour vérifier la loi de cette diminution. Une circonstance malheureuse a permis à la Société de Liévin de recueillir quelques données à cet égard. Une grève générale a sévi dans le Pas-de-Calais en 1893, elle a commencé le 17 septembre et a fini le 6 novembre. Les travaux d'abatage ont été complétement arrêtés pendant cette interruption de travail.

On a dosé la teneur en grisou du siège n° 1 pendant cette période, soit à l'aide du grisoumètre Chesneau, soit à l'aide de l'éprouvette Le Châtelier par les limites d'inflammabilité.

Le gaz d'éclairage employé a eu des limites d'inflammabilité variables, de 8 à 8,3. On a employé dans tous les cas la formule :

$$\frac{n}{N} + \frac{n'}{N'} = 1$$

n et n' sont les volumes de deux gaz combustibles mêlés à une quantité d'air convenable pour faire 100, volume du mélange.

N et N' les limites d'inflammabilité particulières à chacun de ces deux gaz.

On avait ainsi le pour cent de grisou contenu dans l'air. La mesure du volume d'air circulant dans le retour d'air, à l'endroit de la prise d'essai, a ensuite donné la quantité de grisou dégagée.

On a ainsi établi les diagrammes ci-contre n°s 1, 2, 3, 4, 5.

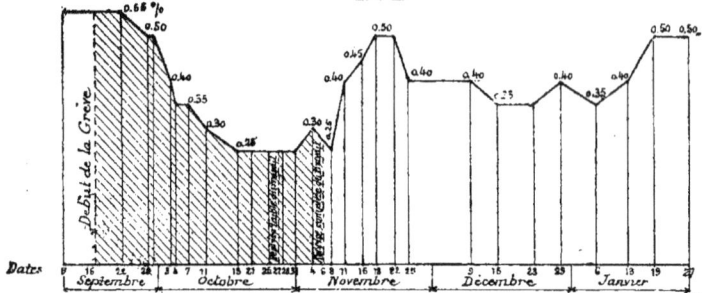

N.º 1

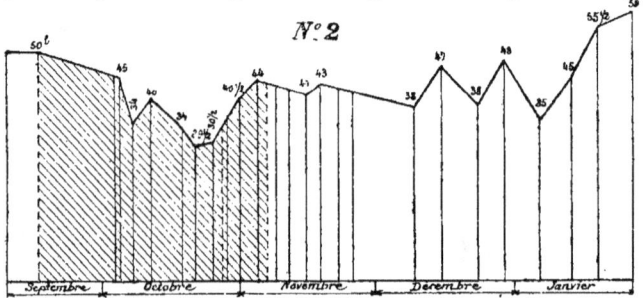

N.º 2

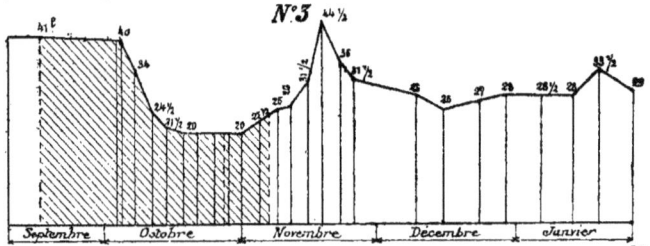

N.º 3

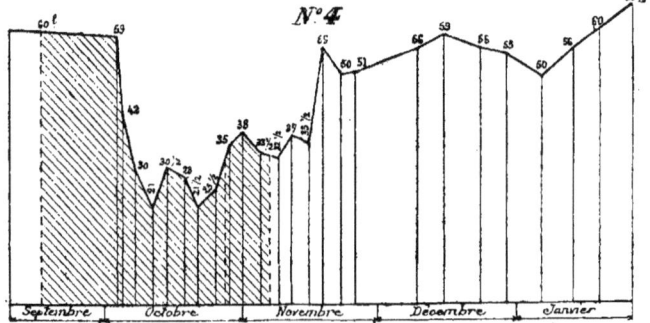

N.º 4

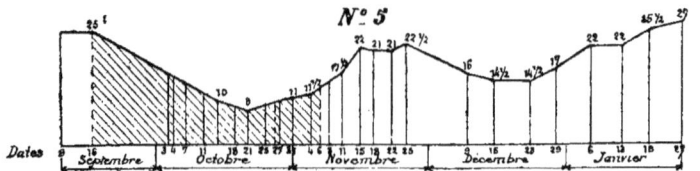

N.º 5

Légende

La surface teintée correspond à la période de suspension de travail.

Echelle.
{
abscisses — représentent le temps à raison de 0 $^m/^m$ 75 pour une journée.

ordonnées — représentent la quantité de grisou dégagée à raison de 0 $^m/^m$ 75 par litre pour les diagrammes 2, 3, 4, 5.

» — représentent le pour cent de grisou contenu dans le retour d'air à raison de 7$^m/^m$5 pour 0,1 %.
}

DIAGRAMME N° 1. — Quantités de grisou relevées dans le puits n° 1, qui sert de retour d'air à des travaux fournissant une production journalière de 1100 tonnes. Le volume d'air moyen ayant circulé dans le puits n° 1 est de 40 mètres cubes par seconde.

DIAGRAMME N° 2. — Quantités de grisou relevées dans le puits n° 2 qui sert de retour d'air à des travaux fournissant une production journalière de 300 tonnes.

DIAGRAMME N° 3. — Bowette levant de 345 servant de retour d'air à des chantiers dont la production journalière est de 90 tonnes.

DIAGRAMME N° 4. — Retour n° 8, retour d'air correspondant à une production journalière de 600 tonnes.

DIAGRAMME N° 5. — Bowette sud de 430. Retour d'air pour une production journalière de 120 tonnes.

Dans les diagrammes 2, 3, 4 et 5, les ordonnées indiquent le volume de grisou dégagé; dans le diagramme n° 1, elles représentent le pour cent de grisou contenu dans l'air. Pour obtenir le volume de gaz dégagé dans ce dernier cas, il eut fallu jauger chaque fois le volume d'air circulant dans le puits, ce qui présentait des difficultés. Mais nous avons la certitude, par l'observation de la vitesse du ventilateur et par les visites de la mine que ce volume n'a pas varié d'une façon sensible et qu'on peut admettre que la courbe des teneurs pour cent est sensiblement parallèle à celle des volumes de grisou contenus dans l'air.

On a remarqué qu'après la reprise du travail, le maximum de grisou dégagé n'a été atteint qu'au bout d'une dizaine de jours et qu'il a été bientôt suivi d'une chute.

Bien qu'on ne puisse expliquer toutes les irrégularités de détail que revèlent ces diagrammes, il en ressort avec évidence que le dégagement du grisou n'est pas directement proportionnel à la production d'un quartier ; une quantité notable de gaz continue à se dégager après l'arrêt des chantiers et reste presque constante pendant une période dont la durée est liée au développement du front de taille et au régime grisouteux de la mine.

Pour obtenir une diminution de la teneur en grisou des retours d'air, l'arrêt d'un certain nombre de chantiers n'est donc pas, comme on pourrait le croire, un moyen dont l'efficacité soit immédiate. Cela s'explique facilement : une exploitation en activité produit des affaissements qui peuvent écraser dans une mesure variable, le charbon non abattu, multiplier les canaux d'écoulement dans ce charbon, les élargir, augmenter finalement le dégagement de grisou, alors même que l'abatage est suspendu.

RÉGIME DU GRISOU DANS LA HOUILLE. — En 1893, on a fait, au siège n° 1, une série d'expériences pour déterminer le régime du grisou dans la houille [1]. Elles ont consisté à forer dans le charbon des trous de sonde dans lesquels on introduisait un tuyau qu'on pouvait mettre en relation à volonté, soit avec un manomètre, soit avec un compteur mesurant le volume débité. Le trou était soigneusement bourré à l'argile.

La pression maxima relevée a été de 7 k. 500 dans un sondage de 12 mètres de profondeur. La pression augmente avec la profondeur du trou, mais sans qu'on puisse fixer la loi qui régit cette augmentation.

On a remarqué qu'une galerie de traçage, placée dans une couche de 1 mètre d'épaisseur, formée par un charbon très compact et surmontée d'un toit solide, n'a pas drainé le grisou de la couche d'une façon notable. Deux ans après le creusement, la pression dans les trous pratiqués le long de cette galerie n'a été réduite que d'un tiers. Dans les massifs compacts, les traçages sont donc peu efficaces pour saigner le grisou. Toutefois, les conditions pourraient être modifiées si les traçages devenaient assez nombreux, assez voisins l'un de l'autre pour provoquer un écrasement de la veine par suite d'affaissement du toit.

Dans les couches de cette nature, les trous de sonde très-voisins l'un de l'autre, distants d'un mètre seulement, restent indépendants au point de vue de l'importance de la pression du grisou et de ses variations. Cela montre que la répartition du grisou dans les couches n'est pas homogène. Ce manque d'homogénéité, on le remarque également, mais à un moindre degré, dans les couches à charbon perméable.

Le débit de grisou dans les charbons compacts est faible ; les conditions sont tout autres quand la couche de charbon est friable par elle-même, ou a subi un commencement d'écrasement par suite d'exploitations

(1) *Annales des mines,* livraison d'août 1895.

voisines. Alors le débit, à pression égale, a été trouvé jusqu'à 50 fois plus grand que dans le premier cas.

Si on appelle v le débit en mètres cubes par heure et par mètre carré de surface de trou,

p la pression en kilogrammes par centimètre carré,

le rapport $\dfrac{v}{p}$ que M. Mallard appelle le *coefficient de perméabilité* de la couche, peut donner une idée du régime grisouteux de la houille.

Ce rapport est pour Liévin :

$$\text{Veine Frédéric, traçage, } \frac{v}{p} = 0.0010.$$

$$\text{Veine Alfred, taille, } \frac{v}{p} = 0.0490.$$

Si d'un autre côté, on prend les observations faites dans les mines anglaises et citées par M. Mallard [1]; celles de M. Petit aux houillères de Saint-Étienne [2], on trouve qu'en Angleterre ce coefficient a varié entre 0.0015 et 0.064, qu'aux houillères de Saint-Étienne il a été beaucoup plus élevé, variant entre 0.704 et 15.710.

Ces chiffres montrent combien sont éloignées les limites entre lesquelles se meut ce coefficent de perméabilité, et combien le régime grisouteux des couches de Liévin est différent de celui des couches de Saint-Étienne [3].

ANALYSES DU GRISOU AU POINT DE VUE DE L'AZOTE ET DE L'ARGON. — En juin 1896, M. Th. Schloesing, fils, a analysé du grisou provenant d'un

---

[1] *Annales des mines* 1882, tome I.

[2] *Bulletin de la Société de l'Industrie minérale* 1891, tome VIII. 3me livraison.

[3] Dans un mémoire publié en 1896 (Beitrage zur schlagwetter frage), édité par Bœdecker à Essen. M. Behrens, conseiller des mines et directeur de la Société de Shamrock (Wesphalie) qui s'est beaucoup occupé de la question du grisou, propose d'appliquer la considération de l'orifice équivalent $0.38 \dfrac{Q}{\sqrt{h}}$ pour définir le régime grisouteux d'une couche. Le rapprochement est intéressant et la formule $0.38 \dfrac{Q}{\sqrt{h}}$ pourrait remplacer avec avantage le coefficient de perméabilité de M. Mallard. Nous n'avons pu comparer les chiffres obtenus par M. Behrens, à Shamrock, parce que, dans la note citée, les volumes de grisou dégagés par le trou de sonde ne sont pas ramenés à l'unité de surface.

trou de sonde creusé dans le crochon de la veine Edouard levant,
niveau de 476, siège n° 1. Cette analyse a donné les résultats suivants :

Pression sous laquelle se dégageait le grisou en $^m/_m$ d'eau. 700

Volume à 0° et 760$^m/_m$ de mercure

- du grisou ayant fourni l'azote et l'argon. 5.5
- de l'azote avec argon extraits du grisou. 437$^{c/m3}$
- de l'argon . . . . 9$^{c/m3}$

Azote et argon dans 100 de grisou. 8
Argon dans 100 de grisou 0.166
Argon dans 100 d'azote et d'argon 2.22

Ventilation

Aérage naturel. — Voici quelques chiffres qui donneront une idée
de l'importance de l'aérage naturel au siège n° 1.

Le 28 janvier 1895, le volume débité par le ventilateur placé sur
ce puits était de 53 mètres cubes. La température de l'air extérieur 1°.
On arrêta le ventilateur ; au bout d'une minute le volume débité par le
puits de retour d'air n'était plus que de 26^{m3}5 ; une demi-heure après il
remontait à 28 mètres cubes et il s'est maintenu à ce chiffre pendant
l'arrêt du ventilateur.

Le 13 mai 1895 on fit la même expérience :

Volume débité par le ventilateur . . . . 46^{m3}
Température de l'air extérieur. . . . . 19°
Volume, 2 minutes 1/2 après l'arrêt du ventilateur. 8^{m3}5
Volume, 7 minutes après l'arrêt du ventilateur . . 10^{m3}

Puis le volume a varié entre 8^{m3}5 et 10 mètres cubes pendant une
période de 4 heures.

Une expérience analogue a été faite au siège n° 4, le 13 février 1898 :

Volume débité par le ventilateur à 61 tours. . . . . 46^{m3}
Température de l'air extérieur . . . . 8°
Température de l'air dans le retour d'air . . . . . . 14°

Après une heure d'arrêt du ventilateur, le volume d'air passant dans
le puits de sortie était de 22 mètres cubes, alors qu'à 61 tours le
ventilateur débitait 46 mètres cubes.

Ces chiffres ne surprendront personne. Il était cependant intéressant de montrer qu'avec un orifice équivalent de 2 à 3 mètres carrés, l'aérage naturel fournit à lui seul, par les froides journées d'hiver, un volume égal à la moitié du volume débité par le ventilateur. Par contre, par les chaleurs moyennes d'été, ce volume est réduit en dessous du cinquième et il est probable qu'il est insignifiant par les fortes chaleurs.

Ventilateurs. — La société de Liévin ne possède que des ventilateurs Guibal : elle est restée fidèle à cet appareil qui présente un grand orifice de passage, qui est bien adapté aux mines larges et qui ne demande aucun entretien.

Elle pense que les ventilatieurs à force centrifuge de petites dimensions, fort en vogue en ce moment, souvent bien étudiés, séduisent beaucoup plus, en général, par la facilité avec laquelle ils donnent de grandes dépressions que par leur aptitude à débiter de grands volumes. Comme c'est l'augmentation de volume qu'il faut chercher à réaliser en matière de ventilation, il semble anormal de créer des résistances dans l'appareil par la réduction de ses dimensions. Il est d'ailleurs incontestable que les petits ventilateurs à grande vitesse sont d'une grande utilité dans les mines étroites où l'inconvénient du faible orifice de passage est peu sensible à cause du faible volume débité.

Les mines de Liévin sont classées dans les mines larges et les efforts de la Société tendent à les élargir encore ; malheureusement les progrès à réaliser dans ce sens sont limités dès qu'on a atteint une largeur déterminée ; nous dirons plus loin pourquoi.

L'orifice équivalent varie actuellement entre 2 et 3 mètres carrés.

Les anciens sièges (n°s 1 et 3) sont pourvus depuis longtemps de Guibal de 9 mètres de diamètre et de 2 mètres à 2^{m}50 de largeur, débitant des volumes de 45 à 50 mètres cubes, sous une dépression de 50 à 70 millimètres, avec une vitesse de 55 à 65 tours par minute.

Depuis dix ans on a installé :

1° Un ventilateur Guibal de 9 mètres de diamètre et de 2^{m}50 de largeur au puits n° 2 ;

2° Deux ventilateurs Guibal de 9 mètres de diamètre et de 3^{m}50 de largeur, à deux ouïes au siège n° 4 ;

3° Enfin un ventilateur de 9 mètres de diamètre et de 2 mètres de largeur à grande ouïe est en montage au puits n° 2.

Dans ces nouvelles installations, on s'est préoccupé de rechercher si les Guibal du type primitif ne comportent pas de modifications utiles.

Influence de la cheminée. — On s'est bien trouvé de l'augmentation de hauteur de la cheminée-diffuseur qui a pour effet de grandir la section d'écoulement de l'air et de diminuer la vitesse de sortie de celui-ci. On donne maintenant à cet orifice une section telle que l'air ne s'écoule pas avec une vitesse moyenne supérieure à 4 ou 5 mètres. En descendant à une vitesse inférieure, on ne gagne plus beaucoup de rendement et on s'expose à des rentrées d'air ; celles-ci sont d'autant plus à craindre qu'on arrive difficilement à régulariser la vitesse de l'air au sortir du diffuseur, Pour remédier aux inégalités de vitesse dans les différentes régions de la section d'écoulement, on a, dans quelques ventilateurs de Liévin, surmonté la cheminée évasée d'une cheminée à section régulière de 2 à 3 mètres dans le but de régulariser la vitesse de sortie, mais sans résultat notable.

Influence du nombre des ailes. — Dans un des nouveaux ventilateurs du nº 4, on a doublé le nombre des ailes du ventilateur qui n'est habituellement que de huit. Il en est résulté une augmentation de rendement manométrique et du débit pour une vitesse donnée.

Influence de la forme des ailes. — Les Guibal ont, en général, les extrémités des ailes dirigées suivant le rayon. Dans un ventilateur du nº 1, on a modifié cette direction et donné aux extrémités des ailes une direction de 45º en avant. Il ne s'est produit aucun changement dans la marche de l'appareil.

Ce résultat n'a rien de surprenant : la théorie fait prévoir, en effet que la courbure des ailes, n'a d'importance, quant à la dépression, que si l'appareil n'a pas de diffuseur ou est muni d'un mauvais diffuseur.

Influence de la largeur des ailes. — On s'est souvent demandé quelle est l'influence de la largeur sur le rendement des ventilateurs. Dans le Guibal plus la largeur est faible plus il faut dégager la circonférence du ventilateur au bas de la cheminée pour arriver à la section suffisante pour l'écoulement du volume à débiter. D'un autre côté, il faut remplir la condition que le volume engendré par le ventilateur soit supérieur au volume à débiter. En fait, la largeur de 2 mètres à 2ᵐ50 parait assez appropriée aux mines ayant un orifice équivalent de 2 mètres à 2ᵐ²30.

Néanmoins dans les deux installations du puits nº 4, on a essayé la largeur de 3ᵐ50. Il en est résulté une petite amélioration dans le rendement en volume et en dépression, quand l'orifice est de 3 mètres carrés ; mais l'augmentation de largeur sera surtout avantageuse quand la mine sera elle-même plus large. Pour les mines à orifice équivalent de 2 mètres à 2^{m2} 50, il semble que l'avantage soit à peine suffisant pour compenser les résistances passives qui résultent du plus grand poids de l'appareil et pour justifier l'augmentation de dépenses qu'entraînent les grandes largeurs.

INFLUENCE DE LA DOUBLE OUIE. — Des expériences ont été faites au siège n° 4 en vue de déterminer l'influence de la seconde ouïe du ventilateur Guibal. Il en résulte que cette seconde ouïe n'est, réellement utile que quand le volume débité dépasse 60 mètres cubes et l'orifice équivalent 3 mètres carrés. Ces conditions sont maintenant réalisées au n° 4.

Tableau des expériences faites sur le ventilateur n° 2 du siège n° 4.

DATES DES ESSAIS	Ventilateur avec une seule ouïe ouverte							Ventilateur avec les deux ouïes						
	Température		Pression barométrique	Nombre de tours du ventilateur	Dépression	Volume	Orifice équivalent	Température		Pression barométrique	Nombre de tours du ventilateur	Dépression	Volume	Orifice équivalent
	Entrée	Retour						Entrée	Retour					
7 décem. 1897 ⎧ mine	7°	14°	760	54.8	49	16.560	0.80	7°	14°	760	54.2	51	17.136	0.87
Id. ⎨ étroite	7°	14°	760	53.2	47	25.270	1.39	7°	14°	760	54.5	53	26.430	1.36
Id. ⎩	7°	14°	760	60.25	65.6	44.840	2.09	7°	14°	760	62.2	69.6	44.000	2.00
15 août 1899. mine normale	25°	21°	772	67.2	63	59.400	2.85	25°	21°	772	67.0	72.0	64.400	2·91
Id. mine élargie	28°	22°	772	66.8	38	83.250	5.48	28°	22°	772	64.5	44.0	93.100	5.35

VENTILATEUR A GRANDE OUIE. — Dans un ventilateur en installation à la fosse n° 2 (9 mètres de diamètre, 2 mètres de largeur) on a porté à 5 mètres le diamètre de l'ouïe qui n'est habituellement que de 3 mètres. Le but de cette modification est d'augmenter l'orifice de passage, d'adapter le ventilateur à une mine large, d'obtenir en somme un résultat analogue à celui que procure la double ouïe. On sait bien qu'avec cette ouïe agrandie, la dépression à nombre de tours égal, sera moindre qu'avec l'ancienne ouïe de 3 mètres, mais une mine large ne demande pas de forte dépression. On peut d'ailleurs racheter la perte de dépression par une augmentation de vitesse du ventilateur. Dans l'installation du puits n° 2, le ventilateur Guibal, commandé par courroie, pourra faire 90 à 100 tours. Cet appareil n'étant pas en activité, nous ne pouvons encore indiquer les résultats pratiques qu'il fournira.

INFLUENCE DE L'OUVERTURE DE LA VANNE. — Il résulte des nombreux essais effectués au siège n° 4, qu'il y a avantage, au point de vue du débit, à donner une grande ouverture à la vanne qui se trouve à la base de la cheminée-diffuseur. Lorsque l'ouverture est trop faible, il y a des rentrées d'air par l'extrémité du diffuseur.

La section ne doit pas être inférieure à $S = 2{,}5\,\dfrac{Q}{v}$, Q volume débité, v vitesse tangentielle des ailes.

Du moteur des ventilateurs. — Dans la disposition ordinaire des Guibal, un cylindre à vapeur actionne directement une manivelle calée sur l'arbre du ventilateur.

Cette disposition présente l'inconvénient suivant :

Quand on utilise la détente de la vapeur, les efforts variables sur le piston se traduisent par des chocs sur le bouton de manivelle, chocs qu'ils est difficile d'éviter et qui limitent la vitesse de marche du ventilateur. En fait, à Liévin les ventilateurs à action directe ne tournent pas normalement à une vitesse de plus de 65 tours à la minute.

Pour remédier à cet inconvénient on a essayé divers moyens :

1° Au n° 4, on a placé à la suite du cylindre un deuxième cylindre en tandem. La détente commence dans l'un des cylindres et s'achève dans l'autre. Les efforts sur le bouton de manivelle sont régularisés.

2° Au n° 1, l'un des ventilateurs est actionné par courroie ; la poulie placée sur l'arbre moteur de la machine monocylindrique fait office de volant et régularise le mouvement de la machine dont le fonctionnement est beaucoup meilleur.

3° Enfin le ventilateur en installation au n° 2 sera actionné par courroie à l'aide d'une machine à deux cylindres Compound non en tandem. C'est certainement cette disposition qui donnera le plus de régularité dans la marche de la machine ; elle est plus coûteuse que les autres.

GRAISSAGE AUTOMATIQUE DES PALIERS DU VENTILATEUR GUIBAL. — Dans le but d'obtenir un graissage parfait, permettant une marche à grande vitesse des ventilateurs, le dispositif ci-dessous a été adopté au siège n° 4.

On emploie l'huile de ricin : celle-ci est contenue dans un récipient R. Elle repose sur une colonne d'eau. En ouvrant le robinet r l'huile arrive en charge dans les paliers P. P' de l'arbre de couche.

Après avoir lubrifié les surfaces, l'huile est reçue dans des sortes de godets d'où un tuyautage l'amène dans un réservoir B sur lequel agit une pompe Q à piston plongeur. Celle-ci la refoule dans l'eau du réservoir R où elle dépose les impuretés et la limaille qu'elle a pu entraîner.

La pompe Q est manœuvrée par la machine ; elle doit aspirer toute l'huile amenée dans le réservoir B. Elle ne doit pas envoyer d'air dans le réservoir R. Pour cela on a placé dans la bâche B un flotteur qui, lorsqu'il est levé, ferme une soupape S placée dans le fond de la pompe. Celle-ci peut alors aspirer l'huile et la refouler par le tuyau *t* muni de deux clapets de retenue *m* et *n*. Quand l'huile manque dans le réservoir B, le flotteur s'abaisse, la soupape S s'ouvre d'elle-même et la pompe n'aspire plus.

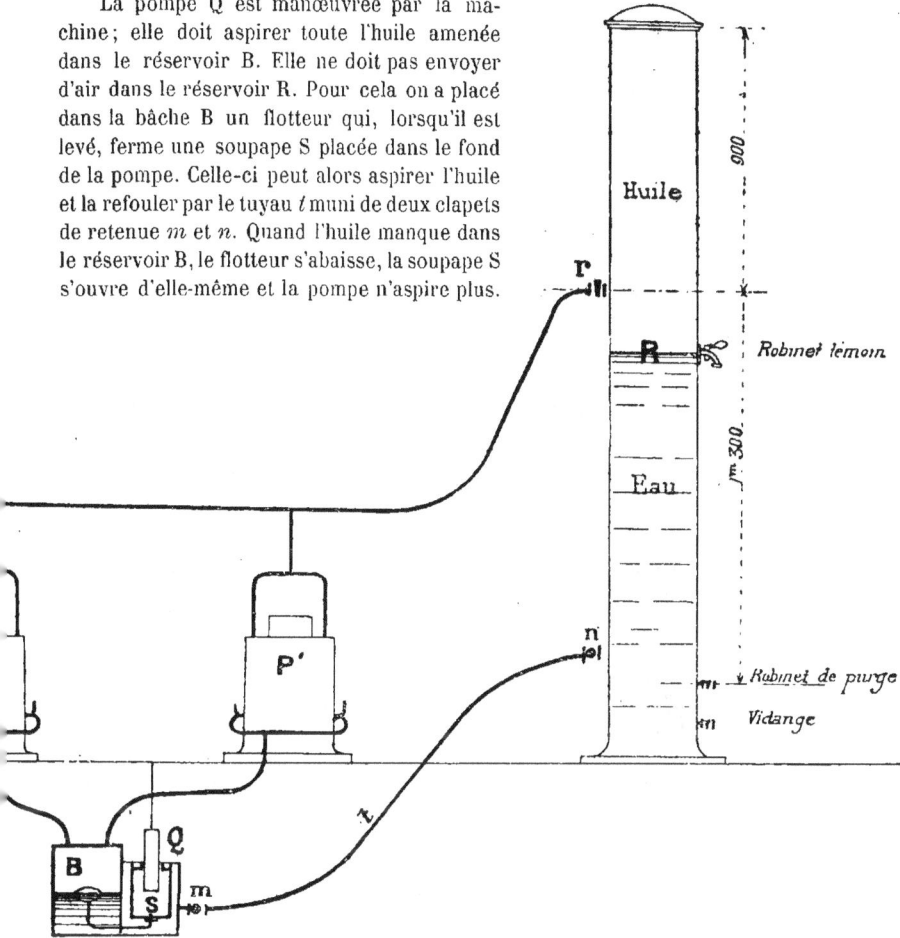

L'huile et l'eau du récipient R sont changées tous les trois mois. Les pertes sont compensées en ajoutant de l'huile dans le réservoir.

RENDEMENT DES VENTILATEURS. — Il résulte de nombreux essais faits sur les divers appareils de la Compagnie, que le rendement mécanique des ventilateurs Guibal varie entre 0,45 et 0,53.

Orifice équivalent. — Expériences d'aérage.

(Février 1900)

	Siège nº 1	Siège nº 3	Siège nº 4
Nombre de tours moyen du ventilateur.	65	67	65
h. Dépression manométrique observée .	67	61	62
V. Volume d'air { jour	59^{m3}100	61^{m3}920	76^{m3}398
fond	50 384	57 176	71 437
pertes	8 516	4 746	4 961
Température	1°	11°	3°
Pression barométrique	747$^{m/m}$	752$^{m/m}$	746$^{m/m}$
Orifice équivalent $= 0{,}38\dfrac{V}{V\,h}$ { jour .	2 76	3 01	3 72
fond .	2 33	2 78	3 48

Ce tableau montre que l'orifice équivalent varie entre 2 et 3 mètres carrés $1/2$.

Pour augmenter le volume d'air circulant dans la mine sans modifier son orifice équivalent, il faut faire croître la dépression dans une proportion tellement forte qu'elle cesse d'être pratique.

Ainsi, au siège nº 1 on débite 45 mètres cubes avec 65 millimètres de dépression; pour obtenir 60 mètres cubes, il faudrait 115 millimètres de dépression. On connaît les nombreux inconvénients des fortes dépressions.

On en revient donc fatalement à ceci : pour améliorer l'aérage, le seul moyen rationnel c'est d'augmenter l'orifice équivalent : C'est à cela que tendent les efforts de la Société de Liévin, mais quels sont les procédés à employer?

Depuis longtemps la division des courants d'air a été poussée très-loin, à une limite qu'on ne peut guère dépasser. Les galeries d'entrée d'air et les galeries de retour d'air ont de grandes sections et il semble que, dans ces deux ordres d'idées, on ne puisse plus beaucoup améliorer l'aérage de la mine. En fait, tous les efforts tentés dans cette voie, pour arriver au mieux, ont été infructueux.

En 1898, on eut l'idée de rechercher par des expériences directes qu'elle était l'influence de la résistance dans les puits sur l'orifice équivalent et on obtint des résultats qui ont surpris par leur importance.

Le procédé employé pour ces mesures consiste à installer dans le puits une conduite reliée par sa partie supérieure à un manomètre à eau placé à la surface et débouchant, à sa partie inférieure, au bas du puits, dans un endroit où l'influence de la vitesse de l'air est nulle. L'autre extrémité du manomètre à eau communique avec l'air libre. La lecture de la différence de hauteur des deux colonnes du manomètre est l'expression de la résistance de l'air dans la partie de puits envisagée. Pour compléter l'observation, il suffit de jauger le volume d'air qui passe dans le puits.

Quand le manomètre est installé au fond, il y a une légère correction à faire dans la lecture, à cause de la différence de densité des deux colonnes d'air qui pèsent sur les deux branches du manomètre.

Au siège n° 1, on a obtenu les résultats suivants :

Pour un débit de 50 mètres cubes d'air par seconde, la dépression totale mesurée dans la galerie de l'ouïe est de 52 millimètres. Cette dépression se décompose comme suit :

Dépression due à 430 mètres de puits d'entrée d'air et 283 mètres
    de puits de sortie d'air . . . . 30 $^{m/m}$
Dépression due aux travaux. . . . . 22 $^{m/m}$

Rappelons que le puits d'entrée d'air (n° 1 *bis*) est formé de 100 mètres de cuvelage Chaudron à 3^{m}65 de diamètre utile, le reste est en maçonnerie au diamètre intérieur de 4 mètres. Le puits n° 1 de sortie d'air a 100 mètres de cuvelage en bois de 4 mètres utile, le reste est maçonné et a 4 mètres de diamètre. Les deux puits sont garnis d'une colonne d'échelles avec planchers à claire-voie en fer.

Au siège n° 3 le puits d'entrée d'air (3 *bis*) est composé :

de   96 mètres de cuvelage système Chaudron à 3^{m}65 de diamètre utile,
de 310 mètres de puits maçonné . . . . . . à 3^{m}90   »
de   80 mètres   »   . . . . . . à 4^{m}10   »
et de   40 mètres   »   . . . . . . à 4^{m}30   »

Le puits de retour d'air se trouve dans des conditions à peu près identiques. Les diverses galeries de retour aboutissent au puits aux niveaux de 300, 383 et 456.

Pour un volume de 57 mètres cubes, la résistance due au puits d'entrée d'air à été mesurée de 21 millimètres ; celle du puits cuvelé seul de 9 millimètres.

La résistance des 826 mètres de puits d'entrée et de sortie d'air est de 33 millimètres.

La dépression totale étant de 55 millimètres, il reste pour la dépression due aux travaux 22 millimètres.

Le puits n° 3 *bis* est muni d'un goyau avec échelles, le puits n° 3 n'en a pas.

Au siège n° 4, les puits se composent de 103 mètres de cuvelage Chaudron à 4 mètres de diamètre utile et 318 mètres de puits maçonné au diamètre de 4ᵐ50.

Les retours d'air ont lieu par les niveaux de 300 et 265. Les entrées se font par les niveaux de 421 et 300 mètres.

Les puits n'ont pas de goyau.

Pour un débit de 71ᵐ35, la résistance due à 421 mètres du puits n° 4 (entrée d'air) est de 26 millimètres, celle due à 265 mètres du puits de sortie d'air est de 16 millimètres.

La dépression totale, lue dans la galerie du ventilateur, étant de 68 millimètres, si on a déduit 26 ᵐ/ᵐ pour résistance dans le puits d'entrée.

plus   <u>16ᵐ/ᵐ</u>   id.   de sortie

soit   <u>42ᵐ/ᵐ</u> pour 686 mètres de puits, il reste

26 millimètres comme valeur de la dépression absorbée par les résistances de la mine proprement dite.

Si on compare ces chiffres à ceux des n°ˢ 1 et 3, on voit que le grand volume d'air à la fosse n° 4 (71ᵐ35 au lieu de 50 mètres cubes au n° 1 et 57 mètres cubes au n° 3) n'est obtenu qu'au prix d'une grande dépression absorbée par les puits. Rappelons que les puits du siège n° 4 ont un diamètre plus grand que ceux des n°ˢ 1 et 3, mais ce diamètre est insuffisant pour le volume de 71ᵐ35.

Les résultats ci-dessus montrent qu'on pourrait agrandir beaucoup l'orifice équivalent par l'augmentation des diamètres des puits. En doublant la section de chacun des puits, on arrive à réduire à moins d'un quart la dépression $h = n \dfrac{L P v^2}{S}$ [1] car alors h devient

$\dfrac{n L (2 P) \times \dfrac{v^2}{4}}{2 S}$ ou $\dfrac{n L P v^2}{4 S}$ en supposant n constant ; mais ce coefficient n est lui-même fonction de la section et il sera grandement réduit par l'augmentation de celle-ci.

---

[1] h Dépression en millimètres.
    L Longueur du puits.
    S Section du puits.
    P Périmètre de la section du puits.
    v Vitesse de l'air.
    n Coefficient déterminé par la pratique, qui est d'autant plus grand que les galeries sont de plus faible section.

Il n'est pas exagéré d'admettre que si on créait au n° 1, un puits d'aérage dont la section fut égale à celles des puits n°ˢ 1 et 1 *bis* réunis, on arriverait à réduire à environ 5 millimètres la dépression nécessaire pour faire circuler un volume de 50 mètres cubes dans ces puits, que la dépression totale de la mine ne serait plus que 27 millimètres et que l'orifice équivalent qui était de 0,38 $\dfrac{50}{\sqrt{52}} = 2.5$ deviendrait 0,38 $\dfrac{50}{\sqrt{57}} = 3,7$.

Ces considérations ont amené la Société de Liévin à cette conclusion : quand elle voudra améliorer encore son aérage, elle devra creuser un troisième puits aux sièges anciens. Elles ont immédiatement conduit à donner un diamètre de 5ᵐ50 à 6 mètres aux nouveaux puits en creusement au siège n° 3.

Dans une seconde série d'expériences faites aux divers sièges, on a mesuré la dépression absorbée par les puits, pour des volumes inférieurs à 50 mètres cubes. Sans entrer dans le détail de ces essais, nous dirons que cette dépression diminue rapidement avec le volume d'air, de telle sorte que pour des volumes de 30 à 40 mètres cubes par seconde, elle n'est plus que de 5 à 12 millimètres au total. Il en ressort clairement que le diamètre de 4 mètres donne une section suffisante pour les volumes de 30 à 40 mètres cubes, que le diamètre de 4ᵐ50 peut encore convenir pour des volumes de 40 à 50 mètres cubes, mais que si l'on veut faire circuler dans la mine un volume plus élevé, il faut augmenter ou le nombre des puits ou leur diamètre.

VENTILATION INTÉRIEURE. — Pour la ventilation secondaire, on a beaucoup développé l'emploi des ventilateurs à force centrifuge mûs par l'air comprimé. Leur diamètre varie de 0ᵐ40 à 1 mètre et ils font 200 à 300 tours à la minute. Ils sont destinés à l'aérage des culs-de-sac et des travaux préparatoires.

Au 30 juin 1899, la Société employait 61 ventilateurs intérieurs des types Mortier, Ser, Fournier, Diéden.

Pour améliorer la ventilation secondaire, on tend aussi à substituer aux tuyaux elliptiques de 0ᵐ²120 de section, des tuyaux ronds de 0ᵐ60 de diamètre qui ont une section de 0ᵐ²282.

L'emploi de ces canards à grande section est très avantageux pour la ventilation des travaux préparatoires de longue haleine.

Poussières charbonneuses

Les poussières charbonneuses de Liévin sont inflammables ; elles ont même, à elles seules, occasionné d'importants accidents. Depuis longtemps on a introduit des canalisations d'eau dans le but de combattre les poussières. On se sert de l'eau du niveau, le plus souvent. Les tuyaux portent de distance en distance, des robinets sur lesquels on peut visser des tuyaux en caoutchouc servant à l'arrosage des parois des galeries.

Il serait beaucoup trop coûteux de chercher à détruire totalement les poussières d'une mine. A Liévin, on n'arrose pas toutes les galeries ; mais, en se basant sur l'observation faite dans beaucoup de catastrophes, que des inflammations de grisou ou de poussières, ayant pris naissance dans un quartier, se sont transmises dans d'autres quartiers par l'intermédiaire de poussières inflammables, on pense qu'on arrivera à localiser les accidents par un humectage permanent des galeries principales.

Si d'un autre côté, on a soin de tenir humide la région où l'on emploie des explosifs, il semble que, au total, les précautions contre les poussières soient suffisantes.

Eclairage

Les lampes en usage sont du type Mueseler avec fermeture hydraulique Cuvelier-Catrice. Quelque porions se servent de la lampe Marsaut à l'huile ou de la lampe Marsaut à benzine, type de Lens.

On a fait un essai en grand, des lampes à rallumeur système Catrice ; de nombreux ratés dans l'allumage, dus à la mauvaise qualité des allumettes, ont fait abandonner ce rallumeur.

Quelques lampes électriques portatives à accumulateur ont été essayées ; mais leur emploi n'a pas été étendu parce que ces lampes présentaient beaucoup de défauts de construction.

Au siège n° 4, les accrochages et leurs galeries de contour, les écuries et les puits intérieurs voisins des accrochages sont éclairés à l'électricité.

Organisation des lampisteries — Une seule lampisterie par siège. Chaque lampe est numérotée et suspendue à un crochet au-dessus duquel est inscrit le nom de l'ouvrier. Toutes les pièces de la lampe sont soigneusement vérifiées par les lampistes. On nettoie les tissus au moyen d'une solution alcaline et, au siège n° 4, à l'aide d'un appareil mécanique. Avec cet appareil, un ouvrier lave 500 tissus par jour, en brûlant 2 hectolitres de charbon et en consommant un demi-kilogramme de potasse.

Un registre de contrôle des heures de descente et de remonte de l'ouvrier est tenu par un marqueur, qui tient, en même temps, le registre de vérification et de réparation des lampes.

La lampe est remise à l'ouvrier, allumée et fermée à clef. En la recevant des mains du lampiste, l'ouvrier doit la vérifier et la refuser si elle n'est pas en bon état. Afin de s'assurer que l'ouvrier a bien fait cette vérification, on place à l'entrée du puits un surveillant qui contrôle l'état des lampes à la descente.

D'un autre côté, tous les chefs sont tenus de procéder à de fréquentes vérifications des lampes des ouvriers travaillant au fond.

On arrive ainsi, par une surveillance et un contrôle assidus, à habituer l'ouvrier à se préoccuper de sa lampe, à la soigner.

Le rallumage des lampes éteintes dans les travaux se fait près des accrochages d'entrée d'air. Le service est confié à un homme spécial.

Appareil d'essais pour lampes de sûreté. — On a installé récemment, dans l'atelier central situé près du siège n° 1, un appareil destiné à éprouver la résistance des lampes de sûreté dans les mélanges explosifs. Il se compose d'un tube rectangulaire d'un mètre de longueur, de 390 millimètres de hauteur intérieure et de 120 millimètres de largeur intérieure, ouvert à une de ses extrémités et relié à l'autre extrémité à un tube conique dont la pointe porte deux robinets, l'un permettant l'arrivée d'air comprimé, l'autre l'introduction de gaz d'éclairage. On peut ainsi créer dans le tube un courant gazeux explosif, dont la vitesse et la teneur sont faciles à déterminer.

La quantité de gaz contenu dans le mélange varie entre 10 et 12 %.

Des chicanes placées dans la partie conique de l'appareil assurent l'homogénéité du mélange.

La lampe à essayer est placée à 50 centimètres de l'extrémité libre du tube rectangulaire sur une tablette qu'on peut tenir à volonté, horizontale ou inclinée, suivant la position qu'on veut donner à la lampe par rapport à la direction du courant.

Une porte vitrée, placée en face de la lampe, permet de suivre les phénomènes.

En installant cet appareil, on n'avait pas en vue de procéder à des études générales sur les divers types de lampes de sûreté en usage dans les mines. Ces études sont faites depuis longtemps. On se proposait simplement de vérifier si les lampes ne présentent pas de défaut ayant pu échapper à la visite courante, soit quand elles entrent dans la mine, soient quand elles en sortent.

C'est le type Mueseler qui est employé à Liévin.

Pour le but à atteindre, il convient de placer la lampe à essayer dans un courant animé d'une vitesse à laquelle les lampes en bon état résistent dans tous les cas. C'est la vitesse de 1^{m}50 qu'on a choisie.

Dans ces conditions, la lampe Mueseler, en bon état, s'éteint toujours après une petite explosion localisée dans le bas de la lampe. Le gaz brûle sous le diaphragme, en tournoyant autour de la cheminée. Quelquefois il se produit une série de petites explosions successives avant l'extinction, mais toujours localisées en dessous du diaphragme.

Les essais effectués jusqu'à ce jour ont pu familiariser le personnel de la mine avec les défectuosités que peut présenter la lampe et qu'une simple visite ne révèle pas toujours :

1o Raccord du diaphragme avec la cheminée qui peut laisser des vides ou fausser la maille du treillis ;

2o Quelquefois le diaphragme se plie à son extrémité et empêche le bon serrage du verre contre le tamis ;

3o Serrage insuffisant du tamis contre le verre, par suite du fonctionnement imparfait des ressorts qui doivent assurer ce serrage.

Surveillance spéciale au point de vue du grisou

La Compagnie de Liévin a, dès l'origine, installé des chercheurs de grisou. Ce sont les surveillants de nuit encore appelés surveillants d'aérage. Ils descendent le soir et remontent le matin quand tous les ouvriers sont entrés dans la mine. Ils visitent tous les quartiers qui leur sont assignés, s'occupent de la marche de l'aérage, de la recherche du grisou et des mesures à prendre pour le faire disparaître.

Si la quantité de grisou constatée, en un point quelconque, est assez grande pour constituer un danger, ils interdisent l'accès de la galerie ou du chantier et préviennent les chefs de la mine. Ce cas est d'ailleurs exceptionnel et le plus souvent il suffit d'une petite réparation aux portes d'aérage, ou de l'application de toiles d'aérage pour faire disparaître les petits dépôts accidentels.

Le surveillant de nuit est muni d'une lampe Chesneau avec laquelle il procède au jaugeage des retours d'air et, avant de quitter la mine, il fait un rapport de l'état des quartiers qu'il a visités.

Le service d'allumage des mines est confié aux boute-feu, ouvriers spéciaux, choisis avec soin, qui ont à prendre toutes les mesures de précaution prescrites par les règlements, tant au point de vue du grisou qu'à celui des poussières. Comme le nombre des mines à tirer est très-restreint, ces boute-feu sont en outre chargés de la visite de leur quartier, pour ce qui concerne l'aérage et la recherche du grisou. A leur sortie de la mine, ils font également un rapport écrit sur cette visite.

L'autorisation de tirer des mines ne peut être accordée que par l'ingénieur.

Régime thermométrique de la mine

Au siège n° 1, de nombreuses observations, faites dans les huit dernières années, ont donné les résultats suivants :

La température, mesurée dans le puits de sortie d'air, est presque constante, elle oscille entre 18 et 19 degrés. Les chiffres élevés correspondent naturellement aux mois d'été. Les valeurs extrêmes observées exceptionnellement sont de 16 et 23 degrés, alors que les valeurs extrêmes de la température dans l'entrée d'air présentent des écarts de 25 à 30 degrés.

Les retours d'air principaux qui aboutissent au puits fournissent des observations d'une régularité très grande, leur température varie entre 21 et 23 degrés et les variations ne suivent pas toujours la marche des saisons.

Les sources de chaleur introduites dans la mine par les hommes et les chevaux étant de même importance pendant toute l'année, on voit qu'en hiver le courant d'air enlève beaucoup plus de chaleur à la roche qu'en été, ce qui n'a pas besoin d'explication.

Voici une observation, faite au siège n° 3, où se trouvent les travaux les plus profonds (niveau de 600 mètres). Température de la roche 29 degrés. Température dans les chantiers les plus éloignés du puits, 23 à 24 degrés. Courant d'air de $2^{m3}730$ par seconde dans ces chantiers. Le retour d'air de ces chantiers, parcouru par $7^{m3}700$ par seconde, était à 21 degrés.

Si l'on admet qu'à 30 mètres de profondeur la température uniforme de la roche est de 12 degrés, on trouve que le degré géothermique est de 33 mètres.

Au siège n° 1, on a relevé la température de l'eau sortant du front d'une bowette, elle était de 28 degrés. Ce qui correspond à un degré géothermique de 31 mètres, peu différent de celui relevé au n° 3.

Générateurs

Les générateurs installés à Liévin sont du type ordinaire à bouilleurs an siège n° 4 et du type semi-tubulaire aux autres sièges.

Le timbre des générateurs est de 5 k. 5 ou 6 kilos aux sièges n°s 1, 2, 3 et 4 et de 10 kilos au siège n° 5.

Les eaux proviennent du niveau de la craie ; elles sont chargées de carbonate de chaux et de sulfate de chaux.

Les analyses suivantes faites sur les eaux du niveau indiquent les quantités en grammes par hectolitre d'eau :

DÉSIGNATION	Siège n° 1	Siège n° 3	Siège n° 4
Carbonate de chaux.	18	12	»
Carbonate de magnésie	»	»	»
Sulfate de chaux	9.7	20.3	»
Sulfate de magnésie	»	4.2	»
Sulfate de soude	»	»	»
Chlorure de calcium	»	3.00	»
Chlorure de sodium.	»	»	»
Matières organiques.	6.3	1.00	»
Degré hydrotimétrique	25°	34°	22 à 24°

Au n° 3, on attribue la grande proportion de sulfates à l'important dépôt de schistes houillers pyriteux en feu qui entoure la fosse.

Des épurateurs, système Dervaux, sont installés à tous les sièges. Ils sont basés sur l'emploi de la chaux pour précipiter le carbonate et de la soude pour précipiter les sulfates. On cherche à éviter l'usage de la soude et on y arrive aux n° 1 et 4. Les épurateurs sont capables de traiter un minimum de 500 mètres cubes d'eau par 24 heures. L'eau est ramenée à 7 degrés hydrotimétriques.

On se sert de pompes Burton pour alimenter les chaudières, ou bien d'appareils Manlowe, installés sur l'échappement des ventilateurs et des appareils compresseurs d'air.

Charbon consommé par tonne extraite : 0ᵗ0441.

Ce chiffre est assez élevé, bien que toutes les machines d'extraction fassent usage de la détente de vapeur. La profondeur moyenne assez grande de l'extraction et le grand développement de l'air comprimé sont deux causes qui influent notablement sur la dépense de vapeur

Compresseur d'air

La consommation d'air comprimé est considérable à Liévin. Le tableau placé à la fin de cette notice indique le nombre et la puissance des compresseurs installés à chaque siège. On voit que le siège n° 1, qui est le plus fortement outillé à ce point de vue, est capable de produire 20 mètres cubes d'air comprimé à 5 kilos par minute.

Après avoir essayé divers systèmes, on s'est arrêté depuis quelques années, à l'emploi des soupapes Corliss, très-nombreuses et de petites dimensions. Ces soupapes donnent d'excellents résultats, tant au point de vue du rendement, à la vitesse de 50 tours par minute, qu'à celui de l'entretien.

L'injection de l'eau pulvérisée a lieu pendant l'aspiration et pendant le refoulement, à l'aide de pompes, tantôt indépendantes, tantôt actionnées par le compresseur lui-même.

Les cylindres compresseurs sont garnis d'une enveloppe dans laquelle on produit une circulation d'eau froide.

Les trois derniers compresseurs installés sont à compression étagée

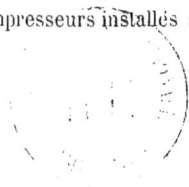

avec réservoir intermédiaire réfrigérant. La détente de la vapeur est obtenue à l'aide de deux cylindres Compound.

Tous ces appareils sortent des ateliers de M. Dubois, ingénieur-constructeur à Anzin.

Canalisations d'air comprimé. — Les canalisations installées dans les puits sont :

1° Au siège n° 1, des tuyaux en fonte de 15 centimètres de diamètre intérieur, de 2 mètres de longueur, avec intercalation, tous les 80 mètres, de tuyaux courbes en cuivre, pour permettre la dilatation et atténuer les influences du mouvement des parois du puits.

2° Aux sièges n°ˢ 3 et 4, des tuyaux en fer étiré de 5 millimètres d'épaisseur et de 18 centimètres de diamètre utile.

L'emploi du fer étiré paraît préférable à celui de la fonte. Les tuyaux sont plus légers, les joints moins nombreux.

Les canalisations dans l'intérieur de la mine sont faits avec des tuyaux en fer étiré de 5 à 6 mètres de longueur et qui ont. suivant leur importance, 100 millimètres, 75 millimètres, 55 millimètres ou 25 millimètres de diamètre utile.

La longueur totale des tuyaux installés actuellement pour la répartition de l'air comprimé est de 55,000 mètres.

Nettoyage et criblage

La Société de Liévin ne possède pas de lavoirs. Le nettoyage à sec suffit à sa clientèle.

Le nettoyage se fait sur des toiles sans fin en aloës dont la largeur varie de 0ᵐ50 à 1 mètre et qui sont animées d'une vitesse de 0ᵐ30 à la seconde. La courroie a 0ᵐ02 d'épaisseur et pèse 14 kilos par mètre carré. Ces toiles durent de 2 à 3 années.

Quand les courroies ont beaucoup de fatigue à supporter, quand, par exemple, elles servent à la recomposition des charbons, on emploie le système Reumaux, lames de fer rivées sur bandes de caoutchouc.

La décomposition des produits est poussée assez loin, témoin le tableau suivant :

Gros. . . . . refus d'une grille à barreaux écartés de 200$^{m/m}$.
Gailleterie. . . . . . . refus d'une grille à barreaux écartés de 120$^{m/m}$.
Criblés à 50 $^{m/m}$ . . . refus d'un crible à trous ronds   de 50$^{m/m}$.
Criblés à 10 $^{m/m}$ . . . refus d'une grille à barreaux écartés de 10$^{m/m}$.
Tout venant très fort. renfermant 50 à 55 % de morceaux ⎫ les morceaux
Tout venant fort. . . renfermant 40 à 45 %   id.   ⎪ sont le refus
                                                        ⎬ d'une grille à
Tout venant moyen . renfermant 30 à 35 %   id.   ⎪ barreaux écartés
                                                        ⎪ de 30$^{m/m}$ ou d'un
Industriel. . . . . . renfermant 20 à 25 %   id.   ⎭ crible à trous
                                                          ronds de 50 $^{m/m}$.
Fines à 50$^{m/m}$. . . . . produites par le crible à trous ronds de 50$^{m/m}$.
Fines à 10$^{m/m}$. . . . . produites par la grille à barreaux écartés de 10$^{m/m}$.

Elle s'obtient soit à l'aide de grilles fixes, soit à l'aide de tables à secousses. Ce dernier système est préférable et a été appliqué au n° 3 et au n° 4, derniers triages installés.

Canal de Lens à la Deûle

La Société houillère de Liévin a été privée, pendant de longues années de débouchés par la voie d'eau. Il ne faut pas tenir compte, en effet, des faibles expéditions des années de début, alors que le chemin de fer des houillères n'était pas construit et qu'il s'agissait de conduire les charbons par voiture jusqu'au canal de la Deûle ; au lieu dit le Pont-Maudit.

Le développement progressif que l'on prévoyait pour la Société de Liévin en 1877, avait fait songer à doter cette Compagnie de ce débouché indispensable pour une production importante.

Des études de chemin de fer avaient été commencées pour relier l'embranchement de Liévin au canal de la Deûle ; mais on s'arrêta à la solution rationnelle de prolonger le canal de Courrières jusqu'à Lens, et de rétablir un canal qui avait existé autrefois, mais que l'on avait laissé combler faute d'entretien.

L'essor donné aux travaux publics par le ministère de Freycinet permit le classement de cette partie de canal, parmi les ouvrages à construire avec le concours des intéressés (Loi du 5 août 1879). . . .

A la suite d'une enquête établissant que cette voie devait desservir 200,000 tonnes au minimum, dans un délai assez rapproché, elle fût déclarée d'utilité publique par décret du 28 mars 1881.

La ville de Lens s'engagea à verser 100,000 francs.

La Compagnie de Liévin souscrivit 400,000 francs.

Soit un total de 500,000 francs, représentant le tiers des dépenses prévues pour ce travail, par les devis des Ingénieurs de l'Etat.

Ces engagements furent acceptés et approuvés par décision ministérielle du 28 août 1882.

Les études de la voie nouvelle étaient terminées, mais les exigences budgétaires ne permettant pas son exécution, la Société de Liévin offrit une avance à l'Etat de 1,000,000, pour que les travaux fussent attaqués et menés rapidement à bonne fin. Cette offre fut acceptée et une loi du 1er septembre 1884 régla les conditions de ce prêt, avec intérêt de 4 % et remboursement en dix annuités.

Le premier lot de cette entreprise fut adjugé peu après (13 décembre 1884) et les travaux furent attaqués aussitôt.

Le deuxième lot put être adjugé le 30 mai 1885, à la suite d'une offre de la Compagnie de Liévin d'anticiper les versements prévus pour le prêt de 1,000,000 à l'État.

Ce travail, d'une importance exceptionnelle pour le développement de la Société de Liévin, fut poussé très activement et l'inauguration de la nouvelle voie eut lieu le 30 octobre 1886.

Le canal de Lens à la Deûle part de la route nationale n° 25 d'Arras à Lille et se soude à celui construit par la Compagnie de Courrières à Harnes ; sa longueur totale est de 7872m60.

Il est alimenté par la rivière la Souchez et possède trois écluses :

Désignation des biefs	Longueurs entre écluses	Longueurs des écluses	Longueurs totales	Côtes des biefs	Chûtes des écluses
1er Bief . .	1,593m60	64m80	1,658m40	33m36	
2e Bief . .	321 40	50 60	372 00	30 85	2m51
3e Bief . .	3,666 70	50 60	3,717 30	27 25	3 60
4e Bief . .	2,124 90	»	2,124 90	23 65	3 60
Total . .	7,706m60	166m00	7,872m60		

La largeur de cette voie est de 11 mètres seulement, mais des garages, à la largeur de 17 mètres, sont espacés sur son parcours et permettent le croisement et le stationnement des bateaux.

Des quais publics sont établis à Eleu, à Lens et à Harnes sur des longueurs respectives de 120, 240 et 124 mètres.

Quai d'embarquement d'Eleu

Dès que le tracé du canal de Lens à la Deûle fut adopté, la Société houillère de Liévin fit étudier, en ses bureaux, le projet d'embarquement de ses charbons.

Il comprend :

1° Un pont fixe jeté entre les deux tronçons de la route n° 25 d'Arras à Lille, coupée par le prolongement du canal ;

2° Un quai ou port contenant les bateaux vides, en chargement, ou pleins ;

3° Un appareil de chargement avec voies, amenant les wagons contenant le charbon à transborder.

Le quai a une longueur de 269 mètres et une largeur de 22m50, permettant à quatre bateaux de front de circuler librement ; il est évasé à l'entrée pour que les bateaux puissent virer facilement. Sa surface totale est de 7.200 mètres carrés.

Ce quai est muraillé en briques sur tout son pourtour ; les murs ont 1 mètre de hauteur au-dessus de la ligne d'eau, sauf du côté de l'appareil de chargement où cette hauteur est de 5m16 et règne sur une longueur de 118m50.

La profondeur d'eau est de 2m20.

Les maçonneries reposent sur une couche de béton de 1 mètre d'épaisseur.

Du côté du grand mur, des pieux et palplanches ont été battus suivant l'arrête de la base, pour empêcher les glissements s'il tendait à s'en produire par la poussée des terres.

Les terrassements nécessités par le creusement du port représentent un volume de déblai de 66.152m3462.

Le cube des maçonneries y compris le béton, s'élève à 9.940m3350.

Les travaux commencés le 1ᵉʳ juin 1885, furent terminés le 15 octobre 1886.

Les voies de chemin de fer ont été développées largement pour faciliter le garage des wagons, en dehors même du service du quai, elles ont une longueur totale de 1,440 mètres.

A cause de la différence de hauteur entre le niveau de l'eau du canal (cote 33ᵐ36) et celui de la voie principale du chemin de fer qui existait bien antérieurement au quai (cote 43ᵐ82), la trémie réservoir destinée à recevoir le chargement des wagons spéciaux affectés à ce service, possède une longueur plus grande que celle qui aurait été indispensable. Cette trémie entièrement en tôle, rivée sur des fers I supportés par des murs perpendiculaires au grand mur de quai, a une inclinaison variable calculée pour que le charbon descende par la gravité, avec une vitesse modérée, en glissant sur les tôles du fond.

Ce réservoir se termine par un conduit, mobile autour d'un axe horizontal, qui va porter sans choc le charbon dans le bateau et qui se termine lui-même par un bec également mobile, permettant de verser ce charbon dans le sens de l'inclinaison de la trémie, ou, en retour sur le mur de quai. Le chargement est ainsi réparti transversalement sur toute la largeur des bateaux.

Une porte interposée entre la trémie et le conduit, règle la sortie du charbon du réservoir.

Les trois mouvements, de la porte, du conduit et du bec sont obtenus par un même treuil placé sur le mur de quai, et étudié à cet effet.

Afin de faciliter la manœuvre du treuil et réduire l'effort à exercer au minimum, le conduit et son bec sont complètement équilibrés dans toutes les positions, par un gros contre-poids d'abord et ensuite par des contre-poids différentiels, se mettant en charge au fur et à mesure des variations résultant du déplacement du centre de gravité du conduit bec.

Les détails de tous ces dispositifs sont particuliers à la Compagnie de Liévin.

Les wagons servant au service de l'embarquement sont composés d'un châssis roulant, entièrement métallique, portant deux caisses d'une contenance de 5 tonnes chacune. Ces caisses sont munies de portes s'ouvrant latéralement de chaque côté de la voie, au moyen de charnières placées à la partie supérieure. Un système de fermeture spécial (système Viala, breveté s. g. d. g.) permet l'ouverture automatique des portes par le simple soulèvement des caisses sur un des côtés ; on obtient le déversement de leur contenu dès qu'on atteint l'angle de glissement. On peut également ouvrir les portes à la main sans déplacer les caisses du châssis et ces wagons peuvent ainsi être employés à un service intérieur de ballast ou d'expédition au dehors. C'est le premier système de ce genre réunissant les deux possibilités d'ouverture, il est très pratique et n'a demandé depuis deux ans aucune réparation.

Le poids total du wagon vide est de 7.100 kilogs.

Le transbordement du contenu des wagons dans la trémie est obtenu par le soulèvement de chacune des caisses, au moyen de deux cylindres à vapeur (un par caisse) placés contre la voie du côté opposé à la trémie.

Ces cylindres sont à simple effet, avec communication du dessus au-dessous pour l'équilibre pendant la descente. La tige du piston est prolongée par une chaîne passant sur une poulie fixe et munie à l'autre extrémité d'un crochet spécial, qui vient prendre la caisse sur le côté. En admettant la vapeur, le piston descend et le crochet est attiré par la chaîne; un dispositif automatique amène les becs de ce crochet contre la caisse, et cette dernière se trouve soulevée jusqu'à ce que l'inclinaison atteigne 35°.

La rame de wagons à décharger est amenée sur la voie longeant le quai par une machine locomotive qui repart aussitôt. Cette rame (20 wagons) est alors enserrée par deux câbles s'enroulant en sens inverse sur le tambour d'un petit treuil à vapeur, de façon que par le simple mouvement du treuil à changement de marche, on peut faire avancer ou reculer la rame des wagons et amener telle ou telle caisse vis-à-vis de la trémie avec la plus grande facilité.

Le treuil et les cylindres à vapeur sont disposés pour que le mécanicien ait sous la main tous les leviers de manœuvre.

Cette installation est très puissante dans sa simplicité; un bateau de 250 tonnes a été chargé en 47 minutes; mais, si ces chiffres sont un maximum, on peut, en alimentant le quai de wagons, opérer pratiquement le chargement de six bateaux, soit 1,500 tonnes en douze heures.

L'emplacement pour un second appareil est du reste ménagé, afin de doubler la puissance d'embarquement, si on le juge nécessaire.

Les mélanges de charbons s'obtiennent facilement par le déversement successif des produits différents, contenus dans chaque caisse amenée à volonté devant la trémie.

Le personnel se compose d'un mécanicien et d'un accrocheur.

L'eau d'alimentation de la chaudière fournissant la vapeur aux appareils, est prise dans le canal même à douze mètres en contre-bas, au moyen d'un petit appareil élévateur Manlowe fonctionnant par la condensation de la vapeur. Cette eau sert aussi pour l'alimentation des locomotives.

Renseignements sur les appareils du quai

Chaudière-verticale à tubes Field :

Diamètre . . . . 1^m374
Nombre de tubes 100
Diamètre des tubes (extérieur) 0.060
Surface de chauffe . . . . 30^{m2}
Timbre . . . . 8^k

Treuil. — Type des treuils employés dans les travaux du fond, construit par Fournier à Génelard :

Deux cylindres conjugués $\left\{ \begin{array}{l} \text{Diamètre . . .} \quad 0\ 160 \\ \text{Course . . . . .} \quad 0\ 160 \end{array} \right.$

Rapport des engrenages . . . . $\frac{4}{5}$
Diamètre du tambour 0 800

Cylindres releveurs :

Diamètre 0 350
Course $\left\{ \begin{array}{l} \text{utile . . . .} \quad 1^m400 \\ \text{totale . . . .} \quad 1\ 600 \end{array} \right.$

Câbles de manœuvre. — En acier, 6 torons de 6 fils n° 10 avec âme en chanvre :

Diamètre . . . . 0^m135
Poids par mètre . . . . 0^k580

Coût des Installations :

Pont sous la route nationale n° 25 d'Arras à Lille . . 43.844 15
Bassin et quai d'embarquement 279.765 82
Bâtiment des machines et bureau 2.714 16
Terrains et maison 48.492 87
Voies de chemin de fer et accessoires 49.474 67
Machine et appareils de chargement 13.850 16

Total 438.141 83

Prix de revient de l'embarquement :

Expéditions par eau en 1899. . . 265.420 tonnes.		
Dépenses de main-d'œuvre et dragage	5.210	03
Fournitures des magasins et charbon	752	58
Entretien du matériel	1.965	64
Frais divers	409	15
Ensemble	8.337	10
Prix de revient à la tonne embarquée.	0	0314

Ateliers

La Société de Liévin possède des ateliers assez importants, bien qu'elle ne fasse que des réparations. Cette importance est le résultat naturel du développement de la production, mais aussi et dans une large mesure, de l'extension de l'emploi de l'air comprimé. Pour se rendre compte de ce second facteur, il faut se rappeler que la Société possède 8 compresseurs d'air et plus de 200 moteurs (perforatrices, treuils mécaniques, pompes, ventilateurs).

Magasins

Le service des magasins est important dans une Compagnie houillère. A Liévin, les approvisionnements emmagasinés représentent 1 franc par tonne extraite annuellement.

Les marchandises sont classées en six catégories distinctes, dont le mouvement est en moyenne dans les proportions du tableau suivant :

Métaux.	37 %
Huiles et graisses	4 »
Bois divers	5 »
Bois de mines	30 »
Nourritures des chevaux	4 »
Matériaux divers	20 . »

Le magasin distribue les approvisionnements sur bons émanant des services et dresse chaque quinzaine une facture avec les applications de détail portées sur les bons. Ce système permet d'établir facilement les subdivisions des prix de revient.

Un magasin dépendant du magasin central est établi aux fosses éloignées ; il est alimenté régulièrement le premier jour de chaque quinzaine de tous les objets consommés dans la quinzaine terminée. Seules, les matières d'un usage peu courant sont demandées au magasin central directement.

Bois de mine. — Les bois de mine représentant dans les fournitures une proportion notable, il est intéressant d'entrer à leur sujet dans quelques développements.

Provenances. — Les bois gris ([1]) proviennent pour la plus grosse part des départements de l'Est, notamment la Marne, la Haute-Marne et la Meuse.

Les bois de pin ([2]) sont fournis par la Normandie et le département des Landes et aussi en assez grande partie par la Russie.

---

(1) La dénomination de " bois gris " s'applique aux bois indigènes autres que les bois résineux ; l'on exclut seulement le peuplier et le tilleul dont la résistance est très médiocre ; le hêtre, quoique très résistant, est seulement toléré en faible proportion, à cause de sa rupture très brusque.

(2) Pin sylvestre et maritime, quelquefois mélèze.

Approvisionnements. — L'assortiment, comme dimensions et essences, quoique variable est à peu près le suivant :

10 % Chêne écorcé, partie en baliveaux de toute leur longueur, partie en étançons à longueurs fixes de 0ᵐ50 à 0ᵐ70 de circonférence.

35 % Etançons à longueurs fixes de 0ᵐ36 à 0ᵐ60, dits bois de voie, se décomposant comme essence en :

Pin.	3/4
Bois gris	1/4

15 % Etançons de 0ᵐ20 à 0ᵐ35 de circonférence, dits bois de taille, la presque totalité en bois gris.

25 % Rallonges et queues, en bois gris exclusivement. Le surplus se compose de perches de toute leur longueur qu'il est indispensable de tenir en réserve, pour fournir les demandes de dimensions exceptionnelles qui se produisent journellement, ou pour y prendre les catégories courantes qui sont épuisées.

13 % sont en perches dont :

Pin	de 35 à 55 c. de circonf. au milieu.		9/10
Bois gris de 25 à 55 c.	dº		1/10

2 % sont en perches dites de un et deux coups exclusivement en bois gris.

___

100

La préférence donnée au bois gris, pour les faibles diamètres, résulte de la production naturelle des taillis dont l'aménagement ne fournit pas de gros bois. Elle est justifiée par une autre considération anormale en apparence, mais qui est le résultat de longues observations : les bois gris de petits diamètres ont, pour une même essence, une résistance supérieure à celle des gros étançons ; ils s'altèrent aussi moins vite que ces derniers. A ce dernier point de vue, les bois gris minces sont cependant inférieurs aux pins qui supportent, sans perdre leur qualité, un emmagasinement prolongé.

Achats. — La Compagnie de Liévin achète ses bois suivant les modes ci-après :

1º Les perches, dites de un et de deux coups, à la pièce ;

2º Les perches de dimensions supérieures et les chêneaux, au mètre cube effectif. Le cube est déterminé par la longueur de chaque pièce et la circonférence prise au milieu de cette longueur ;

3º Les bois découpés, sur des prix de base au mètre cube. Les prix sont réduits à la pièce d'après le cube moyen de chaque catégorie, pour la simplification des réceptions et des règlements.

Classification. — De ce qui précède, résultent les classifications suivantes, auxquelles sont ajoutées quelques indications sur les dimensions moyennes et la corrélation qui existe entre le mètre cube effectif et le stère entre-piquets dont il est fait usage par les marchands de bois :

1º **Perches à la pièce**

Désignation des catégories	Circonférences en centimètres		Longueur en mètres	Circonférences au milieu suivant les décroissements arithmétiques	Cubes moyens	Quantités par stère entre-piquets	OBSERVATIONS
	à 1 m. 60 du pied	minima au petit bout					
			mèt.		m. cub.		
1 coup	18 à 24	10	7, »	15 à 20	0,0175	31	Les perches stérées sont découpées
2 coups	24 à 29	13	8, »	20 à 24	0,0310	19	en longueurs de 2 m. 50 et 1 m. 25

2º **Perches au cube**

Désignation des essences	Circonférences en centimètres		Longueur minima en mètres	Volume effectif d'un stère entre-piquets	OBSERVATIONS
	au milieu	minima au petit bout			
				mèt. cubes	
Bois gris. . .	25 à 40	15	7, »	0,620 à 640	Les perches stérées sont découpées en
Dº . . .	41 à 60	20	7, »	0,640 à 660	longueurs variant de 1 m. 20 à 2 m. 50
Bois de pin. .	35 à 55	25	7, »	0,700 à 720	

3° Bois découpés

CLASSES	Longueurs	Circonférences en centimètres après pelage		Cube moyen	Quantité en stères entre-piquets
		au milieu	au petit bout		
Etançons de la 1ʳᵉ Classe	3,00	55 à 60	49	0,0790	9 00
	2,70	50 à 54	45	0,0561	12 1/4
	2,50	48 à 52	44	0,0498	14
	2,20	45 à 49	42	0,0387	18 1/2
	2,00	45 à 49	42	0,0352	21
	2,00	40 à 44	37	0,0281	24 1/2
	2,00	36 à 39	33	0,0224	30
	1,80	40 à 44	37	0,0253	28
	1,80	36 à 39	33	0,0202	33 2/3
	1,60	40 à 44	37	0,0225	31
	1,60	36 à 39	33	0,0179	37 2/3
Etançons de la 2ᵉ Classe	1,80	30 à 35	27	0,0152	42 1/2
	1,60	30 à 35	27	0,0135	47 1/2
	1,40	25 à 29	23	0,0082	78
	1,20	24 à 28	22	0,0065	107 2/3
Rallonges	2,50	25 à 29	22	0,0146	42
	2,50	18 à 24	16	0,0090	62
Queues	1,20	12 à 18	»	0,0022	270
	1,50	18 à 21	»	0,0054	119

Conditions de fournitures. — Les livraisons se font sur wagons en gare d'arrivée aux frais du fournisseur.

Les bois sont reçus et vérifiés sur les lieux d'emmagasinement; ils doivent provenir de l'abattage de l'hiver précédent.

Les délais de livraisons, à partir du mois de mai, sont de six mois pour les bois gris, huit mois pour le pin, dix mois pour le chêne.

Sont exclus :

Les bois en mauvais état de conservation à l'arrivée ;

Les perches tortueuses impropres au débit en étançons ;

Les étançons tortueux en se basant sur la tolérance d'un maximum de quatre centimètres de flèche par mètre;

Les étançons tirés de branches d'arbres ou de cimes ébranchées.

L'écorçage des bois étant nécessaire pour assurer une plus longue conservation, on impose cette condition dans les marchés.

Les bois gris, à surface rugueuse, sont blanchis le mieux possible, de façon que la moitié au moins de l'écorce soit enlevée ; les bois résineux, plus lisses, doivent être pelés à blanc.

Essais à la rupture. — La nature du sol, l'âge des taillis, la décroissance de cohésion des fibres du pied à la cime, l'état de dessiccation, sont autant de causes connues comme produisant des écarts considérables dans la résistance à la rupture. Plusieurs séries d'essais ont été faits à Liévin, conformément à ce qui précède ; ils ont donné des résultats très-dissemblables pour des étançons de même aspect, dimensions, essence etc. S'il est difficile d'en retirer un enseignement sur certaines conditions à exiger dans les livraisons de bois de mine, le recours à ces essais est efficace chaque fois que l'on se trouve en présence d'une livraison suspecte.

Le tableau ci-après donne quelques exemples de ces essais :

ESSENCES	Longueurs	Circonférences au milieu	Section en centimètres carrés	Flèche au moment de la rupture	Charge au moment de la rupture	Charge par cent. car. de section	Temps écoulé depuis l'abattage	OBSERVATIONS
					k.	k,		
Bouleau	2m 50	50	199	12	4.160	21	8 à 12 mois	
»	2 00	41	154	9	3.500	23	8 à 12 mois	
»	2 00	40	127	12	2.280	18	3 à 4 mois	
»	1 60	38	115	5	1.850	16	18 mois	Rupture subite sans aucun craquement.
»	1 40	28	62	8	1.590	24	8 à 12 mois	Rupture sèche (mauvais).
Pin	2 50	50	199	10	3.700	19	8 à 12 mois	Fendillé en allumettes.
»	2 00	40	127	15	1.950	15	2 mois	
»	2 00	43	147	7 $\frac{1}{2}$	1.750	12	18 mois à 2 ans	
»	2 00	40	127	9	1.650	13	»	Bien fendillé.
»	1 80	38	115	12	2.350	20	8 à 12 mois	
»	1 60	37	109	11	2.250	21	»	Rupture assez sèche.
»	1 40	29	67	5	1.200	18	»	Rupture sèche.
»	1 40	28	62	5	900	15	»	Un peu fendillé.
Tremble	2 00	40	127	5	1.750	14	18 mois à 2 ans	Rupture subite.
»	1 80	38	115	9	2.640	23	8 à 12 mois	
Aulne	2 00	44	154	6	1.850	12	18 mois à 2 ans	Rupture sèche aucun fendillement.
»	1 60	28	62	6	1.510	24	8 à 12 mois	
»	1 50	27	58	7 $\frac{1}{2}$	1.380	24	»	Fendillé,
Charme	2 00	40	127	7	2.540	20	18 mois à 2 ans	Rupture sèche.
»	1 60	36	103	16	3.305	32	8 à 12 mois	
»	1 60	38	115	26	2.250	20	3 à 4 mois	N'était que fendillé en touchant le sol.
»	1 50	25	50	16	1.050	21	»	
»	1 40	29	67	8	1.600	24	»	Fendillé en allumettes.
Châtaign.	2 00	40	127	18	2.500	20	8 à 12 mois	Fendillé en allumettes.
Saule	2 00	32	81	12	1.465	18	18 mois à 2 ans	
»	1 80	38	115	9	3.305	29	8 à 12 mois	

Essai de hêtre non pelé de 15 mois d'abatage, 3m00 × 55, 3.850 kilos, pas de flèche, rupture subite sans craquement.

Autre essai : — 25 étançons de 3 mètres, de 55 de circonférence, essayés tous à une charge de 2.500 kilos, les bois étant placés horizontalement en porte à faux sur une longueur de 2m80.

5 sapins.	1 rupture complète très belle cassure, 1 avec léger craquement, 3 avec résistance complète.
5 bouleaux.	1 rupture complète, cassure mauvaise, 1 rupture complète belle cassure, 2 craquements, 1 avec résistance complète.
5 trembles.	5 ruptures complètes, mais toutes belles cassures, bois en très bon état.
5 hêtres.	5 résistances complètes.
5 charmes.	5 résistances complètes.

Eclairage de la surface

Tous les carreaux des fosses, les bureaux sont éclairés à l'électricité. Les moteurs électriques employés sont :

SIÈGE N° 1. { Une turbine De Laval actionnant directement la dynamo
Une machine Carels actionnant directement la dynamo.

SIÈGE N° 2. Deux machines Willans avec transmission par courroies.

SIÈGE N° 3. { Une turbine De Laval actionnant directement la dynamo.
Une machine Sautter-Harley avec transmission par courroies.

SIÈGE N° 4. { Deux machines Davey avec transmission par courroies.
Une turbine De Laval actionnant directement la dynamo.

SIÈGE N° 5. Deux machines Sautter-Harley.

QUAI D'EMBARQUEMENT. — Une turbine De Laval.

On trouvera, à la fin de ce volume, les renseignements sur ces moteurs. Leur diversité même indique qu'on n'est pas encore fixé sur le type qui convient le mieux pour les grandes vitesses.

Maisons ouvrières

Comme toutes les autres Compagnies du bassin du Nord et du Pas-de-Calais, la Société de Liévin a dû, pour attirer la population ouvrière nécessaire à ses travaux, construire des habitations pour la loger.

Ces habitations sont de types différents, répondant autant que possible aux besoins des familles ; quelques-unes sont à deux pièces seulement pour les ménages sans enfants, d'autres ont trois pièces, mais la généralité est composée de quatre pièces dont deux au rez-de-chaussée et deux à l'étage.

Une petite étable et un cabinet d'aisance sont adjoints au local principal, soit directement dans une cour entourée de murs, soit dans le jardin qui est affecté à chaque maison.

Les jardins ont une contenance de 2 à 3 ares, suivant la configuration des terrains bâtis.

La Compagnie loue en outre à ses ouvriers, dans de bonnes conditions, des terrains pour la culture des gros légumes.

Une canalisation d'eau alimente, au moyen de bornes-fontaines, les groupes de maisons ouvrières. L'eau est fournie, suivant les cas, par les machines des sièges d'extraction ou par des pompes spéciales. Au siège n° 4, l'eau étant très près de la surface, on s'est dispensé de l'installation de la canalisation. On a creusé des puits sur lesquels on a placé des pompes.

Ces maisons sont groupées par 15 à 20, mais avec des rues très larges, ou séparations des groupes par les jardins afin de les aérer convenablement. Les soins de propreté sont du reste suivis de très près et il y a peu d'exemples de maladies épidémiques ayant sévi longtemps dans ces groupes, appelés *corons* dans le pays; l'état sanitaire y est largement supérieur à celui des villages.

Chaque habitation est louée aux ouvriers à des prix variant, suivant les types.

La Société loge gratuitement ses employés.

Nombre de maisons de la Compagnie :

Cités du n° 1	398
Cités du n° 2	119
Cités du n° 3	654
Cités du n° 4	449
Cités du n° 5	205
A Liévin et à Avion (maisons diverses)	66
Total	1891

Entretien. — Décomposition des frais d'entretien par maison en 1898-1899

Main d'œuvre directe pour le service d'entretien.	41 fr. 90	⎫
Factures des ateliers.	2 fr. 89	⎬ 69 fr. 50
Factures des magasins.	20 fr. 02	⎮
Factures des équipages (nettoyage des rues. etc).	4 fr. 69	⎭

8

Ces dépenses ne constituent que l'entretien direct des habitations et le service de propreté; l'entretien des chemins et le service de distribution d'eau sont affectés à des chapitres spéciaux.

Recensement. — On établit chaque année un recensement des habitants des maisons ouvrières de la Société; celui de 1899 (juillet), a fourni les indications suivantes :

Nombre de maisons habitées à la date du recensement . . . 1482

			Hommes ou garçons	Femmes ou filles	Total
Nombre d'habitants	de la famille	âgés de plus de 16 ans.	1.849	1.732	3.551
		âgés de 12 à 16 ans. . .	322	269	591
		âgés de moins de 12 ans.	1.397	1.418	2.815
	Étrangers à la famille (majeurs).		218	61	279
		Total.	3.756	3.480	7.236
Nombre des ouvriers attachés à la Compagnie	de la famille	âgés de plus de 16 ans.	1.749	75	1.824
		âgés de 12 à 16 ans. . .	205	56	261
	Étrangers à la famille.		170	4	174
		Total.	2.124	135	2.259

Il résulte de ce tableau que la moyenne des habitants d'une maison est de 4,8
et que le nombre d'ouvriers par maison est de 1,5

Les recensements antérieurs ont donné ce même résultat à très peu de chose près, et on peut considérer ces chiffres comme moyenne presque constante.

Institutions de prévoyance

L'ancienne caisse de secours qui faisait à la fois le service des malades, celui des blessés et celui des pensions, a été dissoute par l'application de la loi du 29 juin 1894.

Une caisse de secours nouvelle a été créée et fonctionne pour le service des malades depuis le 1er Juillet 1895.

La Compagnie assure les secours et pensions aux victimes d'accident, conformément à la loi du 9 Avril 1898.

La plupart des ouvriers font des versements à la caisse nationale en vue de la retraite.

Une caisse, dite de liquidation, fonctionne depuis la dissolution de l'ancienne caisse de secours en vue d'assurer le service :

1° Des pensions et secours temporaires qui étaient à la charge de l'ancienne caisse ;

2° Des pensions des ouvriers qui ne sont pas affiliés à la caisse nationale ;

3° Des pensions aux ouvriers qui, versant à la caisse nationale, avaient au 30 juin 1895, des droits acquis sous l'ancien régime.

On trouvera aux annexes :

1° Le règlement de la caisse de secours.

2° Le règlement de la caisse de liquidation.

3° La situation financière de la caisse de secours.

4° La situation financière de la caisse de Liquidation.

Avantages accordés par la Compagnie à ses ouvriers

EN SUPPLÉMENT DE LEURS SALAIRES (ANNÉE 1899)

Pensions de retraite par suite d'incapacité partielle de travail résultant de blessures, et secours divers . . . 868 »

Pensions par suite de décès et secours. 13.157 54

Indemnités aux blessés 17.562 60

Versement à la caisse de secours 61.801 82

» à la caisse de liquidation 69.067 77

» à la caisse nationale des retraites 111.963 89

Service médical 8.122 75

Médicaments. 3 001 76

Viande aux blessés et secours en nature 462 60

Frais funéraires et d'hospices 3.518 04

Frais de culte . . . . 2.161 »

Encouragement aux sociétés musicales et allocation pour jeux aux ouvriers 6.891 54

TOTAL 298.579 31

Soit 70 fr. 38 par ouvrier employé et 5.07 % des salaires payés.

Le nombre total de maisons achetées, construites ou attaquées s'élève à 1891 et la dépense, au 31 décembre 1899, est de 6.586.962 fr. 99.

L'intérêt de ce capital à 4 % est de 263.478 51

La Compagnie a dépensé en 1899 pour ces constructions :

1° Dépenses ordinaires d'entretien	121.515 34	
1° Contributions.	32.509 35	
3° Service des eaux potables.	7.043 12	
4° Entretien des rues	4.864 29	
5° Gardes et piqueurs	8.800 »	
6° Assurances	8.631 40	183.363 50

TOTAL des charges annuelles. 446.842 01

A déduire : Loyers perçus, 53 fr. 74 par maison 100.633 99

Perte ou charge annuelle 346.208 02

Charbon distribué gratuitement aux ouvriers (10 f. la tonne)   158.155 »

Ecoles et asiles : capital dépensé, mobilier compris 186.839 fr. 50.

Intérêts à 4 %	7.473 58	
Contributions	450 »	
Personnel enseignant.	2.600 25	
Eclairage et chauffage	1.189 01	
Fournitures classiques et mobilier pédagogique	3.497 14	
Subventions et bourses à diverses écoles. .	1.446 40	
Cours industriels	800 »	17.456 38

521.819 40

RÉCAPITULATION

Les détails donnés ci-dessus montrent que la Compagnie de Liévin a attribué en 1899 à ses 4.242 ouvriers :

1° En allocations aux caisses de secours et de retraites, en service médical et en pensions et secours divers . . .   298.579 31

2° En pertes sur loyers, chauffages, écoles, etc. 521.819 40

Ensemble. 820.398 71

Cette somme représente 193 fr. 39 de supplément de salaire à chacun de ses ouvriers, ou 13,9 % de la totalité de sa main-d'œuvre, ou encore 62,5 % des dividendes distribués aux actionnaires en 1899, 1.312.200 francs.

Harmonie des Mines de Liévin

La Société de musique a été fondée en 1863.

Fanfare, au début, elle fut ensuite transformée en harmonie.

Elle compte, actuellement, environ 100 exécutants et est classée en division d'excellence.

Deux cours de solfège et deux cours d'instruments sont donnés, par des professeurs pris parmi les membres exécutants, à de nombreux élèves qui forment la base de recrutement de la musique.

Un examen (concours trimestriel), est passé devant une commission spéciale qui désigne, suivant les notes obtenues, ceux des élèves qui sont reconnus aptes à recevoir un instrument ou à passer dans l'Harmonie comme membres exécutants.

L'émulation de ce mode de recrutement donne des résustats absolument remarquables.

Président . M. G. Viala, ingénieur-directeur.

Vice-président : M. L. Desailly, ingénieur-principal.

La direction technique est confiée à M. G. Renard, Officier d'Académie, employé à la comptabilité de la Compagnie ; c'est à son talent artistique que l'Harmonie doit le rang très honorable qu'elle occupe.

La Société de musique a pris part à de nombreux concours où elle a obtenu les premières récompenses.

Il faut citer, notamment., ceux de Reims, en 1892, et d'Arras, en 1896, où elle a lutté avec succès contre d'excellentes sociétés de France et de Belgique.

Bilan général au 30 juin 1899

Passif

Capital social.	1.832.114 50	
Bénéfice en augmentation de capital.	20.088.576 66	
Diverses réserves	2.520.275 13	
Crédit des comptes du service finan- cier	1.739.793 96	26.180.760 25

Actif

Coût des sondages.	260.116 97	
Siège no 1. — Puits, bâtiments, terrains, machines .	3.624.969 56	
Siège no 2. — id.	961.961 69	
Siège no 3. — id.	3.405.624 06	
Siège no 4. — id.	3.932.326 28	
Siège no 5. — id.	284.279 77	
Chemin de fer. — Voies, terrains et machines .	1.738.714 34	
Port d'Eleu. — Subvention du canal, bassin, quai, bâtiments, voies et machinerie	1.042.607 »	
Magasins et ateliers	239.447 15	
Maisons et terrains	6.145.765 69	
Marchandises en magasins	1.137.181 28	
Charbon en stock	161.202 60	
Fonds de roulement et réserve . . .	3.256.563 86	26.180.760 25

SOCIÉTÉ HOUILLÈRE DE LIÉVIN

Conseil d'Administration et Personnel dirigeant

DEPUIS L'ORIGINE DE LA SOCIÉTÉ

Société de Recherches 1858 - 1862

ADMINISTRATEURS	DATES		ADMINISTRATEURS délégués	DIRECTEURS des travaux
	d'entrée	de sortie		
MM.				
Deslinsel, Adolphe	1858	1862	A partir de 1859 : M. Forest, Pacifique.	M. Defernez : Mars 1858 à Juillet 1859.
Courtin, François.	1858	1862		
Hayez, Charles	1858	1862		M. Deladrière : Juillet 1859 à Juillet 1861.
Hary, Charles	1859	1862		
Forest, Pacifique	1859	1862		M. Carpentier : Juillet 1861 à Février 1863.
Fauville, Victor.	1859	1862		
Delebecque, Germain. . .	1861	1862		

NOTA : Le nombre d'Aministrateurs qui était de trois au début fut porté à six en 1859 et à sept en 1861.

Société Houillère de Liévin (15 *Septembre* 1862)

ADMINISTRATEURS	DATES		PERSONNEL DIRIGEANT
	d'entrée	de sortie	
MM.			
Delebecque, Germain. . .	1862	1863	M. Forest, Administ' délégué, 16 Février 1863.
Forest, Pacifique	1862	1878	M. Carpentier, Ingénieur des travaux, 16 Février 1863.
Hary, Charles	1862	1867	
Courtin, François.	1862	1867	
Deslinsel, Adolphe	1862	1865	
Hayez, Charles.	1862	1871	
Fauville, Victor	1862	1868	
Delebecque, Edouard. . .	1863	1888	M. Lamborot, Ing.-dir., 16 Fév.1863, 10 Août 1865.
Crépin-Deslinsel	1865		M. Lisbet, Ing.-dir., Août 1865, Janvier 1867.
Bruneau, Jean-Baptiste . .	1866	1867	
Drion-Deslinsel	1867	1884	M. Courtin, F., Agent gén., Jan. 1867, Fév. 1880.
Crépin, Henri	1867	1871	M. Lisbet, Ing. en chef, Janv. 1867, Juill. 1876.
Fauville, Célestin.	1868	1891	
Hayez, Henri.	1871	1875	
Bruneau, Jean-Baptiste .	1871		
Lefebvre, Auguste	1875	1877	M. Ernotte, Ing. en chef, Juill. 1876, Mai 1877.
Jacquet-Robillard	1877	1889	M. Viala, G., Ing. en chef, Juill. 1877, Déc. 1886.
Dutemple-Crépin	1879		M. Parent, D., Agent gén., Avril 1880, Déc. 1886.
Emond-Forest	1885		M. Viala, Gus., Ing.-direct., Décembre 1886.
Lefebvre-Augustin	1888	1898	
Courtin, Paul.	1889		
Desmoutier-Deslinsel . . .	1891		
Lesens-Hayez.	1898		

SOCIÉTÉ HOUILLÈRE DE LIÉVIN

Conseil d'Administration. Comité de vérification des Comptes. Ingénieur-Directeur et haut Personnel de la Société.

SITUATION EN 1900

CONSEIL D'ADMINISTRATION

MM. DUTEMPLE-CRÉPIN, *Président du Conseil ;*
COURTIN, Paul, *Vice-Président ;*
BRUNEAU, Jean-Baptiste, *Secrétaire ;*
A. CRÉPIN-DESLINSEL, *Administrateur ;*
DESMOUTIER-DESLINSEL, *Id.*
J. EMOND-FOREST, *Id.*
LESENS-HAYEZ, *Id.*

COMITÉ DE VÉRIFICATION DES COMPTES

CARTON, Célestin, *Titulaire ;*
EMOND, Ernest, *Id.*
DRION-CRÉPIN, *Id.*
HAYEZ, Alphonse, *Suppléant ;*
LESENS, Adolphe, *Id.*
JÉRONNEZ, Achille, *Id.*

INGÉNIEUR-DIRECTEUR

VIALA, Gustave.

INGÉNIEURS-PRINCIPAUX

SIMON, Auguste ;
DESAILLY, Léon.

INGÉNIEURS

MORIN, Léon, *Sièges nᵒˢ 2 et 5 ;*
VAISSIÈRE, Léopold, — *nᵒ 4 ;*
BERNARD, Paul, — *nᵒ 3 ;*
BIZET, Raymond, — *nᵒ 1.*

CHEFS DE DIVERS SERVICES

LEGRAND, Arthur, *Chef des ateliers ;*
SARAZIN, Louis, *Chef magasinier ;*
DAGBERT, Arthur, *Chef du bureau des études ;*
LAURENT, Louis, *Chef des Expéditions ;*
LOMPREZ, Emile, *Chef de la Comptabilité ;*
FAVIER, Victor, *Chef du Contentieux ;*
AUBRON, Jules, *Chef du bureau de la Direction.*

RENSEIGNEMENTS

STATISTIQUES ET TECHNIQUES

Tableau du Personnel Employés

(MAI 1900)

Service central		Ingénieur-Directeur.		1	
		Dessinateurs et calqueurs		6	
		Service du contentieux		3	19
		Secrétariat et Caisse de retraites.		6	
		Service des plans du fond (Géomètre et aides).		3	
Service du fond	1re DIVISION	Ingénieur principal		1	
		Ingénieurs		2	
		Chefs-porions		2	
		Vérificateurs		2	
		Porions { du matin et d'abouts		10	37
		{ d'après-midi		7	
		Surveillants de nuit		5	
		Chefs de carreau et de triage.		1	
		Marqueur d'heures		1	
		Employés aux écritures		3	
	2e DIVISION	Ingénieur principal		1	
		Ingénieurs		2	
		Chefs-porions		3	
		Vérificateurs		2	
		Porions { du matin et d'abouts		14	61
		{ d'après-midi		11	
		Surveillants de nuit.		9	
		Chefs de carreau et de triage.		6	
		Basculeurs et Magasiniers		4	
		Employés aux écritures		9	
Comptabilité et Service commercial.	COMPTABILITÉ	Chef de la comptabilité		1	
		Comptables		7	
	EXPÉDITIONS	Chef des expéditions.		1	18
		Expéditionnaires et Téléphonistes		7	
	CAISSE	Caissier et Payeur.		2	
Ateliers		Chef des ateliers.		1	
		Contre-Maître et Pointeur		2	4
		Maître Forgeron.		1	
Magasins		Chef des magasins.		1	5
		Employés et Surveillant		4	
Travaux du jour (Entretien des const.)		Piqueurs		3	3
Chemin de fer		Chef de train		1	1
Rivage.		Préposé.		1	1
Surveillance		Gardes		4	4
			TOTAL		153

TABLEAU DU PERSONNEL OUVRIERS

(JUIN 1899)

DÉSIGNATION	N° 1	N° 3	N° 4	Total
Au fond				
Chefs de coupe et boute-feux	7	10	9	26
Mineurs — à veine	255	308	351	911
— en bowette	8	16	13	37
— divers	150	144	63	357
— d'après-midi	52	84	99	235
Aides-mineurs — à charbon	182	179	142	503
— à terres	122	84	79	285
Hercheurs — à charbon	14	29	30	73
— à terres	61	54	67	182
Conducteurs — de chevaux	36	21	17	81
— de poulies	»	21	38	59
— de machines	53	41	54	151
Emballeurs et déballeurs	12	14	12	38
Chargeurs à l'accrochage	144	86	113	343
Briqueteurs, bineurs et remblayeurs	33	40	33	106
Galibots	5	9	7	21
Maçons et aides	28	35	18	81
Boiseurs, déboiseurs et raccommodeurs	3	6	6	13
Abouts	5	2	3	10
Divers (ajusteurs, lampistes, etc.)				
Total au fond	1.170	1.193	1.122	3.485
Jour aux fosses				
Machinistes et graisseurs	17	13	13	43
Chauffeurs et aides	19	13	7	22
Mouliniers et aides	19	32	35	86
Lampistes	13	10	10	33
Manœuvres du carreau	28	23	20	71
Ramasseuses de pierres aux triages	61	54	50	168
Manœuvres — aux wagons	6	6	6	18
— au charbon	5	8	2	15
— aux bois et outils	5	4	2	11
Ouvriers des ateliers	2	10	10	22
Ouvriers des constructions	2	1	2	5
Rouleurs de terres	12	4	1	18
Entrepreneurs	»	1	1	2
Basculeurs, gardes et divers	1	5	5	17
Total du jour aux fosses	188	179	165	532

DÉSIGNATION	par service	Total
Ateliers centraux		
Ajusteurs	31	
Chaudronniers	18	
Forgerons	18	
Menuisiers et charpentiers	17	
Ferblantiers	6	
Perceurs, rabotteurs et tourneurs	11	106
Manœuvres	5	
Magasins		
Garçons de magasins	2	
Scieurs	3	32
Manœuvres	27	
Chemin de fer		
Pointeur	1	
Machinistes	5	
Chauffeurs et accrocheurs	8	
Gardes-barrières	5	24
Chef-cantonnier	1	
Cantonniers	4	
Rivage et Dépôt d'Eau		
Machiniste	1	
Manœuvres au Rivage	8	10
Manœuvres au Dépôt	1	
Équipages et Bourrellerie		
Conducteurs et Palefreniers	13	15
Bourreliers	2	
Entretien des constructions		
Terrassiers	2	
Maçons et aides	8	
Plafonneurs et blanchisseurs	4	22
Charpentiers-menuisiers	2	
Peintres	3	
Divers		
Manœuvres	3	9
Garçons de bureaux, commissionnaires	9	
Total des divers services du jour		218
RÉCAPITULATION		
Ouvriers du fond		3.485
Ouvriers du jour aux fosses	532	750
Ouvriers du jour (divers services)	218	
ENSEMBLE		4.235

Tableau de l'extraction de la Société houillère de Liévin

DEPUIS SON ORIGINE

ANNÉES	EXTRACTION PAR SIÈGE (tonnes)				Extraction totale	Observations
	Siège n° 1.	Siège n° 2.	Siège n° 3.	Siège n° 4.		
1860	4.601	»	»	»	4.601	
1861	15.057	»	»	»	15.057	
1862	13.808	»	»	»	13.808	
1863	12.086	»	»	»	12.086	
1864	20.457	»	»	»	20.457	
1865	22.943	»	»	»	22.943	
1866	27.833	»	»	»	27.833	
1867	34.638	»	»	»	34.638	
1868	26.484	10.567	»	»	37.051	
1869	43.235	24.226	»	»	67.461	
1870	62.071	16.767	»	»	78.838	
1871	85.332	7.528	»	»	92.860	
1872	107.500	14.246	»	»	121.746	
1873	123.069	23.718	»	»	146.787	
1874	123 026	35.956	»	»	158.982	
1875	124.148	34.773	»	»	158.921	
1876	91.316	27.500	23 085	»	141.901	
1877	104.668	13.038	40.282	»	157.988	
1878	134.933	3.571	72.087	»	210.591	
1879	171.649	9.929	103.753	»	285.331	
1880	209.934	6.918	137.990	»	354.842	
1881	255.313	15.551	153.076	»	424 940	
1882	267.803	12.512	152.320	»	432.635	
1883	273.964	6.931	171.882	»	452.777	
1884	281.801	»	195.596	»	480.397	
1885	252.264	»	214.579	»	466.843	
1886	268.661	»	203.520	»	472.181	
1887	300.365	»	223.335	»	523.700	
1888	335.181	»	251.661	»	586.842	
1889	349.337	»	320.224	»	669.561	
1890	348.641	»	325.885	»	674.526	
1891	317.096	»	297.604	»	614.700	
1892	364.222	»	335.409	»	699.631	
1893	318.617	»	288.283	3.824	610.724	
1894	371.611	»	334.747	79.453	785.811	
1895	347.887	»	310.132	150.250	808.269	
1896	364.106	»	315.710	187.551	867.367	
1897	375.901	»	329.217	232.388	937.506	
1898	397.815	»	335.310	307.405	1.040.530	
1899	399.923	»	365.393	388.196	1.153.512	

Ventes par Départements (Année 1899)

Nord		364.011 tonnes ou 31,93 %
Pas-de-Calais (Consommation entière de la Cie)	71.616		
Autres 168.292		239.968 » ou 21,05 %
Seine.		286.240 » ou 25,10 »
Marne		30.481 » ou 2,67 »
Somme		28.730 » ou 2,52 »
Oise		32.406 » ou 2,84 »
Seine-et-Oise		40.455 » ou 3,55 »
Haute-Marne		14.680 » ou 1,29 »
Aisne.		24.825 » ou 2,18 »
Seine-et-Marne		31.905 » ou 2,80 »
Meuse		12.110 » ou 1,06 »
Seine-Inférieure.		1.600 » ou 0,14 »
Ardennes.		2.140 » ou 0,19 »
Yonne		1.220 » ou 0,11 »
Eure		1.240 » ou 0,11 »
Eure-et-Loir		970 » ou 0,08 »
Meurthe-et-Moselle		1.350 » ou 0,12 »
Aube.		1.220 » ou 0,11 »
Côte-d'or.		1.070 » ou 0,09 »
Haute-Saône		1.510 » ou 0,13 »
Loiret		580 » ou 0,05 »
Vosges.		1.680 » ou 0,15 »
Autres départements.		570 » ou 0,05 »
Etranger		19.165 » ou 1,68 »
Ensemble		1.140.126 tonnes.

Ventes par Industries (Année 1899)

Consommation domestique	550.350 tonnes ou 48,27 %.
Industries diverses	165.420 » ou 14,51 »
Chemins de fer	87.160 » ou 7,65 »
Fabrication du gaz.	145.730 » ou 12,78 »
Forges	48.420 » ou 4,24 »
Fabrication de sucre.	21.555 » ou 1,89 »
Compagnie de Liévin (sa consommation). .	71.676 » ou 6,29 »
Fabrication de coke	49.815 » ou 4,37 »
Ensemble	1.140.126 tonnes.

SOCIÉTÉ HOUILLÈRE DE LIÉVIN

Tableau du cours des Actions, du Capital d'après ce cours

ET DES DIVIDENDES DISTRIBUÉS

ANNÉES	Production	Cours moyens des actions en Bourse de Lille	Capital représenté par ce cours		Dividendes distribués par action	OBSERVATIONS
			Total	par tonne extraite		
			fr.	fr. c.		
1860	4.601	»	»	»	»	
1861	15.057	»	»	»	»	
1862	13.808	700	2.041.200	147 80	»	
1863	12.086	700	2.041.200	108 88	»	
1864	20.457	600	1.749.600	85 52	»	
1865	22.943	600	1.749.600	76 26	»	
1866	27.833	600	1.749.600	62 86	»	
1867	34.638	600	1.749.600	50 51	»	
1868	37.051	1.000	2.916.000	78 70	»	
1869	67.461	1.340	3.907.440	57 92	»	
1870	78.838	1.610	4.694.760	59 55	»	
1871	92.860	1.950	5.686.200	61 23	»	
1872	121.746	2.750	8.019.000	65 86	»	
1873	146.787	5.000	14.580.000	99 32	»	
1874	158.982	7.931	21.552.150	135 56	100 »	
1875	158.921	12.935	37.718.460	237 34	125 »	
1876	141.901	7.150	20.849.400	146 92	125 »	
1877	157.988	4.830	14.084.280	89 11	»	
1878	210.591	3.691	10.762.956	51 10	»	
1879	285.331	4.356	12.702.096	44 52	»	
1880	354.842	6.519	19.009.404	53 57	75 »	
1881	424.940	6.674	19.461.384	45 79	125 »	
1882	432.635	6.163	17.971.308	41 53	150 »	
1883	452.777	5.749	16.764.084	37 02	175 »	
1884	480.397	5.385	15.702.660	32 69	175 »	
1885	466.813	3.450	10.060.200	21 54	175 »	
1886	472.181	3.810	9.609.960	20 35	150 »	
1887	523.700	3.917	11.421.972	21 81	150 »	
1888	586.842	3.980	11.611.512	19 78	165 »	
1889	669.561	5.965	17.393.940	25 97	200 »	
1890	674.526	9.128	26.617.248	39 46	250 »	
1891	614.700	9.701	28.288.116	46 02	350 »	
1892	699.631	10.685	31.157.460	44 53	400 »	
1893	610.724	10.000	29.160.000	47 74	350 »	
1894	785.811	9.957	29.034.612	36 94	350 »	
1895	808.269	10.160	29.626.560	36 65	350 »	
1896	867.367	11.930	34.787.880	40 10	350 »	
1897	937.506	13.648	39.797.568	42 45	350 »	
1898	1.040.530	17.935	52.298.460	50 26	400 »	
1899	1.153.512	21.784.70	63.524.185	55 07	450 »	

Renseignements sur les Puits

		FOSSES					
DÉSIGNATION	N° 1	N° 1 bis	N° 2	N° 3	N° 3 bis	N° 4 et 4 bis	N° 5
Cuvelage — Nature	bois	fonte anneaux complets syst. Chaudron	bois	fonte anneaux complets syst. Chaudron	fonte anneaux complets syst. Chaudron	fonte anneaux complets syst. Chaudron	fonte anneaux en 8 segments
Forme	polygonal 16 côtés	circulaire	polygonal 16 côtés	circulaire	circulaire	circulaire	circulaire
Hauteur des pièces	variable 20 à 30 c/m	1m50	variable 20 à 30 c/m	1m50	1m50	1m50	1m50
Épaisseur des pièces	160 à 240 m/m	32-36 40-44 m/m	160 à 220 m/m	32-36 40-44 m/m	32-36 40-44 m/m	28-32-36-40 44, 48, 52, 56, 60	30, 35, 40, 45
Diamètre utile du puits	4m00	3m65	4m00	3m65	3m65	4m00	5m500
Hauteur du cuvelage	81m90	85m80	69m30	81m16	82m50	96m24	63m17
Profondeur de la base du cuvelage	97m34	95m30	110m70	96m46	96m30	102m24	90m04
Diamètre effectivement creusé	4m70		»	4m30	4m30	5m	6m50
Composition du béton placé derrière le cuvelage	»	2 parties ciment portland / 1 » chaux hyd. / 1 » cendres	»	2 parties ciment portland / 2 » chaux hyd. / 1 » cendres	2 parties ciment portland / 1 » chaux hyd. / 1 » cendres	3 parties ciment portland / 1 » chaux hyd. / 1 » scories vitrifiées / 1 » sable lavé	6 parties ciment portland / 1 » chaux / 2 » cendres / 6 » briques cassées
Puits maçonné — Diamètre utile	4m00 et 4m50	4m00 et 4m50	4m00 et 4m50	4m00 et 4m50	4m00 et 4m50	4m50	6m00
Épaisseur du muraillement	2 briques	2 briques	2 briques	2 briques	2 briques	2 briques	2 briques
Nombre de guides par cage	2	2	2	2	2	2	2
Guidage en bois — Section des guides	13/13	15/18	15/18	15/18	15/18	Rail spécial de 25 k.	18/18
Longueur des guides	4m00	4m00	4m00	4m00	4m00	1 de 180×103×10	4m00 (4=500 d. le cuvelage)
Section des traverses de guide	12/18 12/30 trav. de joint	12/18 12/30 trav. de joint	12/18 12/30 trav. de joint	12/18 12/30 trav. de joint	12/18 12/30 trav. de joint	30/48 trav. de joint	22/18
Écartement des traverses	1m12	1m11	1m12	1m11	1m11	1m324 1/2	1m086 dans puits maçonné / 1m229 dans le cuvelage

Renseignements sur le Matériel d'extraction

SIÈGES	FOSSES	Profondeur d'extraction (mètr.)	MACHINES D'EXTRACTION — TYPE	Cylindres — Diamètre / Course	Frein — Diamètre du cylindre	Rayons d'enroulement (mètres) r — le plus petit ; R — le plus grand	Poids maximum suspendu à l'extrémité du câble (kilos)	Câbles plats en aloès — Largeur (cm) petit bout / gros bout	Épaisseur (cm) petit bout / gros bout	Poids moyen par mètre (kilos)	Molettes — Nature / Poids / Diamètre	CAGES D'EXTRACTION — TYPE	Poids de la cage vide (kilos)	Cages à eau — Poids de la cage vide (kilos)	Contenance en hectolitres
N° 1	N° 1	430	2 cylindres horizontaux détente Rider modifiée constructeur : Dubois, d'Anzin	D — 0,75 / C — 1,80	0,35	r — 1,00 / R — 3,50		8 aussières 23 / 31	3,0 / 4,0	11,666	Fer / 3,688 k. / D — 3 m. 60	Cage longue / 2 paliers à 2 berlines	2,800		
	N° 1 bis	534	2 cylindres horizontaux détente Krall-Audemar, Distribution par cames et soupapes constructeur : Maillet, d'Anzin	D — 0,90 / C — 1,80	0,40	r — 1,65 / R — 3,00	6,500	8 aussières 25,5 / 32	3,2 / 4,4	12,800	Fer / 2,880 k. / D — 3 m. 00	Cage longue / 6 paliers à 2 berlines	2,270		42
N° 2	N° 2	392	2 cylindres horizontaux détente Rider modifiée constructeur : Dubois, d'Anzin	D — 0,75 / C — 1,80	0,35	r — 0,75 / R — 3,00	8,600	8 aussières 29,5 / —	2,6 / 3,3	8,90	Fer / 2,800 k. / D — 3 m. 00	Cage longue / 2 paliers à 2 berlines	3,000		30
	N° 2	476	2 cylindres horizontaux détente Rider modifiée constructeur : Dubois, d'Anzin	D — 0,75 / C — 1,80	0,40	r — 1,50 / R — 3,50	3,600	8 aussières 29,5 / —	2,5 / 3,3	8,60	Fer / 3,000 k. / D — 3 m. 00	Cage longue / 2 paliers à 2 berlines	2,545		26
N° 3	N° 3	526	2 cylindres horizontaux détente Scohy constructeur : Dubois, d'Anzin	D — 0,75 / C — 1,80	0,40	r — 1,50 / R — 2,70	4,900	8 aussières 20 / 28	2,5 / 3,5	8,60	Fer / 3,000 k. / D — 3 m. 00	Cage longue / 2 paliers à 2 berlines	2,240		
	N° 3bis	436	2 cylindres horizontaux détente Rider constructeur : Dubois, d'Anzin	D — 0,95 / C — 1,80	0,40	r — 1,60 / R — 2,40	8,700	8 aussières 24 / 34	— / 4,25	13,412	Fer / 2,946 k. / D — 3 m. 30	Cage longue / 4 paliers à 2 berlines	2,908		
N° 4	N° 4	424	2 cylindres horizontaux détente Rider modifiée constructeur : Dubois, d'Anzin	D — 0,90 / C — 1,80	0,35	r — 1,00 / R — 3,50	9,500	8 aussières 24,5 / 3	3 / 4,25	13,066	Fer / 4,782 k. / D — 4 m. 00	Cage longue / 4 paliers à 2 berlines	2,900	4,000	42
	N° 4bis	265 et 330	2 cylindres horizontaux détente Rider modifiée constructeur : Dubois, d'Anzin	D — 0,825 / C — 1,80	0,35	r — 1,00 / R — 3,50	7,800	8 aussières 23 / 30	— / 3,75	10,60	Fer / 4,620 k. / D — 4 m. 00	Cage longue / 2 paliers à 2 berlines	3,540	4,000	42

Châssis à molettes

Puits	DISPOSITION GÉNÉRALE	Matière	Hauteur de l'axe des molettes au-dessus de la recette	Hauteur de la recette au-dessus du sol	Poids du chevalet — Tonnes
	TYPE A 4 MONTANTS				
Nº 1	4 montants verticaux en avant des molettes, 2 big. inclinées	fer	15ᵐ00	4ᵐ60	39
» 1ᵇⁱˢ	2 montants verticaux en avant des molettes, 2 big. inclinées	fer	16 35	9 20	60
» 2	Id. id.	»	17 »	7 55	52
» 3	4 montants avec 2 poussards	bois	11 00	6 84	
	TYPE TRIANGULAIRE				
» 3ᵇⁱˢ	4 montants verticaux dans l'axe des molettes, 2 big. inclinées	fer	16 »	6 85	41
	TYPE A 4 MONTANTS				
» 4	4 montants verticaux en avant des molettes, 2 big. inclinées	fer	17 »	7 50	47
» 4ᵇⁱˢ	Id. id.	fer	17 »	7 50	48

Cheminées

DÉSIGNATION	Hauteur	Diamètre intérieur		Epaisseur	
		Base	Sommet	Base	Sommet
Siège nº 1 { Cheminée nº 1.	31ᵐ000	2ᵐ000	2ᵐ000	1ᵐ120	0ᵐ350
Cheminée nº 2.	31 780	2 400	2 100	1 140	0 350
Siège nº 2	35 000	2 715	2 200	1 020	0 350
Siège nº 3 { Cheminée nº 1.	48 980	2 250	2 250	1 775	0 350
Cheminée nº 2.	48 980	2 600	2 350	1 600	0 350
Siège nº 4	35 000	3 155	2 500	1 020	0 350
Siège nº 5	46 140	3 600	3 100	1 230	0 350

Renseignements sur les Générateurs

SIÈGES ou PUITS	Nombre de chaudières	TYPE	Bouilleurs — Nombre	Longueur	Diamètre	Corps cylindriques — Nombre	Longueur	Diamètre	Communications — Nombre	Longueur	Diamètre	Tubes — Nombre	Longueur	Diamètre extérieur	Capacité totale (mètres cubes)	Surface de chauffe (mètres carrés)	Surface de chauffe totale (mètres carrés)	Timbre en kilog. effect.	Surface de grille par générateur (mètres carrés)	Rapport de la surface de grille à la surface de chauffe
Siège n° 1	9	Semi-tubulaire		1,14	0,90	1	5,00	2,00	1	0,60	0,15	72	5,60	0,100	21	160	480	6	3,8	1/49
	2	Semi-tubulaire avec réservoir de vapeur	2			1	5,00	2,00	6	0,80	0,15	72	5,60	0,100	34	160	1280	6	3,8	1/42
	3	1 corps cylindrique directement chauffé, 2 bouilleurs chauffés en retour	2	13,20	0,70	1,11	20	1,20	4	0,80	0,40				21	82	328	5,50	2	1/11
Siège n° 2	13	2 bouilleurs directement chauffés, 1 corps cylindrique chauffé en retour	2,15	70,0	0,70	1,11	20	1,20		0,70	0,40				28,67	100	172	5,50	2,66	1/37
	4	d° (nouveaux)	2,13	85,0	0,90	1,12	125	1,50	4	0,90	0,40				20,92	118	960	6	3,15	1/37
Siège n° 2	4	2 bouilleurs directement chauffés, 1 corps cylindrique chauffé en retour	2	1,10	0,915	1	5,00	2,00	4	0,60	0,45	72	5,00	0,100	24	160	1150	6	3,8	1/42
Siège n° 3	7	Semi-tubulaire	2	7,14,0	0,90	1	5,00	2,00	4	0,60	0,15	72	5,00	0,100	31	160	1280	6	3,8	1/42
	6	Semi-tubulaire avec réservoir de vapeur	2	10 50	0,90	1	9 50	1 60	0	0,57	0,40				33	80	2400	6	2,73	1/29
Siège n° 4	16	2 bouilleurs directement chauffés, 1 corps cylindrique chauffé en retour																		
Siège n° 5	64 (12)	Semi-tubulaire avec réservoir de vapeur	2	5 80	0,90	1	5 15	2 20	6	0,60	0,45	82	5 15	0,100	38,7	200	8750	10	4,50	1/41

Machines des Criblages

SIÈGES	TYPES	Dimensions des cylindres à vapeur	
		Diamètre	Course
N° 1	Horizontale à 1 cylindre	0.350	0.680
N° 3	Verticale à 2 cylindres.	0.400	0.600
N° 4	Horizontale à 1 cylindre, 4 distributeurs.	0 450	0.800

Appareils ventilateurs

SIÈGES		TYPE	Dimensions des ventilateurs				Conditions de marche				Cylindres à vapeur		
			Diamètres		Nombre des ailes	Largeur des ailes	Nombre de tours	Volume utile dans les travaux en mètre cube et par seconde	Dépression en millimètres	Orifice équivalent de la mine	Nombre	Diamètre	Course
			Extérieur des ailes	Intérieur de l'ouïe									
			mèt.	mèt.		mèt.							
Siège n° 1 Fosses N°° 1 et 1 bis	Ventilateur n° 1 (en réserve)	Guibal	9.000	2.000	8	2.000		50	67	2.33	1	0.560	1.000
	Ventilateur n° 2		9 000	3.000	8	2.500	65				1	0.500	0.680
Siège n° 2 Fosse n° 2	Ventilateur n° 1	Guibal	9.000	3.000	8	2 500	67	15	66	0.69	1	0.550	0.900
	Ventilateur n° 2		9.000	5.000		2 100					2	0.580 0.920	0.850
Siège n° 3 Fosses n°° 3 et 3 bis	Ventilateur n° 1	Guibal	9.000	3.000	8	2.50	67	57	61	2.78	1	0.500	0.680
	Ventilateur n° 2		9.000	3 000	8	2.50					1	0.550	0.900
Siège n° 4 Fosses n°° 4 et 4 bis	Ventilateur n° 1	Guibal à 2 ouïes	9.000	3.000	8	3.500	65	71	62	3.48	2	0.440 0.770	1.00
	Ventilateur n° 2		9.000	3.000	16	3.500					2	0 440 0.770	1.00

Compresseurs

| SIÈGES | TYPES | Numéros | Dimensions des cylindres à vapeur | | | Dimensions des cylindres à air | | | Volume d'air aspiré par tour |
			Diamètre du grand cylindre	Diamètre du petit cylindre	Course	Diamètre du grand cylindre	Diamètre du petit cylindre	Course	
									m. cub.
N° 1	Sommelier 2 cylindres à vapeur et 2 cylindres à air	1	0.750		1.200	0.600		1.200	1.356
	Piston sec à injection d'eau 2 cylindres à vapeur et 2 cylindres à air (Pression de vapeur à 6 k.)	2	0.605		1.000	0.565		1.000	1.000
	Compresseur Compound 2 cylindres à vapeur 2 cylindres à air (Pression de vapeur à 6 k.)	3	1.300	0.860	1.200	1.180	0.730	1.200	2.624
N° 3	Piston sec à injection d'eau 2 cylindres à vapeur et 2 cylindres à air (Pression de vapeur à 6 k.)	1	0.600		1.200	0.515		1.200	1.000
	Piston sec à injection d'eau 2 cylindres à vapeur et 2 cylindres à air (Pression de vapeur à 6 k.)	2	0.550		1.200	0.515		1.200	1.000
N° 4	Piston sec à injection d'eau 2 cylindres à vapeur et 2 cylindres à air (Pression de vapeur à 6 k.)	1	0.605 0.600		1.000	0.565 0.550		1.000	0.937
	Compresseur Compound 2 cylindres à vapeur 2 cylindres à air (Pression de vapeur à 6 k.)	2	0.980	0.620	0.850	0.910	0.580	0.850	1.105
N° 5	Compresseur Compound 2 cylindres à vapeur 2 cylindres à air (Pression de vapeur à 10 k.)	1	1.180	0.710	1.200	1.180	0.730	1.200	2.624

Renseignements sur les machines locomotives

	DÉSIGNATION DES MACHINES			
	Nᵒˢ 1 et 2	Nᵒˢ 3-4-7 9 et 10	Nᵒˢ 5-6 11 et 12	Nᵒ 8
Constructeur	Anjubault	Soc. Alsacienne	Soc. Alsacienne	Kœchlin
Nombre d'essieux accouplés	2	2	4	3
Surface de grille	0m² 518	1m² 145	1m² 760	0m² 960
CHAUDIÈRE				
Diamètre	1m 000	1m 103	1m 275	1 115
Capacité { Eau	1 399	2 160	2 750	2 012
Vapeur	0 700	1 270	1 520	1 080
Totale	2 099	3 430	4 270	3 092
Nombre de tubes	125	125	186	134
Diamètre extérieur des tubes	0m 040	0m 050	0 045	0 055
Longueur intérieure des tubes	2m 350	3 200	3 457	3 100
Surface de chauffe totale	28m² 30	63m²	88m² 92	60m² 000
Timbre	8k 00	8k 50	8k 50	7k
CYLINDRES				
Diamètre	0m 280	0m 400	0m 480	0 410
Course	0 450	0 460	0 480	0 480
TRAINS				
Diamètre des roues	0m 850	1m 065	1m 065	1 065
Écartement des essieux	1m 790	1 400 / 1 200	1 104 / 1 097 / 1 129	1 400 / 1 200
Écartement total des essieux extrêmes	1 790	2 600	3 330	2 600
Poids de la machine vide	14,250k	24,400k	29,800k	20.300k
Poids de la machine en charge	16,665k	32,000k	39,100k	
Nombre d'unités		75	140	

Wagons. — En dehors de 120 wagons à caisses affectés au rivage, la Compagnie possède 40 wagons pour ses autres services intérieurs et 1 wagon tare.

Ce matériel, très bien construit, est admis par la Compagnie du Nord à la circulation sur ses voies.

ÉLECTRICITÉ

SIÈGES	TYPE	Dimensions des cylindres à vapeur		Nombre de tours par minute		DYNAMOS
		Diamètre	Course	Moteurs	Dynamos	
Nº 1.	Turbine De Laval de 50 chevaux	330		14.800	1.480	1 Dynamo Bréguet. 285 ampères. 113 volts.
	Machines verticales Cazels à 2 cylindres et à simple effet de 58 chevaux	200	140	500	500	Dynamo Gramme. 300 ampères. 120 volts.
Nº 2.	2 machines Willans	237	105	550	1.060	2 Dynamos Gramme. 150 ampères. 120 volts.
Nº 3.	Turbine De Laval de 30 chevaux	165	.	19.750	1.975	Dynamo Bréguet. 165 ampères. 113 volts.
	Machine Sautter-Harley 1 cylindre, 42 chevaux	190	160	400	1.000	Dynamo Sautter. 150 ampères. 120 volts.
Nº 4.	2 machines Davey 1 cylindre, 25 chevaux	305	305	185	850	2 Dynamos Gramme. 120 ampères. 125 volts.
	Turbine De Laval de 30 chevaux	165		19.710	1.971	Dynamo Gramme. 160 ampères. 120 volts.
Nº 5.	2 machines Sautter-Harley 2 cylindres Compound	170 250	170	375	865	2 Dynamos Sautter. 200 ampères. 120 volts.
Rivage	Turbine De Laval de 15 chevaux			23.880	2.388	Dynamo Gramme. 84 ampères. 110 volts.

ANNEXES

FLORE HOUILLÈRE.

STATUTS DE LA SOCIÉTÉ HOUILLÈRE DE LIÉVIN.

    »   DE LA CAISSE DE LIQUIDATION.

    »   DE LA CAISSE DE SECOURS.

COMPTE RENDU DES OPÉRATIONS DE LA CAISSE DE LIQUIDATION EN 1899.

               »   DE LA CAISSE DE SECOURS EN 1899.

RÈGLEMENT SUR LES MESURES DE SURETÉ.

RÈGLEMENT SUR LES MINES A GRISOU.

FOSSILES

DU

Terrain houiller de Liévin

La flore houillère du Nord de la France a été l'objet d'études très complètes de la part de M. l'abbé Boulay (en 1876-1879). Plus récemment, M. l'Ingénieur en chef des mines Zeiller, a publié un très beau travail sur le même sujet [1]. Les ouvrages de ces deux savants ont servi à établir le tableau des fossiles rencontrés dans le terrain houiller de la concession de Liévin.

Les conclusions des deux auteurs sont d'accord avec les renseignements qu'avait fournis la stratigraphie. Les couches de Liévin font partie du faisceau des houilles grasses et sèches, qui s'étend de Dourges à Marles en passant par Courrières, Lens, Bully-Grenay, Nœux et Bruay et qui occupe le niveau le plus élevé dans l'ensemble du bassin du Nord de la France.

La flore des houilles grasses est très riche Voici le tableau des fossiles qui ont été trouvés jusqu'à présent dans les travaux souterrains de Liévin. Les lettres en italique marquent les espèces qui, d'après M. Zeiller, sont caractéristiques du faisceau gras.

---

[1] *Le terrain houiller du Nord de la France et ses végétaux* (1876), par M. l'abbé Boulay.

Recherches de paléontologie végétale sur le terrain houiller du Nord de la France (1879), par M. l'abbé Boulay.

Flore fossile du bassin de Valenciennnes, par M. Zeiller, ingénieur en chef des mines (1886-1888).

NOMS DES FOSSILES		Auteurs des dénominations	Fosses où ils ont été rencontrés	Observations
FOUGÈRES				
Sphenopteris	obtusiloba	Brongniart	1—2—3	Très commun.
»	necropteroides	Boulay	1—2—3	Commun.
»	nummularia	Gutbier	1—3	»
»	schillingsi	Andræ	1	
»	trifoliolata	Artis	1—3	
»	polyphylla	Lindley et Hutton	1—3	
»	chærophylloïdes	Brongniart	1—2	
»	brongniarti	Stur	1—2	
»	quadridactylites	Gutbier	1—3	
»	bronni	Gutbier	1	
»	herbacea	Boulay	1—3	
»	Crepini	Zeiller	1	
»	Coralloïdes	Gutbier	1—3	
»	cœmansi	Andræ	1	Rare.
»	artemisiœfolloïdes	Crépin	1—3	
»	spinosa	Gœppert	2	
»	laxifrons	Zeiller	1	
Myriotheca	Desaillyi	Zeiller	3	Rare.
Diplotmema	furcatum	Brongniart	1	
»	Gilkineti	Stur	3	
»	Zeilleri	Stur	1	
Mariopteris	sphenopteroïdes	Lesquereux	1	
»	muricata	Schlotheim	1—3	
Pecopteris	abbreviata	Brongniart	1—3	Très commun.
»	dentata	Brongniart	1—3	Assez commun.
»	Simoni	Zeiller	1	
Alethopteris	serii	Brongniart	1—3	Très commun.
»	Grandini	Brongniart	1—3	
»	decurrens	Artis	1	
Nevropteris	Scheuchzeri	Hoffmann	1—2—3	
»	hétérophylla	Brongniart	1—2—3	Commun.
»	rarinervis	Burnburg	1—2—3	Assez commun.
»	tenuifolia	Schotheim	1—3	»
Dictyopteris	sub. Brongniarti	Grand-Eury	1—2—3	»
»	Munsteri	Eichwold	1—3	
Cyclopteris	orbicularis	Brongniart	1—3	
Aphlebia	crispa	Gutbier	1	Rare.
EQUISETINÉES, SPHÉNOPHYLLÉES, LÉPIDODENDRÉES SIGILLARIÉES, PHANÉROGAMES				
Calamites	Suckowi	Brongniart	1—3	
»	undulatus	Sternberg	1—3	
»	Cisti	Brongniart	1—2	
»	ramosus	Artis	3	
»	cruciatus	Sternberg	1—3	

NOMS DES FOSSILES		Auteurs des dénominations	Fosses où ils ont été rencontrés	Observations
Asterophyllite	équisetiformis		1—3	Commun.
Annularia	*sphénophylloïdes* . .	Zeiller.	1—3	Très commun.
»	radiata.	Brongniart	1—3	
»	*stellata*	Schlotheim	1	
Pinnularia	*Columnaris*.	Artis	2	Rare.
Spenophyllum	émarginatum.	Brongniart	1—3	Très commun.
»	cunéifolium	Sternberg.	1	
»	*majus*.	Brongniart	1	
Lepidodendron	aculéatum	Sternberg.	1—3	Très commun.
»	obovatum	Sternberg.	1—3	»
»	dichotomum	Sternberg.	1—3	
Lepidophloios	laricinus	Sternberg.	1—3	
Lepidophyllum	lancéolatum	Lindley-Hutton . .	1	
Halonia	tortuosa	Lindley-Hutton . .	1—3	
Ulodendron	*majus*.	Lindley-Hutton . .	1	
Bothrodendron	punctatum.	Lindley-Hutton .	1	
Sigillaria	lævigata	Brongniart	1—3	Assez commun.
»	principis.	Weiss.		
»	élongata	Brongniart	1—3	
»	*reniformis*	Brongniart	1—3	Commun.
»	tessellata	Brongniart	1—3	Très commun.
»	camptotænia	Wood	3	
»	mamillaris.		1—3	Très commun.
»	élegans.		1—3	
Stigmaria	ficoïdes.	Brongniart	1—3	Très commun.
Cordaïtes			1—3	
Trigonocarpus	Nœggerathi.	Sternberg	1—3	
Aile d'insecte.	. . . .	Zeiller.	3	
Mytilus	. . . .	Boulay	1—3	

On a essayé de déterminer la flore spéciale à chaque couche, mais sans obtenir des résultats précis. Un grand nombre de fossiles sont communs à toutes les couches et, dans une même veine, la flore est souvent différente, suivant la région explorée. Un travail de cette nature ne peut avoir de valeur que si les terrains sont étudiés sur une grande surface et avec un soin égal dans tous les points de l'exploitation, ce qui entraîne souvent de grandes difficultés pratiques.

Des crustacés fossiles existent à divers niveaux dans le gisement de Liévin : ce sont des *Esthéries* et des *Ostracodes* (autrefois on les désignait, à tort, sous le nom de *Mytilus*). Ils ont été rencontrés d'abord dans le toit de Louis, à peu de distance de cette veine, où il forment un lit mince dans un schiste argileux noir. Pas d'empreintes végétales à ce niveau.

L'observation de ces fossiles a eu une utilité pratique incontestable. Quand le siège n° 3 a ouvert ses premiers travaux, les couches n'étaient pas identifiées avec celles du n° 1 ; on trouvait même peu de ressemblance entre les deux faisceaux. Ce sont les *Esthéries* et les *Ostracodes* trouvés dans le toit de la cinquième veine du nord au n° 3 qui ont établi son identité avec Louis du n° 1, identité que le développement des travaux a ensuite confirmée.

Plus tard, on a trouvé un niveau fossilifère semblable dans le toit de Beaumont et en troisième lieu (au siège n° 4) dans le toit d'une veinule située à 23 mètres en-dessous d'Eugène. Les *Esthéries* sont particulièrement abondantes dans ce dernier niveau. Partout ces fossiles sont noyés dans un schiste caractéristique noir luisant, formé par une argile à grains fins.

Les *Esthéries* se trouvent d'ailleurs généralement dans des dépôts argileux d'origine saumâtre ; on n'en connait pas de marines.

Les *Ostracodes* sont plus petits que les *Esthéries* ; ils vivaient dans les eaux marines, saumâtres et douces ; il en existe encore de nos jours.

Dans le charbon de la veine Eugène ou dans les grès qui l'avoisinent, soit au toit, soit au mur, on trouve très fréquemment des boulets de forme oblongue, plus ou moins volumineux, qui occupent dans la houille ou dans les grès une position quelconque nullement régie par la loi de la pesanteur.

Ces boulets sont formés de schistes, de grès, de quartzite, de calcite, de sidérose et même de gayets ; quelques-uns ont une structure oolithique. C'est dans ces boulets qu'on rencontre parfois des végétaux à structures conservées.

Les *trigonocarpus* existent à Liévin à tous les niveaux. Dans les schistes ils sont, en général, mal conservés et souvent méconnaissables ; dans les grès, au contraire, ils sont bien formés. Le toit de la veine Eugène, au niveau de 345 à la fosse n° 1, formé d'un épais massif de grès a fourni d'abondants et beaux échantillons de *trigonocarpus*.

On n'a pas encore vu trace de poisson dans le gisement de Liévin. Une aile d'insecte a été trouvée au puits n° 3.

STATUTS

DE LA

SOCIÉTÉ HOUILLÈRE DE LIÉVIN

MODIFIÉS

Conformément aux délibérations de l'Assemblée générale de cette Compagnie,
des 5 décembre 1867, 11 décembre 1879, 29 octobre 1891 et 13 juin 1895.

TITRE PREMIER

Constitution de la Société. — Objet. — Dénomination. — Domicile. — Durée

---

ARTICLE PREMIER

L'objet de la Société est : l'exploitation et la vente, sous toutes les formes que l'industrie pourra lui donner, du charbon contenu tant dans les terrains dont la concession a été accordée par décret du 14 septembre 1862, que dans toutes autres concessions qui pourraient y être ajoutées par la suite à titre d'extension.

ARTICLE 2.

Conformément à l'article 32 de la loi du 21 avril 1810, cette Société est purement civile, et comme telle, régie par les articles 1832 et suivants du Code Napoléon.

ARTICLE 3.

La Société conserve le nom de SOCIÉTÉ HOUILLÈRE DE LIÉVIN, son siège et son domicile sont à LIÉVIN, sauf ce qui sera dit ci-après article trente-quatre.

ARTICLE 4.

La Société est définitivement constituée à partir du 1er décembre 1862.

Elle durera tant que l'opportunité d'une dissolution n'aura pas été décidée par une délibération d'une Assemblée générale.

TITRE II

Apport social. — Capital. — Actions

ARTICLE 5.

Les soussignés apportent en société leurs droits résultant de la concession sus-énoncée, ainsi que tous terrains, maisons, bâtiments, machines, matériel et autres objets quelconques leur appartenant, tout ce qui, en un mot, peut constituer leur avoir et leurs charges, sans aucune exception.

ARTICLE 6.

L'avoir social est divisé en DEUX MILLE NEUF CENT SEIZE ACTIONS de mille francs chacune, entièrement libérées, lesquelles sont elles-mêmes subdivisées EN DIXIÈMES d'ACTIONS, formant au total vingt-neuf mille cent soixante dixièmes d'actions.

Chaque dixième d'action donne droit à des bénéfices égaux et oblige à des charges égales.

ARTICLE 7.

Tous les titres sont nominatifs. Ils indiquent le domicile réel de l'actionnaire et sont revêtus de la signature de l'Ingénieur-Directeur et de deux administrateurs. Ils portent en outre, le timbre sec de la Compagnie.

Ils sont extraits de registres à souche, et délivrés aux ayants droit, moyennant récépissé donné à la souche par eux ou par leur fondé de pouvoir spécial ; ce pouvoir reste aux archives de la Société.

Il sont numérotés de un à dix et portent, en outre, le numéro de l'action dont ils sont une subdivison.

ARTICLE 8.

Les cessions ne peuvent s'opérer que conformément à l'article 36 du Code de commerce, par une déclaration de transfert signée sur le registre spécial de transfert, par le cédant et le cessionnaire, ou par leurs fondés de pouvoir spécial. Ce pouvoir doit être authentique pour le vendeur et peut être sous seing privé, même non enregistré, pour l'acheteur.

Ces déclarations mentionnent le prix pour lequel les cessions sont faites.

Ce transfert seul peut conférer aux transmissions la validité tant à l'égard de la Société qu'à l'égard des tiers.

En cas de vente amiable ou publique, de liquidation de société, de donation, succession ou legs, comme en cas de transmission de propriété, par décision judiciaire ou, par tout autre voie légale, les mutations n'ont d'effet à l'égard de la Compagnie de Liévin, que par la notification par lettre et la remise à ladite Compagnie de l'expédition ou extrait des actes, constatant les droits du nouvel ayant droit. — Cette notification devra être inscrite sur le livre des transferts.

Lesdits transferts et mentions de mutations seront inscrits sur le livre des transferts à la suite les uns des autres, et porteront un numéro d'ordre. Ils donneront lieu à la perception d'un droit de 3 francs par titre au profit de la Compagnie de Liévin, en sus du droit proportionnel d'enregistrement.

Pour opérer les mutations, les titres seront remis à la Société, en même temps que les pouvoirs nécessaires et les pièces justificatives, s'il y a lieu. — Mention du transfert sera mise au dos du titre transféré. — Cette mention indiquera le nom du nouveau titulaire, son domicile, la date du transfert et le numéro d'ordre donné à l'opération sur le registre des transferts.

Les transferts et les mentions apposés au dos des titres, seront signés par l'Ingénieur-Directeur et deux Administrateurs.

La cession d'un titre entraînera de plein droit la cession de tous les dividendes non payés, quelles qu'en soient la date et l'importance, de manière que la Société ne soit jamais tenue de payer qu'au propriétaire de l'action au moment du paiement.

Au cas où un titre se trouverait égaré, il pourra en être remis un nouveau au propriétaire, un an après la transcription sur le registre des cessions d'actions, de la déclaration que le propriétaire aura faite devant notaire, de la perte de son titre avec engagement de remettre cedit titre s'il était retrouvé par la suite ; ce nouveau titre portera la mention " Duplicata " ; mention de la délivrance de ce nouveau titre sera faite à la souche du titre primitif.

Le titre déclaré perdu et remplacé par la délivrance d'un nouveau titre, sera nul à l'égard de la Compagnie ; s'il venait à être remis, il serait détruit et mention de cette destruction serait faite à la souche du titre primitif.

Lesdites mentions à la souche seront signées par l'Ingénieur-Directeur et deux administrateurs.

ARTICLE 9.

La possession d'un titre emporte adhésion aux statuts.

Chaque dixième d'action sera indivisible vis-à-vis de la Société qui n'en reconnaît aucun fractionnement.

Nul héritier ou créancier d'un actionnaire ne pourra, sous quelque prétexte que ce soit, s'immiscer en aucune manière dans l'Administration de la Société, ni rien demander qui puisse entraver sa marche, tels qu'apposition de scellés, inventaire, liquidation ou autre mesure quelconque pouvant nuire à l'affaire sociale. Il ne pourra que saisir-arrêter entre les mains de l'Ingénieur-Directeur, au siège de la Société, la part sociale, de son auteur ou débiteur, avec les dividendes et répartitions dus ou à voter, et partager et vendre ou faire vendre les actions lui appartenant dans la Société.

Toutefois, si les héritiers ou créanciers s'entendaient entre eux pour donner à l'un d'eux pouvoir authentique de toucher les dividendes et répartitions, le Conseil d'administration pourra en autoriser le paiement aux mains de la personne déléguée, s'il reconnaît que ce paiement puisse se faire sans compromettre en rien les intérêts de la Société.

ARTICLE 10.

Aucune solidarité n'existe entre les associés, qui ne peuvent, à quelque titre que ce soit, être tenus au-delà du nombre d'actions dont ils seront propriétaires.

ARTICLE 11.

Une liste contenant les noms, qualités et domiciles réels de tous les actionnaires et la quantité d'actions possédée par chacun d'eux, sera dressée au siège de la Compagnie et sera constamment tenue à la disposition desdits actionnaires.

Cette liste sera mise au courant des mutations survenues, au fur et à mesure que ces mutations seront constatées sur le registre, ainsi qu'il est dit ci-dessus (art. 8).

Les changements de domicile réel y seront mentionnés, aussitôt que les actionnaires les auront fait connaître par écrit à l'Administration.

TITRE III

Administration

ARTICLE 12.

La Société est régie par un Conseil d'administration composé de sept membres, nommés par l'Assemblée générale des Actionnaires.

ARTICLE 13.

Nul ne peut être membre du Conseil d'administration s'il n'est propriétaire d'au moins *Cent dixièmes d'actions.*

Pendant la durée de ses fonctions, les titres desdits cent dixièmes d'actions seront inaliénables. Ils seront déposés au siège social. L'Ingénieur-Directeur en donnera récépissé.

Le mari pourra être considéré comme propriétaire des actions de sa femme, pour faire partie du Conseil d'administration ; le dépôt, à titre de garantie, des cent dixièmes d'actions exigés des administrateurs, devra, en ce cas, être fait avec le consentement écrit de la femme dudit administrateur, pourvu que son contrat de mariage ne s'y oppose pas.

ARTICLE 14.

Les Administrateurs sont nommés pour sept ans.

Le Conseil est renouvelable par septième, d'année en année.

Tout membre sortant peut être réélu.

On indiquera ci-après les Administrateurs qui doivent entrer en fonction à partir de ce jour et l'ordre dans lequel auront lieu leurs sorties.

Ces sorties auront lieu ensuite par rang d'ancienneté.

En cas de décès, de démission ou d'empêchement évident d'un ou plusieurs Administrateurs, les membres restants peuvent, s'ils le jugent convenable, pourvoir à leur remplacement jusqu'à la première Assemblée générale ordinaire du mois d'octobre, laquelle procède alors à une nomination définitive.

Les Administrateurs nommés en remplacement des membres décédés, démissionnaires ou empêchés, prendront, en ce qui concerne les sorties, le rang des Administrateurs qu'ils seront appelés à remplacer.

ARTICLE 15.

Le Conseil d'administration se réunira aussi souvent que les intérêts de la Société l'exigeront, et au moins une fois par mois.

Il élira dans son sein un président, un vice-président et un secrétaire. Cette élection aura lieu chaque année dans la séance qui suivra l'Assemblée générale ordinaire.

ARTICLE 16.

Les résolutions du Conseil seront prises à la majorité des voix. Elles seront transcrites sur un registre spécial et signées par les membres présents. Elles ne sont valables qu'autant que quatre membres au moins y ont concouru.

En cas de partage, la voix du président est prépondérante.

ARTICLE 17.

Le Conseil d'administration représente légalement la Société près de l'Administration publique et auprès des autorités administratives et judiciaires.

Il nomme le directeur et tous les autres employés, en fixe le nombre et le traitement.

Il révoque tous ces différents agents.

Il détermine le prix de vente des charbons, l'importance de l'extraction et adopte à cet égard telles mesures et tels arrangements qu'il juge utiles aux intérêts de la Société. Il a les pouvoirs les plus étendus pour faire les acquisitions de terrain, machines, constructions et autres objets quelconques nécessaires à l'exploitation, ainsi que pour l'établissement de toutes voies de communication ferrées ou autres, et aussi pour vendre ou échanger tous meubles ou immeubles, traiter, transiger, compromettre sur toutes choses pouvant intéresser la Compagnie, nommer tous arbitres, prendre tous arrangements, fixer le chiffre de toutes transactions, plaider devant toutes les juridictions et consentir à son gré tous désistements et main-levées avec ou sans paiement.

La preuve de toute décision prise par le Conseil d'administration sera valablement donnée en justice ou partout ailleurs par un extrait du procès-verbal de la séance, signé par le secrétaire du Conseil et par le président ou par le vice-président.

ARTICLE 18.

Les Administrateurs ne contractent aucune obligation personnelle.

La Société est tenue de remplir tous les engagements pris par eux en son nom dans la limite des pouvoirs qui leur sont conférés.

ARTICLE 19.

Les fonctions d'Administrateur sont gratuites ; néanmoins les Administrateurs auront droit à un jeton de présence de cent francs par séance à laquelle ils assisteront et à leurs frais de transport.

ARTICLE 20.

Le Conseil d'administration peut conférer à un, ou plusieurs de ses membres, des pouvoirs permanents pour les affaires courantes, la surveillance des travaux, des achats et de la comptabilité. Il règle les émoluments qui, dans ce cas, sont dus aux Administrateurs délégués.

Chaque Administrateur a droit d'inspecter les travaux et la comptabilité, quand il le juge à propos, mais il ne peut donner aucun ordre, ni aux employés, ni aux ouvriers, s'il n'a reçu une mission expresse du Conseil.

TITRE IV

Vérification des comptes

ARTICLE 21.

Il y a un comité de vérification des comptes, composé de trois membres nommés par l'Assemblée générale. Nul ne peut être membre de ce comité, s'il n'est propriétaire d'au moins CINQUANTE DIXIÈMES d'ACTIONS, qui sont déposés et restent inaliénables comme ceux des administrateurs, ainsi qu'il est dit article 13 ci-dessus. Le mari pourra être considéré comme propriétaire des actions de sa femme pour faire partie du Comité de vérification des comptes. Le dépôt, à titre de garantie, des cinquante dixièmes d'actions exigés des membres de ce Comité, devra, en ce cas, être fait avec le consentement écrit de la femme dudit membre de ce Comité, pourvu que son contrat de mariage ne s'y oppose pas.

Le renouvellement de ce Comité s'opère par tiers chaque année et suivant le mode adopté par le Conseil d'administration.

Ce comité vérifie les comptes pendant le mois qui précède l'Assemblée générale ordinaire ; il peut encore s'il le juge convenable, faire cette vérification une fois par trimestre ; il a le droit de se faire aider par une personne nommée au choix unanime desdits vérificateurs, et dans ce cas il sera alloué audit aide les mêmes jetons de présence et frais de déplacement qu'aux vérificateurs.

Le Comité fait son rapport à l'Assemblée générale, après l'avoir préalablement communiqué au Conseil d'administration, dix jours au moins avant l'Assemblée générale.

Si les circonstances l'exigeaient, il pourrait convoquer extraordinairement l'Assemblée générale.

Il est alloué aux membres dudit Comité cent francs de jetons de présence par jour employé à la vérification des écritures et à leurs frais de transport.

Trois vérificateurs supplémentaires seront adjoints aux membres ci-dessus, pour le cas où ces derniers ne pourraient remplir leur mission.

TITRE V.

Directeur

ARTICLE 22.

Le directeur reçoit tous ses pouvoirs du Conseil d'administration.

La remise qui lui est faite de copies ou extraits des délibérations des Assemblées générales et du Conseil d'administration, vaut pour lui mandat d'exécuter toutes les décisions qui y sont contenues.

TITRE VI.

Assemblées Générales

ARTICLE 23.

Une fois par an il y a, à Douai, une Assemblée générale ordinaire des Actionnaires, le dernier jeudi du mois d'octobre.

En outre il y a Assemblée générale extraordinaire, toutes les fois que le Conseil d'administration le juge nécessaire.

Les Actionnaires se rendent aux Assemblées ordinaires sans qu'il soit nécessaire de leur adresser aucun avis à ce sujet.

Les convocations pour les Assemblées extraordinaires seront faites par un avis inséré au moins trente jours à l'avance dans un journal de Douai, d'Arras, de Valenciennes et de Lille, sans indication spéciale du but de la réunion; toutes ces Assemblées auront lieu à Douai.

Un ordre du jour, indiquant les propositions qui seront soumises auxdites Assemblées, sera affiché dans les bureaux de l'Administration pendant les quinze jours qui précèderont ces Assemblées, et tout porteur d'action sera admis à en prendre connaissance.

ARTICLE 24.

Nul ne sera admis à faire partie de l'Assemblée générale, s'il ne possède personnellement au moins *Trente dixièmes d'actions*.

Les actionnaires ayant droit d'assister aux Assemblées générales peuvent s'y faire représenter, mais seulement par un Actionnaire ayant le droit d'en faire partie.

Les femmes ne peuvent assister aux Assemblées, mais celles qui sont mariées sont représentées de droit par leur mari, même non actionnaire, et celles qui ne le sont pas, peuvent se faire représenter par un actionnaire ayant le droit d'assister à ces assemblées. Le père ou le tuteur pourront également représenter les enfants mineurs; la mère, tutrice légale, pourra les y faire représenter par un actionnaire ayant le droit d'assister à l'assemblée.

L'usufruitier et le nu-propriétaire devront avoir le même mandataire.

ARTICLE 25.

L'Assemblée générale sera valablement constituée, lorsque les Actionnaires présents réuniront au moins le tiers des actions qui donnent droit au voix délibératives, sans toutefois que le nombre des membres présents puisse être inférieur à quinze, tant qu'il n'y aura pas plus de quarante Actionnaires dans la Société, ni inférieur à vingt lorsque le nombre desdits Actionnaires sera supérieur à quarante.

Dans le cas où cette condition ne serait pas remplie, l'Assemblée serait de nouveau convoquée comme pour les Assemblées extraordinaires, et elle délibérerait valablement, quel que fût le nombre des actions représentées et des membres présents, mais seulement sur les questions mises à l'ordre du jour de la précédente Assemblée.

L'Assemblée générale est présidée par le président du Conseil d'administration ou, à son défaut, par le vice-président et, à défaut de celui-ci, par un autre membre du Conseil, nommé à cet effet par ses collègues.

Le bureau est formé des membres du Conseil, auxquels sont adjoints pour scrutateurs deux Actionnaires présents, propriétaires du plus grand nombre d'actions.

ARTICLE 26.

Les décisions de l'Assemblée générale, constituée comme il est dit en l'article précédent, sont prises à la simple majorité des suffrages.

Toutefois s'il s'agissait de statuer, soit sur des modifications à apporter aux présents statuts, soit sur la dissolution et la liquidation de la présente Société, soit sur toute autre question étrangère à l'objet de la présente Association, qui est de vendre la houille extraite de la concession, sous toutes les formes que l'industrie pourra lui donner, les décisions ne seraient valables qu'autant qu'elles réuniraient au moins les trois quarts des suffrages, et que les Actionnaires présents représenteraient au moins les trois cinquièmes des parts ou actions composant la Société.

Chaque Actionnaire aura une voix par chaque TRENTE DIXIÈMES d'ACTIONS qu'il représentera tant en son nom que comme mandataire, sans pouvoir avoir plus de dix voix au total.

Les délibérations sont rédigées par le secrétaire du Conseil d'administration; elles sont inscrites sur un registre spécial et signées du président, du secrétaire et des deux scrutateurs.

ARTICLE 27.

L'Assemblée générale ordinaire du mois d'octobre entend le compte annuel de toutes les opérations faites par la Société pendant le cours de l'année expirée.

Ce compte est présenté par le directeur, après avoir été préalablement soumis au Comité de vérification et au Conseil d'administration.

Cette Assemblée nomme les membres du Conseil d'administration et du Comité de vérification, et les vérificateurs suppléants en remplacement des membres sortants ou défaillants.

Elle statue en outre sur toutes les propositions qui lui sont soumises en conformité de l'ordre du jour.

ARTICLE 28.

L'Assemblée générale représente l'universalité des Actionnaires. Ses délibérations sont obligatoires pour tous, même pour les absents ou les dissidents.

Le Conseil d'administration est tenu de proposer à l'Assemblée générale toutes les modifications aux statuts qui seraient présentées et signées par un nombre d'actionnaires réunissant au moins le tiers des actions émises.

TITRE VII.

Inventaires — Dividendes — Réserves

ARTICLE 29.

Le trente juin de chaque année, les écritures sont arrêtées, et les comptes, bilan et inventaire de la Société sont dressés par les soins du directeur qui les soumet à l'examen du Conseil d'administration et de la Commission de surveillance.

Ces comptes, bilan et inventaire, sont communiqués à l'Assemblée générale ordinaire du mois d'octobre, après qu'une copie certifiée du caissier en aura été mise, pendant vingt jours, à la disposition des Actionnaires dans les bureaux de l'administration.

ARTICLE 30.

Sur la proposition du Conseil d'administration, l'Assemblée générale détermine le chiffre des dividendes.

Tout dividende non réclamé dans le délai de cinq ans est acquis à la Société.

ARTICLE 31.

Il sera créé un fonds de réserve, au moyen d'un prélèvement opéré sur les bénéfices nets de la Société. Sur la proposition du Conseil d'administration, l'Assemblée générale déterminera l'importance dudit prélèvement et la quotité à prélever chaque année pour le constituer.

TITRE VIII.

Dissolution de la Société. — Liquidation

ARTICLE 32.

La Société ne sera dissoute ni par la mort, ni par l'interdiction, la faillite ou la déconfiture d'un actionnaire; elle continuera avec ses héritiers majeurs ou mineurs et autres ayants droit.

ARTICLE 33.

En cas de dissolution, l'Assemblée générale détermine le mode de liquidation et nomme les liquidateurs.

TITRE IX

Domicile Judiciaire — Contestations

ARTICLE 34.

Toutes poursuites ou actions judiciaires de la Société contre ses Actionnaires, ou des Actionnaires contre la Société, devront être exercées devant le Tribunal civil et la cour d'appel de Douai. A cet effet, tout actionnaire est tenu d'élire un domicile spécial dans cette ville.

A défaut d'élection, ce domicile spécial sera de droit au parquet du Tribunal de première instance de Douai.

Les statuts primitifs avaient été déposés en l'étude de Mᵉ Beauvois, notaire à Valenciennes, en 1862.

Ces statuts ont été successivement modifiés par délibérations de l'Assemblée générale des 5 décembre 1867, 11 décembre 1879, 29 octobre 1891 et 13 Juin 1895.

Les présents statuts, reproduisant les diverses modifications, ont été déposés à Mᵉ Regnault, notaire à Douai.

SOCIÉTE HOUILLÈRE DE LIÉVIN

CAISSE DE LIQUIDATION DES RETRAITES

SENTENCE ARBITRALE

rendue le 19 juin 1895, en exécution de la loi du 29 juin 1894 sur les Caisses de secours
et de retraites des Ouvriers mineurs

La Commission arbitrale instituée par les articles 24 et 26 de la loi du 29 juin 1894 sur les Caisses de secours et de retraites des ouvriers mineurs, constituée suivant procès-verbal inséré au *Journal Officiel* du 19 août 1894 ;

Vu le titre IV de la loi du 29 juin 1894, relatif aux dispositions transitoires et réglementaires ; la loi du 19 décembre 1894, portant rectification de la loi du 29 juin 1894, et le décret du 25 juillet 1894, portant règlement d'administration publique pour l'exécution de la loi du 29 juin 1894 ;

Vu les pièces du dossier transmis à la Commission par M. le Ministre des Travaux publics, concernant la liquidation de la Caisse de secours des mines de Liévin, et notamment :

1° — Le projet de règlement proposé par le Conseil d'administration de la Compagnie sur les mesures à prendre en raison des engagements de la Caisse de secours, affiché le 5 septembre 1894 ;

2° — Les procès-verbaux du vote des ouvriers du fond et du jour à la date du 30 septembre 1894, constatant que les propositions de la Compagnie n'ont pas été adoptées ;

3° — Les procès-verbaux en date du 14 octobre 1894, constatant que le recours à la Commission arbitrale a été voté par la majorité absolue des ouvriers ;

4° La déclaration en date du 14 octobre 1894, par laquelle la Compagnie a fait connaître, avant le scrutin, qu'elle acceptait le recours à la Commission arbitrale ;

5° La lettre du 19 octobre 1894, par laquelle la Compagnie a désigné M. Viala, ingénieur-directeur de la Compagnie, comme délégué à la Commission arbitrale :

6° Les procès-verbaux du vote en date des 28 octobre et 4 novembre 1894, constatant l'élection de M. Arthur Lamendin, député de l'arrondissement de Béthune, 2e circonscription, comme délégué des ouvriers à la Commission arbitrale.

Après s'être complétée par l'adjonction de MM. Viala et Lamendin comme membres délibérants dans la présente affaire, désignés, l'un par l'exploitant, l'autre par la majorité des ouvriers ;

Ouï MM. Viala et Lamendin en leurs dires et observations ;

Et après en avoir délibéré, conformément à la loi, aux séances des 18 et 19 juin 1895 ;

ARRÊTE :

ARTICLE PREMIER

Une Caisse spéciale est créée pour la liquidation des pensions acquises et des pensions en cours d'acquisition des ouvriers de la Compagnie de Liévin.

ARTICLE 2.

Cette Caisse sera administrée par un Conseil composé de cinq membres désignés par l'exploitant et de cinq membres élus au scrutin de liste pour cinq ans par les ouvriers et chefs ouvriers et choisis parmi eux.

L'élection des cinq membres élus par les ouvriers aura lieu, autant que possible, conformément aux dispositions de l'article 11 de la loi du 29 juin 1894.

Le Conseil nomme, à la majorité des voix, le président et le trésorier-comptable.

ARTICLE 3.

Le président n'aura pas voix prépondérante. En cas d'impossibilité de constituer une majorité, un tiers départiteur sera nommé par le Conseil pour l'affaire spéciale soumise au vote. A défaut d'entente, le président du Tribunal civil de Béthune désignera un délégué pour prendre part aux délibérations jusqu'à l'expiration des pouvoirs des membres élus.

ARTICLE 4.

Les comptes du trésorier seront soumis au contrôle du receveur particulier des finances de l'arrondissement, et, le cas échéant, à la vérification de l'inspection des finances.

ARTICLE 5.

La Caisse devra être organisée et fonctionner à partir du 1er juillet 1895.

ARTICLE 6.

Ressources

Les ressources de la caisse se composent :

1° De l'excédent disponible de l'ancienne caisse de secours au 1er juillet 1895 ;

2° D'une retenue obligatoire de 1 % sur les salaires de tous les ouvriers attachés à l'établissement, quelle que soit la date de leur entrée au service de la Compagnie, et d'un versement égal effectué par la Compagnie.

Pour les ouvriers au profit desquels une pension de retraite était en voie d'acquisition au 1er juillet 1895, et qui, par application de l'article 25 de la loi du 29 juin 1894, renonceraient au bénéfice de l'article 2 de cette loi, ces prélèvements et ces versements seront portés à 3 % de leur salaire ;

3° Des intérêts des fonds placés ;

4° Du produit des dons et legs.

ARTICLE 7.

Le 1er janvier 1905 et successivement à chaque période décennale, le Conseil d'administration de la Caisse devra procéder à l'examen de la situation et prendre, s'il y a lieu, les résolutions complémentaires destinées à assurer le fonctionnement normal de la Caisse ; ces résolutions devront être soumises à l'approbation du Ministre des Travaux publics.

ARTICLE 8.

Les fonds disponibles de la Caisse devront être employés en rentes sur l'Etat, en valeurs du Trésor ou garanties par le Trésor, en obligations départementales ou communales ; les titres seront nominatifs.

ARTICLE 9.

Après le règlement de la dernière pension servie, les excédents de recettes de la Caisse de liquidation, s'il y en a, seront versés à la nouvelle Caisse de secours.

ARTICLE 10.

Dépenses

I. — Toutes les pensions acquises au 1er juillet 1895 seront mains tenues telles ·qu'elles auront été fixées, avant cette date, par le Conseil d'administration de l'ancienne Caisse de secours.

Les secours accordés en vertu de l'article 22 du règlement de l'ancienne Caisse seront convertis en pensions et mis à la charge de la nouvelle Caisse.

II. — *Pour les ouvriers, qui, ayant des services antérieurs au 1er juillet 1895, useront du bénéfice de l'article 2 de la loi du 29 juin 1894, il sera pris les dispositions suivantes :*

1° OUVRIERS MINEURS AYANT MOINS DE 25 ANS RÉVOLUS AU 1er JUILLET 1895.

La Caisse de liquidation versera à la Caisse nationale des retraites pour la vieillesse, au compte individuel de chacun d'eux, pour chaque année de travail antérieure à 25 ans, une cotisation calculée à raison de 15 francs par an. Ces versements seront opérés annuellement. Leur nombre sera égal au nombre des années de travail antérieures à 25 ans ; ils seront suspendus pendant la durée du service militaire et cesseront de plein droit si l'ouvrier ne travaille plus pour la Compagnie.

2° OUVRIERS MINEURS AYANT PLUS DE 25 ANS D'AGE AU 1er JUILLET 1895.

La Caisse de liquidation leur assurera, à l'âge fixé pour la retraite :

Pour chaque année de travail antérieure à 25 ans, une rente annuelle de 10 francs.

Pour chaque année de travail après 25 ans, 18 francs par an.

III. — *Les ouvriers mineurs qui, par application de l'article 25 de la loi du 29 juin 1894, auront déclaré renoncer au bénéfice de l'article 2 de la loi, recevront une pension qui sera fixée comme il suit :*

Pour un minimum de 15 années de service, avant l'invalidité ou l'âge fixé pour la retraite, 360 francs par an.

Pour chaque année supplémentaire, la pension sera augmentée de 18 francs par année de service, sans que la pension totale puisse dépasser, à l'âge fixé pour la retraite, 630 francs.

Au-dessous de 15 années de service, la retraite sera liquidée à raison de 16 francs par an.

ARTICLE 11.

La pension des aides-mineurs, des hercheurs et assimilés par l'usage de l'ancienne Caisse de secours, sera réduite aux 2/3 du taux ci-dessus.

ARTICLE 12.

L'entrée en jouissance des pensions à servir par la Caisse de liquidation est fixée en principe à 55 ans. Toutefois, et sauf le cas d'invalidité prématurée réglée par l'article 19 ci-après, pendant la période du 1er juillet 1895 au 1er janvier 1905, et à titre de transition, les âges de l'entrée en jouissance seront ainsi fixés :

En 1895 et 1896	60 ans.
1897 et 1898	59 »
1899 et 1900	58 »
1901 et 1902	57 »
1903 et 1904	56 »
1905	55 »

ARTICLE 13.

Après le 1er juillet 1895, les années de service postérieures aux âges ci-dessus fixés pour la retraite donneront droit en faveur des ouvriers rentrant dans la catégorie du paragraphe III de l'article 10 (c'est-à-dire ayant renoncé au bénéfice de l'article 2 de la loi du 29 juin 1894 et ayant versé à la Caisse de liquidation 3 %0 de leurs salaires), à une majoration de 18 francs par an de la pension ainsi différée, sans toutefois que le chiffre de cette pension puisse dépasser 720 francs.

Les retenues sur les salaires de ces ouvriers et les versements de la Compagnie seront, à partir de ce moment, ramenés à 1 %0.

ARTICLE 14.

Les pensions seront établies et servies par douzièmes.

ARTICLE 15.

Ne seront comptées comme années entières de travail dans le calcul des pensions à établir, conformément aux dispositions ci-dessus, que celles dans lesquelles l'ouvrier, à moins d'excuses légitimes, aura fait au moins 265 journées.

ARTICLE 16.

Tout ouvrier qui cesserait de travailler à la Compagnie avant d'avoir droit à la retraite touchera, à l'âge ci-dessus fixé, une pension égale à la moitié de celle qui a été mise par les articles précédents à la charge de la Caisse de liquidation.

ARTICLE 17.

La Caisse de liquidation prend à sa charge la fourniture de charbon à tout pensionné, à la condition que ce dernier réside dans les communes sur lesquelles s'étend la concession de Liévin et ne demeure pas avec un ouvrier occupé à la Compagnie.

Les allocations de charbon seront faites, suivant les usages, par décisions du Conseil de la Caisse de liquidation, sans pouvoir dépasser 400 kilos par mois pour les hommes et 200 kilos pour les femmes. Pour les pensionnés au 1er juillet 1895, la Caisse prendra à sa charge, comme par le passé, les frais médicaux et pharmaceutiques et les frais funéraires.

ARTICLE 18.

En cas de décès de l'ouvrier pensionné ou ayant droit à la pension, la rente servie ou à servir par la Caisse de liquidation sera reversible pour un tiers sur la tête de la veuve, mais à la condition que le mariage ait été contracté pendant que le mari était encore au service de la Compagnie et deux ans au moins avant qu'il ait acquis un droit à la pension, les subventions à allouer aux veuves d'ouvriers décédés avant qu'ils aient droit à la pension, étant à la charge de la Caisse de secours, aux termes de l'article 7 de la loi du 29 juin 1894.

Si la veuve se remarie, elle perd son droit à la pension, mais elle recevra trois années du montant de cette pension : une année payable immédiatement et deux autres payables en un livret de la Caisse d'épargne postale, délivré six mois après le mariage.

ARTICLE 19.

En cas d'invalidité prématurée, la Caisse de liquidation prendra à sa charge le service des pensions à partir de 55 ans seulement, laissant jusqu'à cet âge à la Caisse de secours organisée par la loi du 29 juin 1894 la charge qui lui incombe, en exécution de l'article 7 de cette loi, à l'égard des ouvriers malades ou infirmes.

ARTICLE 20.

La dissolution de la Caisse de liquidation aura lieu au cas de suspension totale et définitive de l'exploitation des mines de Liévin. Dans ce cas, le président du Conseil d'administration de la Caisse avisera le président du Tribunal de Béthune et lui demandera de nommer un liquidateur.

Vu l'article 21 du décret du 25 juillet 1894 ;

Dit, pour l'exécution, que la présente décision sera portée par les soins de son président à la connaissance de M. le Ministre des Travaux publics,

Et désigne pour le dépôt prescrit par l'article précité le greffe de la Justice de Paix du canton de Lens.

Ainsi fait et arrêté au ministère des Travaux publics, aux séances des 18 et 19 juin 1895, où étaient présents et ont signé :

Membres permanents,

MM.

LINDER, *inspecteur général des Mines,* } nommés par
DELAFOND, *ingénieur en chef des Mines,* } le Conseil général des Mines ;
CUVINOT, *sénateur,* nommé par la Commission supérieure de la Caisse nationale des retraites pour la vieillesse ;
BELAT, *conseiller à la Cour d'appel,* nommé par cette Cour ;
DUCHAUSSOY, *conseiller référendaire de 1re classe à la Cour des Comptes,* nommé par cette Cour ;

Membres adjoints pour la présente affaire,

MM.

VIALA, désigné par l'exploitant des mines de Liévin ;
LAMENDIN, *député,* désigné par la majorité des ouvriers des mêmes mines.

M. CUVINOT, remplissant les fonctions de président, et M. DELAFOND, celles de secrétaire ;
M. BELLOM, *ingénieur des mines,* désigné par M. le Ministre des Travaux publics, attaché à la Commission comme secrétaire-adjoint avec voix consultative.

Signé :

LINDER, LAFOND, CUVINOT, BELAT, DUCHAUSSOY, VIALA, LAMENDIN.

POUR COPIE CONFORME :

Le secrétaire de la Commission arbitrale,

Signé : **DELAFOND**

11

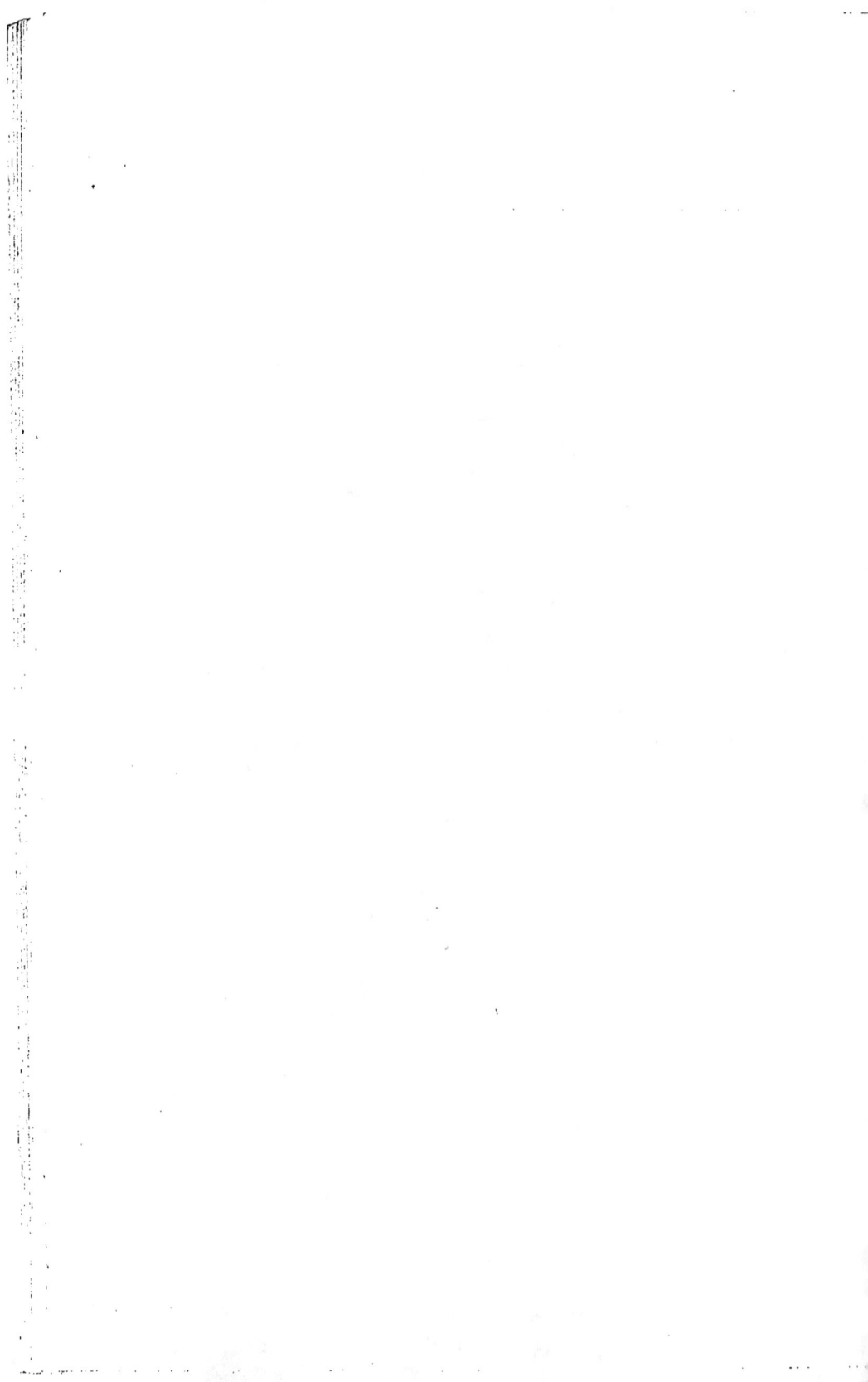

Société de Secours Mutuels des Ouvriers et Employés

DE LA SOCIÉTÉ HOUILLÈRE DE LIÉVIN

———————

STATUTS

Approuvés par décision ministérielle en date du 27 décembre 1894 et modifiés
par décision ministérielle en date du 17 novembre 1896.

———————

Fondation de la Société

ARTICLE PREMIER

Conformément au titre III de la loi du 29 juin 1894, il est institué,
pour les ouvriers et employés de la mine de Liévin, une Société de
Secours Mutuels qui prend le titre de : *Société de Secours Mutuels des
Mines de Liévin*, et a son siège social à Liévin.

———————

But de la Société

ARTICLE 2.

La Société a pour but, conformément aux articles 7 et 8 de la loi
du 29 juin 1894, de fournir aux membres participants et à leurs ayants
droit les secours et soins dans les limites prévues aux articles 19 et
suivants des présents statuts.

Membres de la Société

ARTICLE 3.

Tout ouvrier ou employé du fond et du jour est, à partir du moment de son admission au service de la mine de Liévin et aussi longtemps qu'il en fait partie, membre de la Société de Secours établie pour le personnel de cette mine.

Par le fait même de son inscription au contrôle de la mine, il est considéré comme participant à tous les droits et charges de la Société de Secours.

Les employés et ouvriers dont les appointements dépassent 2.400 fr. ne bénéficient que jusqu'à concurrence de cette somme des dispositions de la loi du 29 juin 1894; ils ne sont astreints aux charges que dans la même proportion de 2.400 francs.

Pourront ultérieurement être admis comme membres de la Société les ouvriers ou employés des industries annexes, à la demande des parties intéressées à la suite d'un accord intervenu entre le Conseil d'Administration de la Société de Secours et l'exploitant, et sous réserve de l'autorisation du Ministre des travaux Publics.

ARTICLE 4.

Tout ouvrier ou employé qui quitte, volontairement ou non, le service de la mine, perd tous droits aux avantages conférés par les présents statuts et, dans aucun cas, il ne peut demander restitution des versements faits par lui à la Caisse.

Fonds de la Société de Secours

ARTICLE 5.

La Caisse de la Société de Secours est alimentée :

1° Par un prélèvement sur le salaire de chaque ouvrier ou employé, prélèvement dont le montant est fixé chaque année par le Conseil, dans la première séance de l'exercice, en se basant sur les résultats de l'exercice précédent, mais qui ne peut dépasser 2 % du salaire, ni la somme totale de 48 francs par an ;

2° Par un versement de l'exploitant égal à la moitié de celui des ouvriers et employés ;

3° Par les sommes allouées par l'état sur les fonds de subvention aux Caisses de Secours mutuels ;

4° Par les dons et legs ;

5° Par le produit des amendes encourues pour infraction aux statuts et règlements de la Caisse de secours et de celles infligées aux membres participants par application des règlements intérieurs de l'entreprise ;

6° Par l'intérêt des capitaux de la Société.

Administration de la Société

ARTICLE 6.

La Société de secours est administrée par un Conseil de dix-huit membres ;

Les deux tiers des membres sont élus par les ouvriers et employés, parmi les membres participants, dans les conditions indiquées aux articles 15 et suivants des présents statuts.

Un tiers des membres est désigné par l'exploitant.

Il est procédé en même temps, et dans les mêmes conditions, à l'élection de deux membres suppléants et à la désignation par l'exploitant d'un membre suppléant, destinés à remplacer, en cas d'absence ou de vacance, les membres titulaires.

Tout membre qui aura manqué, sans motifs reconnus valables par le Conseil, trois séances consécutives, sera considéré comme démissionnaire et remplacé par celui des membres suppléants de même catégorie figurant en tête de liste.

ARTICLE 7.

Les membres du Conseil sont élus pour trois ans et renouvelables par tiers, chaque année. L'ordre de sortie pour la première période de trois ans est fixé par le sort, le premier tiers siégeant un an et le deuxième deux ans seulement.

Il est pourvu au plus tard dans les six mois qui suivent la vacance, au remplacement des membres décédés, démissionnaires ou déchus des qualités requises pour l'éligibilité.

Les nouveaux élus sont nommés pour le temps restant à courir jusqu'au terme assigné aux fonctions de ceux qu'ils remplacent.

Article 8.

Les décisions prises par le Conseil ne sont valables que si plus des deux tiers des suffrages ont été exprimés ; néanmoins, après une seconde convocation faite par lettre individuelle, les décisions sont prises à la majorité quel que soit le nombre des suffrages exprimés, il est dressé procès-verbal de chaque séance.

Les procès-verbaux sont signés par tous les membres présents.

Les extraits et copies de procès-verbaux à produire sont signés par le président ou le vice-président et par le secrétaire.

Article 9.

Le Conseil nomme chaque année, parmi ses membres, un président. un vice-président, un secrétaire et un trésorier. Ils sont rééligibles.

Il se réunit une fois au moins par quinzaine. Les convocations ont lieu par les soins du président, qui devra réunir le Conseil en séance extraordinaire chaque fois que le tiers au moins des membres en aura fait la demande par écrit.

L'élection définitive du bureau n'a lieu qu'après les élections complémentaires prévues à l'article 15.

Le président ou vice-président et le trésorier représentent conjointement la Société auprès de toutes les autorités publiques. administratives, judiciaires et autres, en justice, tant en défendant qu'en demandant et généralement dans tous les rapports de la Société avec les tiers ;

Ils sont chargés conjointement de l'administration courante et journalière ;

Ils retirent de la poste et de toutes caisses publiques et privées, toutes lettres chargées, tous titres et valeurs ;

Ils reçoivent et payent toutes sommes. débattent et arrêtent tous comptes, donnent toutes quittances et décharges.

Article 10.

Les présents statuts dressés par le premier Conseil ont été soumis par le Préfet au Ministre des Travaux publics qui les a approuvés par décision en date du 27 Décembre 1894.

Le Conseil soumettra au Ministre par l'intermédiaire du Préfet, toute modification aux présents statuts ; aucune modification n'est exécutoire avant approbation du Ministre.

ARTICLE 11.

Les présents statuts seront affichés en permanence, par les soins du Directeur de la mine, aux lieux habituels des avis donnés aux ouvriers.

Un exemplaire en sera remis, par l'exploitant contre récépissé, à chaque ouvrier ou employé lors de son embauchage.

Condition d'électorat et d'éligibilité.

ARTICLE 12.

Sont électeurs tous les ouvriers et employés du fond et du jour, français, jouissant de leurs droits politiques, inscrits sur la feuille de la dernière paye.

ARTICLE 13.

Sont éligibles, à la condition de savoir lire et écrire, et en outre, de n'avoir jamais encouru de condamnation, aux termes des dispositions, soit de la loi du 29 Juin 1894, soit de la loi du 21 Avril 1810, et du décret du 3 janvier 1813, soit des articles 414 et 415 du Code pénal, les électeurs âgés de vingt-cinq ans accomplis, occupés depuis plus de cinq ans dans l'exploitation à laquelle se rattache la Société de secours.

ARTICLE 14.

Pourront ultérieurement être électeurs et éligibles les ouvriers et employés des industries annexes, admises par application de l'article 3, paragraphe 4 de la loi du 29 Juin 1894, quand ils rempliront les conditions prévues aux articles 12 et 13 des présents statuts.

Des élections pour le Conseil d'Administration.

ARTICLE 15.

Les premières opérations électorales ont lieu dans les conditions déterminées par la loi du 29 juin 1894, dans son article II. Le premier Conseil, nommé avant tout, à l'effet de rédiger les statuts est complété de suite après leur approbation.

ARTICLE 16.

Les électeurs sont convoqués par décision du Conseil de la société de secours qui fixe la date des élections ainsi que les heures d'ouverture et de fermeture du scrutin.

L'avis de convocation est affiché, quinze jours au moins à l'avance aux lieux habituels pour les avis donnés aux ouvriers, par les soins de l'exploitant, auquel il a été notifié.

Les listes électorales sont dressées par les soins de l'exploitant et affichées par lui huit jours au moins avant le jour de l'élection.

Le vote se fera conformément aux prescriptions de la loi du 16 juillet 1896 dans les mairies choisies par le Conseil d'Administration et sous la présidence des membres du Conseil d'Administration qu'il aura désignés. Dans chaque lieu de vote, le président choisi par le Conseil est assisté de deux assesseurs, pris parmi les premiers votants, et d'un assesseur désigné par l'exploitant.

Les procès-verbaux des opérations électorales des diverses sections de vote sont remis au Président de la Société de secours qui proclame les résultats. Il sont tenus par lui à la disposition du Juge de Paix.

ARTICLE 17.

Le vote a lieu au scrutin de liste, un Dimanche.

Nul n'est élu au premier tour de scrutin s'il n'a obtenu la majorité absolue des suffrages exprimés et un nombre de voix égal au quart du nombre des électeurs inscrits.

Au deuxième tour de scrutin, auquel il sera procédé le dimanche suivant, la majorité relative suffit.

En cas d'égalité de suffrages le plus âgé des candidats est élu.

ARTICLE 18.

Conformément à la loi du 16 Juillet 1896, les contestations sur la formation des listes et sur la validité des opérations électorales sont portées dans le délai de 15 jours, à dater de l'élection, devant le Juge de Paix de la Commune où seront centralisés les résultats du vote et où se fera la proclamation de l'élection.

Elles sont introduites par simple déclaration au greffe.

Dans les dix jours de la notification de la décision du Juge de Paix, cette décision pourra, par simple requête déposée au greffe de la Justice du Paix, être déférée à la Cour de Cassation.

Soins et Allocation

ARTICLE 19.

Le Conseil de la Société est chargé d'organiser le service médical et pharmaceutique ; il pourra, à cet effet, passer chaque année, des conventions avec les médecins, pharmaciens, sages-femmes, directeurs d'hôpitaux et hospices et autres établissements ainsi qu'avec l'exploitant, et rédiger les instructions et règlement nécessaires au bon fonctionnement de ces services.

ARTICLE 20.

Tout sociétaire reconnu par le médecin de la Caisse incapable de travailler par suite de maladie, jouira gratuitement des soins médicaux et pharmaceutiques dans les limites des règlements prévus ci-dessus ; il recevra, à partir du troisième jour après la suspension du travail, une indemnité quotidienne fixée comme suit :

SALAIRE JOURNALIER (PRIME COMPRISE)	Allocation journalière
4 fr. et au-dessus	1 fr. 75
3 fr. 25 à 4 fr. exclusivement	1 40
2 fr. 50 à 3 fr. 25 exclusivement	1 15
1 fr. 50 à 2 fr. 50 exclusivement	0 80
Au-dessous de 1 fr. 50.	0 50

Si la maladie dure plus de six mois, le Conseil décide si l'indemnité doit être continuée intégralement ou réduite.

Si l'ouvrier malade depuis plus de six mois, compte au moins deux années de service à la mine de Liévin, l'indemnité ne peut être réduite de plus de moitié.

Pendant toute période de maladie entraînant suppression du salaire, la Caisse versera au compte individuel du sociétaire, participant à une caisse de retraites, une somme égale à cinq pour cent de l'indemnité de maladie qui lui sera personnellement payée.

ARTICLE 21.

Il ne sera accordé d'indemnité quotidienne que si l'ouvrier travaille à la mine de Liévin depuis plus de deux mois consécutifs.

ARTICLE 22.

Les femmes, enfants et ascendants des membres participants, ont droit aux secours médicaux et pharmaceutiques, lorsqu'ils sont à la charge du sociétaire et habitent avec lui.

Ont droit aux même secours :

1° Les ouvriers de la mine de Liévin, pensionnés, ainsi que leurs femmes et enfants quand ils sont à leur charge et habitent avec eux;

2° Les veuves des sociétaires attachés au moment de leur décès depuis deux ans au moins, à la mine de Liévin ainsi que leurs enfants quand ils sont à leur charge et habitent avec elles.

Les ouvriers pensionnés ainsi que les veuves désignées ci-dessus devront, pour jouir de la gratuité des soins médicaux et pharmaceutiques, habiter dans l'une des circonscriptions de la mine de Liévin. Les veuves devront en outre, verser à la Caisse de secours une cotisation mensuelle qui sera déterminée par le Conseil, sans pouvoir être inférieure à 50 cent. par famille.

Le célibataire fils aîné de veuve est considéré au point de vue de ses frères et sœurs comme chef de famille.

ARTICLE 23.

Le Conseil pourra, dans des cas exceptionnels et après enquête spéciale, accorder des secours supplémentaires, pendant les périodes prévues à l'article 20, à ceux des sociétaires dont la situation est particulièrement malheureuse par suite de maladies survenues dans la famille.

ARTICLE 24.

Sur la demande du médecin, le sociétaire pourra être envoyé à l'hôpital de Lens ou dans tel autre établissement spécial, pour y être traité aux frais de la Caisse. Dans ce cas et aussi longtemps qu'il y restera, le sociétaire cessera de recevoir l'indemnité quotidienne prévue à l'article 20; le Conseil pourra décider qu'une partie de l'indemnité quotidienne sera payée à la famille.

ARTICLE 25.

Le Conseil pourra aussi accorder, dans la mesure des fonds disponibles, des secours renouvelables mensuellement aux veuves, aux enfants de moins de treize ans révolus et aux ascendants des membres participants décédés, s'ils remplissent les conditions fixées à l'article 22.

Ces secours ne pourront, en aucun cas, dépasser par mois : dix francs pour la veuve ou les ascendants, cinq francs par enfant.

ARTICLE 26.

Le Conseil pourra accorder un secours maximum de 1 franc par jour en faveur de la femme, et de cinquante centimes par jour en faveur de chaque enfant âgé de moins de treize ans révolus, d'un membre participant appelé sous les drapeaux à titre de réserviste ou de territorial et qui cessera de recevoir son salaire. En aucun cas, le total de ces allocations ne pourra dépasser deux francs cinquante centimes par jour. L'allocation cessera de plein droit au cas où, par suite d'inconduite, l'intéressé serait retenu sous les drapeaux au delà du temps normal.

ARTICLE 27.

Il pourra être accordé des jetons de présence de deux francs aux membres élus du Conseil de la Caisse de secours.

ARTICLE 28.

En cas de décès d'un sociétaire ou de ses ayants droit, s'ils remplissent les conditions fixées à l'article 22. la Caisse de secours participera aux frais funéraires jusqu'à concurrence d'une somme maxima de 30 francs pour les grandes personnes et 12 francs pour les enfants de moins de 12 ans.

ARTICLE 29.

Les indemnités quotidiennes et les secours extraordinaires seront payés par quinzaine.

ARTICLE 30.

Il ne sera accordé aucun secours, ni indemnité pour les maladies ou infirmités causées par l'intempérance et la débauche, ni pour les blessures volontaires ou reçues dans une rixe.

ARTICLE 31.

Tout ouvrier considéré par la Compagnie comme blessé et admis comme tel au bénéfice des secours et indemnités, prévues pour ce cas, n'aura droit à aucun secours, ni aucune indemnité journalière de la Caisse de Secours, aussi longtemps qu'il sera soutenu par la Compagnie.

ARTICLE 32.

Dans le cas où les ressources de la Société de secours ne suffiraient plus à ses besoins, le Conseil pourra réduire les allocations accordées par les articles 20 et 22.

Contrôle des Malades et Secourus

ARTICLE 33.

Tout malade devra, le jour même où il cessera son travail ou au plus tard le lendemain, en faire la déclaration à son chef direct et se faire délivrer une carte de maladie qui devra être visée le jour même ou au plus tard le lendemain par le médecin de la Caisse de secours. Faute par lui de se conformer à cette prescription, la maladie ne prendra date que du jour de la déclaration.

La carte de maladie devra, pour rester valable, être visée deux fois par semaine par le médecin.

ARTICLE 34.

Les membres élus du Conseil sont chargés du contrôle des malades et secourus. Dans la première séance de chaque année, le service du contrôle sera réparti entre chacun des membres. Les membres feront à chaque séance, rapport aux comités sur les tournées d'inspection qu'ils auront faites dans le mois et proposeront, s'il y a lieu, au Conseil, soit des suppressions de secours, soit des allocations exceptionnelles prévues par les statuts.

ARTICLE 35.

Les malades ne pourront se livrer à aucun travail sans en avoir reçu, par écrit, sur leur carte de maladie l'autorisation du médecin. Toute infraction à cet article entraînera la suppression des secours et soins.

La même mesure sera prise contre les malades qui se livreront à la boisson ou à tout autre excès.

ARTICLE 36.

A partir du jour indiqué sur la carte par le médecin pour la reprise du travail, l'indemnité quotidienne prendra fin, même en cas de continuation de chômage pour un motif quelconque.

Tenue de la Comptabilité et des Etats statistiques.

ARTICLE 37.

La Comptabilité et les registres statistiques sont tenus par les soins du trésorier et du secrétaire, sous la surveillance du président et sous le contrôle des agents désignés par le Préfet, conformément à l'article 15 de la loi du 29 Juin 1894. Les services de la comptabilité et de la caisse pourront être confiés à l'exploitant si celui-ci y consent.

Le secrétaire et le trésorier doivent se conformer en tous points au règlement d'administration relatif à la gestion administrative et financière des caisses.

ARTICLE 38.

A la fin de chaque année, dans le mois qui suit la clôture de l'exercice, le Conseil d'administration fixe, sur les excédents disponibles, les sommes à laisser dans la Caisse, pour en assurer le service et celles à déposer à la Caisse des dépôts et consignations.

Une partie des sommes laissées dans la Caisse, pourra être déposée à la Caisse d'épargne de Liévin.

Le total des réserves ne pourra dépasser le double des recettes de l'année.

Dissolution de la Société

ARTICLE 39.

La dissolution de la Société pourra être demandée en cas de suspension des travaux de la mine.

Elle ne pourra être prononcée que dans une assemblée convoquée à cet effet par un avis indiquant l'objet de la réunion et par le vote affirmatif simultané de l'exploitant et de la majorité des deux tiers des ouvriers et employés électeurs, après approbation du Ministre des Travaux publics.

ARTICLE 40.

Au cas où la dissolution est décidée, le Conseil d'administration donne connaissance du vote au Président du tribunal de l'arrondissement qui désigne un liquidateur.

ARTICLE 41.

Après paiement de toutes les charges, l'actif disponible sera réparti entre les membres de la Société au jour de la dissolution au prorata de leurs années de participation à la Caisse et versé à la Caisse des retraites au livret individuel de chacun de ces membres.

Caisse de Liquidation des Retraites des Ouvriers

DE LA SOCIÉTÉ HOUILLÈRE DE LIÉVIN (P.-de-C.)

COMPTE RENDU DES OPÉRATIONS DE L'ANNÉE 1899

Recettes

1° Montant des retenues prélevées sur les salaires, du 1er janvier au 31 décembre 1899	69.067 77	
Montant des cotisations de l'exploitant calculées sur les mêmes bases que pour les ouvriers	69.067 77	
Versements Romon, Victor, ancien ouvrier de la Compagnie.	13 80	
		138.149 34
2° Versement de l'exploitant ou profit des ouvriers blessés.	17 06	
Versement de la Caisse de secours mutuels au profit des ouvriers malades.	422 65	
		439 71
3° Part contributive de la Compagnie de Liévin dans le paiement des secours alloués aux familles des victimes de l'accident du 14 janvier 1885.	. . . . . .	790 50
4° Intérêts sur fonds placés à la Compagnie de Liévin	2.054 30	
Coupons de 360 obligations nominatives des chemins de fer P.-L.-M.	5.184 »	
Arrérages sur 2 titres de rente.	7.289 50	
Encaissement d'une obligation des chemins de fer P.-L.-M. remboursable	490 50	
Montant d'un coupon sur une obligation des chemins de fer P.-L.-M., achetée le 28 septembre 1899.	6 72	
		15.025 02
Total des recettes		154.404 57

Dépenses

1º Frais médicaux :

Honoraires de M. le Docteur Biat . . . . . 362 »
— — Chivoré . . . 38 05
— — Wagon . . . 54 »
— — Duquesnoy . . 101 »

555 05

2º Frais pharmaceutiques :

Médicaments fournis par M. Bridoux 357 05
— — — Mantel 191 15
— — — Boulet 28 45
— — — de Bomy . . . 87 70
— — — Carré 1 15
— — — Portenart . . . 77 42
— — — Brunet 20 63
— — — Legay 3 50
— — — Cresson . . . 87 95

855 »

3º Secours statutaires en argent :

Pensions d'ancienneté, ouvriers retraités . . 36.152 95
Pensions d'ancienneté, veuves d'anciens ouvriers 6.526 40
Pensions par suite d'accidents, ouvriers blessés 11.840 25
Pensions par suite d'accidents, veuves d'ouvriers tués . . . . 8.640 »
Secours temporaires d'ancienneté convertis en pensions . . . . 1.008 »
Secours temporaires aux orphelins d'anciens ouvriers 1.440 50
Secours temporaires aux orphelins d'ouvriers tués 1.180 50
Allocation à Doré, Marie, pour sa 1ʳᵉ communion . . . . 10 »

66.798 60

A reporter 68.208 65

		Report	68.208 65

4° Secours statutaires en nature :

Allocation de charbon aux ouvriers pensionnés et aux veuves d'ouvriers pensionnés. . . . . . . 350.100 k^{os} =	2.800 80	
Cession de godets caoutchouc pour jambes de bois.	52 30	
		2.853 10

5° Frais funéraires :

11 ouvriers pensionnés	357 50	
2 femmes d'ouvriers pensionnés.	66 50	
Service du corbillard	6 69	
		430 69

6° Frais de bureau :

Enregistrement de Lens. Coût de 2.400 reçus timbrés à l'extraordinaire	235 20	
Coût de divers registres et imprimés. . . .	101 70	
Coût de 300 reçus de caisse.	19 80	
Affranchissement de lettres.	2 55	
		359 25

7° Dépenses administratives :

Jetons de présence des Administrateurs élus	116 »

8° Valeurs en réserve :

Achat de 3.000 fr. de rente 3 % amortisable avec jouissance des intérêts, à dater du 16 avril 1899	100.952 12	
Achat d'une obligation nominative des chemins de fer P.-L.-M., N° 4.437.797 en remplacement de l'obligation nominative des chemins de fer P.-L.-M., N° 3.534.823 sortie au tirage du 21 juillet 1899	468 70	
		101.420 82

9° Versement à la Trésorerie générale d'Arras, au compte individuel de chacun des ouvriers ayant moins de 25 ans révolus au 1er juillet 1895, usant du bénéfice de l'article 2 de la loi du 29 juin 1894	4.183 »

	Total des dépenses.	177.571 51

RÉSUMÉ DE LA SITUATION AU 31 DÉCEMBRE 1899

Recettes de l'année 1899. . . . . 154.404 57
Reliquat disponible au 1ᵉʳ janvier 1899 . . . . 89.638 90

Ensemble 244.043 47
A déduire : dépenses de l'année 1899. . . . . . 177.571 51

Reste disponible au 31 décembre 1899. . . 66.471 96

Ainsi qu'il appert des écritures de la Société Houillère de Liévin.

Situation financière

8.790 fr. de rente 3 % amortissable avec jouissance des
arrérages, les 16 avril et 16 octobre 1899 . . . . . . 294.712 77
360 obligations nominatives des chemins de fer P.-L.-M. 173.069 15
Solde disponible au 31 décembre 1899, déposé dans la
Caisse de la Compagnie de Liévin 66.471 96

Ensemble 534.253 88

DÉPARTEMENT DU PAS-DE-CALAIS

MINE DE HOUILLE DE LIÉVIN

SOCIÉTÉ DE SECOURS DE LA CIRCONSCRIPTION D'ARRAS
A LIÉVIN

COMPTE RENDU DES OPERATIONS DE 1899
(Loi du 29 juin 1894, Art. 15)

CHAPITRE PREMIER

Renseignements statistiques

	HOMMES		FEMMES	TOTAL
	Fond	Jour		
§ 1er — **Effectif du Personnel**				
Nombre des membres participants au 1er janvier 1899. A	3.354	851	258	4.463
Nombre des membres participants au 31 décembre 1899. . . . . B	4.033	607	270	4.910
Nombre des membres participants décédés dans l'année par suite d'accident	8	»	»	8
Nombre des membres participants décédés dans l'année pour d'autres causes	19	5	2	26
Effectif à compter pour l'année $= \dfrac{A+B}{2}$ dont 4.544 ouvriers et 143 employés	3.694	729	264	4.687
§ 2 — **Statistique des maladies**				
Nombre des cas de maladie de participants constatés.	3.131	200	180	3.511
Nombre des jours de maladie de participants constatés.	36.104	2.543	2.397	41.044
Nombre des jours de maladie { à plein tarif	34.547	2.178	2.397	39.122
de participants secourus { à tarif réduit	1.557	365	»	1.922

CHAPITRE II

Dépenses

Le tableau ci-dessous comprend tous les cas. Chaque Société n'aura à fournir que les chiffres se rapportant aux opérations effectuées par elle, en les décomposant, autant que possible, entre les diverses catégories de bénéficiaires, de la manière qui est indiquée ci-dessous :

Art. 1er. Frais médicaux (honoraires des médecins :

Pour 4.910 participants	7.483 24	
Pour 2.964 femmes de participants	4.517 34	21.587 15
Pour 6.080 enfants de participants	9.266 52	
Pour 210 ascendants de participants	320 05	

Art. 2. Frais pharmaceutiques (médicaments) :

Pour 4.419 participants	21.254 79	
Pour 2.668 femmes de participants	12.832 68	61.316 16
Pour 5.472 enfants de participants	26.319 62	
Pour 189 ascendants de participants	909 07	

Le tout ayant nécessité 64.035 bons de pharmacie.

Art. 3. Frais de traitements des participants dans les hôpitaux. ... 1.151 17

Art. 4. Secours statutaires en argent ou en nature aux participants malades 69.542 15

Art. 5. Frais funéraires :

Pour 27 participants	824 85	
Pour 19 femmes de participants	580 45	3.899 83
Pour 185 enfants de participants	2.341 78	
Pour 5 ascendants de participants	152 75	

Art. 6. Versements à la caisse nationale des retraites pour participants malades 3.115 68

Art. 7. Secours supplémentaires à des participants malades, 217 secours . . . . 3.936 »

Art. 8. Secours à des participants devenus infirmes, 7 ouvriers. ... 1.865 35

Art. 9. Secours :

A 29 femmes de participants décédés	2.705 73	
A 79 enfants de participants décédés	3.763 30	6.469 03
A ascendants de participants décédés	»	

Art. 10. Secours :

A 191 femmes de réservistes ou territoriaux	4.749 »	
A 309 enfants de réservistes ou territoriaux ayant nécessité 4.868 journées	3.686 »	8.435 »
A ascendants de réservistes ou territoriaux . . .	»	

Art. 11. Indemnités diverses aux participants . . . .   »

Art. 12. Indemnités diverses à la famille des participants. .   »

Art 13 :

Jetons de présence aux membres élus du conseil d'administration	544 »	
Indemnités aux membres du bureau	30 »	
Jetons de présence ou indemnités des visiteurs. . . .	1.139 »	
Frais judiciaires . . . . : .	»	3.000 35
Autres frais d'administration, Secrétariat et Trésorerie.	800 »	
Registres et imprimés	430 15	
Timbres et reçus de caisse.	39 20	
Frais de correspondance	18 »	

Total des dépenses 184.317 87

CHAPITRE III

Recettes

Art. 1er. Retenues sur les salaires.		123.603 63
Art. 2. Versement de l'exploitant		61.801 82
Art. 3. Allocations de l'Etat		» »
Art. 4. Dons		» »
Art. 5. Legs		» »
Art. 6. Amendes pour infractions aux statuts de la Société de secours.		» »
Art. 7. Amendes pour infractions aux règlements de l'entreprise . . .		8.717 30
Art. 8. Intérêts de fonds		2.934 72
Art. 9. Prélèvements sur les réserves		» »

Art. 10. Recettes diverses :

Versements des veuves pour gratuité des soins médicaux et pharmaceutiques 244 40

Ristourne des sommes qui n'ont pu être versés à la Caisse nationale des retraites par suite du décès ou du départ des ouvriers 381 29

Encaissement des journées de maladie non réclamées 382 90

1.008 59

Total des recettes 198.066 06

CHAPITRE IV

Résumé de la Situation au 31 décembre 1899

Recettes de l'exercice	198.066 06
Dépenses	184.317 87
Différence	13.748 19
Réserve au 31 décembre 1899	84.165 32
Réserve au 31 décembre 1898	70.417 13
Partie de la réserve nécessaire pour le service courant, conservée dans la caisse de la Société.	31.940 32
Partie de la réserve déposée à la Caisse des Dépôts et Consignations.	52.225 »

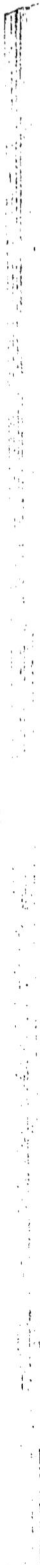

SOCIÉTÉ DES MINES DE LIÉVIN

RÈGLEMENT

SUR LES MESURES DE SURETÉ

Circulation des ouvriers dans le puits, manœuvres diverses aux accrochages, moulinages, etc.

ARTICLE PREMIER

Les ouvriers ne peuvent descendre ou remonter par les cages à plus de trois par berline ; ils ne doivent jamais y rentrer en l'absence du chargeur aux cages, soit du jour, soit du fond, spécialement préposé à ce service.

ARTICLE 2

Le chargeur fera entrer les hommes dans les berlines à l'accrochage ou à la recette, les poussera lui-même dans la cage et ne donnera le signal de départ convenu, que lorsque tout sera complètement en ordre.

Les ouvriers se placeront dans les berlines d'une manière convenable, afin de ne pas toucher aux guides, parachutes, etc., sur lesquels il est défendu de porter les mains.

ARTICLE 3

Les enfants âgés de moins de quatorze ans ne pourront remonter seuls ; ils devront être accompagnés d'un ouvrier fait.

ARTICLE 4

Défense expresse est faite d'entrer dans les cages ou d'en sortir aux accrochages où il ne se trouve ni chargeur, ni surveillant et de remonter en dehors des heures fixées, sauf le cas de blessure ou de maladie.

ARTICLE 5

Les chargeurs et les moulineurs ne devront retirer les ouvriers que lorsque la cage sera parfaitement reposée sur les taquets.

Il est interdit aux machinistes, moulineurs, chargeurs aux cages, ouvriers d'abouts de laisser aucun étranger s'occuper des manœuvres de leur service.

ARTICLE 6

Lorsque la cage renfermera des ouvriers, le machiniste ralentira la marche ordinaire de la machine surtout à l'approche de la recette et des accrochages et aura soin de poser les cages, sans choc, sur les taquets du fond et du jour.

ARTICLE 7

Les parachutes seront toujours tenus en parfait état.

Tous les jours. une visite minutieuse des cages, câbles, parachutes et autres organes d'extraction sera faite par une personne spécialement désignée à cet effet.

ARTICLE 8

Le matin, le chef moulineur ne laissera descendre le personnel qu'après qu'un voyage à vide aura été fait pour s'assurer qu'il n'y a aucun obstacle dans le puits.

ARTICLE 9

Des barrières mobiles seront installées à toutes les ouvertures ayant accès sur le puits, telles que moulinage, clichages au niveau du sol, entrées d'accrochages.

Les moulineurs, chargeurs, ouvriers d'abouts en service, sont exclusivement chargés de leur manœuvre. Après le travail de l'extraction et en l'absence des moulineurs et chargeurs, ces barrières seront fermées.

ARTICLE 10

Dans les cas spéciaux d'accrochages intermédiaires non desservis habituellement et non pourvus de taquets, les ouvriers pourront circuler sans berlines.

Dans ce cas, la présence d'un surveillant chargé d'assurer la sécurité, est indispensable.

ARTICLE 11

Les ouvriers qui travaillent dans le puits et qui doivent se placer sur la tête de la cage, seront munis de ceinture de sûreté et en feront usage.

Circulation et Manœuvre dans les plans inclinés

ARTICLE 12

Nul ne peut circuler sur un plan incliné, s'il n'y est appelé par son travail.

ARTICLE 13

Avant de monter dans un plan incliné, l'ouvrier donnera un signal, de la voix autant que possible, au conducteur de frein et ne commencera son ascension que lorsqu'il lui aura été répondu qu'il peut le faire.

Pour descendre dans le plan incliné, il préviendra le receveur et le conducteur du frein. Celui-ci ne pourra mettre l'appareil en marche, qu'après que le receveur lui aura donné un signal certain et convenu indiquant que l'ouvrier est arrivé en bas.

Autant que possible, ce signal sera donné de la voix.

ARTICLE 14

Dans la manœuvre des plans inclinés, quand une berline déraillera, le conducteur serrera le frein, descendra dans le plan pour replacer la berline sur les rails, puis remettra en mouvement après avoir prévenu le receveur et reçu la réponse de celui-ci.

ARTICLE 15

Pendant la marche des berlines, le receveur se retirera du plat, se tiendra dans la galerie horizontale et interdira absolument tout passage sur ce plat, tant que durera la manœuvre.

ARTICLE 16

Le conducteur du frein d'un plan automateur fixe, devra avoir soin, pendant toutes les périodes de repos, de tenir constamment l'entrée du plan incliné fermée par la chaîne ou la traverse en bois disposée à cet effet.

ARTICLE 17

Des barrières seront disposées sur les voies aboutissant à un plan incliné à chariot porteur et leur manœuvre est confiée au hercheur.

Transport

ARTICLE 18

Il est défendu aux ouvriers :

1º De monter sur un train en marche. (*Cette défense ne s'applique pas aux conducteurs et garde-trains*) ;

2º De circuler dans les galeries où ils ne sont pas appelés par leur travail.

ARTICLE 19

L'emploi des enrayures en bois est formellement interdit et il est recommandé aux hercheurs de placer leurs enrayures pendant que leur berline est encore sur la voie plate.

ARTICLE 20

En descendant sur les voies en pente, il est également interdit aux rouleurs de se placer en avant des berlines chargées.

ARTICLE 21

Avant de descendre sur une montée. (*Voie inclinée nécessitant un aide pour remonter la berline vide*), le hercheur devra s'arrêter, envoyer son aide au pied et ne se remettre en marche que lorsqu'il aura reçu de celui-ci le signal convenu indiquant que la montée est libre. Ce signal sera donné de la voix autant que possible.

ARTICLE 22

Dans le cas du chargement d'une berline sur une voie en pente, un double mode de retenue doit toujours être appliqué pour l'empêcher de se remettre en marche inopinément.

Abatage, boisage dans les tailles, coupage
et boisage des voies

ARTICLE 23

Les ouvriers mineurs chargés de l'abatage de la houille, devront se préoccuper avant tout, de l'état de solidité du terrain et des conditions du boisage. Avant de commencer leur travail, ils examineront soigneusement si le boisage placé précédemment n'a pas été déplacé par quelque cause accidentelle et remédieront tout d'abord à ce qu'il pourrait avoir de défectueux.

ARTICLE 24

Le boisage devra toujours être suffisamment solide et poussé le plus près possible des fronts de taille.

Il suivra immédiatement l'abatage et sera établi sur toute la hauteur ou largeur de la taille, avant le départ des ouvriers.

Les ouvriers se conformeront entièrement du reste à toutes les prescriptions des porions à cet égard.

ARTICLE 25

Pendant le havage, l'ouvrier aura soin de placer les bois et coins nécessaires au soutènement de la partie sous-cavée.

ARTICLE 26

Il est expressément défendu à un ouvrier de travailler seul dans un chantier isolé.

ARTICLE 27

Pour le coupage des voies, l'ouvrier ne dégarnira le toit qu'après avoir assuré les abords de la taille.

Les releveurs de terre se tiendront dans la taille où les pierres leur seront jetées par le coupeur de mur. Ils devront éviter de se placer sous le banc du toit.

Emploi de la poudre

ARTICLE 28

Dans le tirage à la poudre, au moyen de la fusée de sûreté, lorsqu'une mine ratera, les ouvriers ne devront retourner vers la mine que *vingt-quatre* heures après, au plus tôt. Ils avertiront le porion et condamneront par deux bois mis en croix, les galeries aboutissant à leur travail ou qui en seraient trop voisines, de manière à n'exposer aucun de leurs compagnons, aux effets de l'explosion inattendue de cette mine. Le porion prévenu s'assurera si ces galeries sont condamnées.

En aucun cas, ils ne devront chercher à débourrer un fourneau de mine ratée, même après l'avoir noyée, ils l'abandonneront pour en battre une à côté, à une distance telle que les deux trous ne puissent se rencontrer.

ARTICLE 29

Après avoir mis le feu à une mine, les ouvriers en se retirant, devront se répartir dans toutes les directions, voies ou châssis qui aboutissent à cette mine. afin d'empêcher que personne n'en approche avant l'explosion. En retournant ensuite sur le lieu de leur travail, ils examineront attentivement si la projection du bloc de pierres ou de charbon, n'a pas dérangé le boisage ou ébranlé les parois voisines.

ARTICLE 30

Les bourroirs en bois sont seuls autorisés.

ARTICLE 31

Il est expressément défendu aux ouvriers ;

1º De pénétrer dans une galerie fermée par un barrage :
2º De toucher à un barrage établi ;
3 D'emporter de la poudre chez eux.

ARTICLE 32

Relativement à l'emploi de la dynamite et à l'emploi de la poudre dans les fosses ou dans les quartiers grisouteux, les ouvriers devront se conformer aux règlements spéciaux relatifs à ces objets.

AVALERESSE

Mesure de sûreté

RÈGLEMENT

ARTICLE 33

Les ouvriers qui descendront ou qui remonteront par les tonneaux devront être attachés par des ceintures de sûreté.

ARTICLE 34

Les ouvriers devront, avant de monter, avertir les moulineurs et le machiniste par des signaux à leur disposition et par la voix autant que possible.

Le machiniste ainsi prévenu, modérera la vitesse de sa machine surtout à l'endroit où les tonneaux se croisent. Le ralentissement au point de rencontre des tonneaux lui est du reste ordonné, même lorsque ceux-ci ne contiennent pas d'ouvriers.

Pour sortir des tonneaux, lorsqu'ils arriveront au jour, les ouvriers auront soin d'attendre qu'ils aient un peu dépassé le seuil du puits et que la machine soit en repos.

Ils devront alors sortir sans précipitation pendant qu'un moulineur tient les chaînettes du tonneau, pour empêcher celui-ci d'osciller.

Tirage à la poudre

ARTICLE 35

Pendant le tirage à la poudre, tous les mineurs non nécessaires pour mettre le feu aux mines se retireront par les échelles, à une distance telle qu'ils ne soient pas exposés aux atteintes des fragments de roche qui pourraient être lancés par l'explosion.

L'ouvrier chargé de mettre le feu aux mines remontera également par les échelles, il proportionnera toujours la longueur des fusées au temps qui lui est nécessaire pour se retirer.

L'Ingénieur en Chef,
Signé : VIALA.

Soumis à l'approbation de M. le Préfet du Pas-de-Calais.
Liévin, le 22 mai 1883.

L'Agent Général de la Société houillère de ,Liévin,
Signé : Désiré PARENT.

Vu et proposé à l'approbation de M. le Préfet du Pas-de-Calais.
Arras, le 30 mai 1883.

L'Ingénieur en Chef des Mines,
Signé : DUPORCQ.

Le Préfet du Pas-de-Calais, Chevalier de la Légion d'Honneur.

Vu le décret du 3 janvier 1813 sur la police des Mines et conformément à la décision de M. le Ministre des Travaux publics, du 11 août 1883.

Approuve le présent règlement.

Arras, le 20 août 1883.

Le Préfet,
Signé : BIHOURD.

RÈGLEMENT

SUR LES

MINES A GRISOU ET SUR LES MINES A POUSSIÈRES INFLAMMABLES

Arrêté préfectoral du 24 mars 1898

SECTION I

Aérage et dispositions générales

ARTICLE PREMIER.

En dehors de la période préparatoire, aucun travail ne peut être poursuivi dans une mine à grisou sans qu'elle ait au moins deux communications distinctes avec le jour, aménagées de manière à permettre la circulation des ouvriers occupés dans les divers chantiers de ladite mine.

Ces deux issues devront être situées et disposées de manière à ne pouvoir pas être compromises par un même accident qui surviendrait soit dans la mine, soit à la surface. L'entrée et la sortie de l'air auront lieu par des puits ou galeries distincts.

ARTICLE 2.

Toute mine à grisou doit être aérée par un moyen mécanique de ventilation.

ARTICLE 3.

Les mines à grisou sont classées, sur l'avis des Ingénieurs des mines, l'exploitant entendu, comme *mines franchement grisouteuses* ou comme *mines faiblement grisouteuses*.

Ce classement est fait par siège d'extraction ou par quartiers indépendants, étant réputés quartiers indépendants ceux n'ayant de commun, au point de vue de l'aérage, que les voies principales d'entrée et de sortie d'air.

ARTICLE 4.

§ 1. L'exploitation des *mines à grisou* se fera autant que possible par étages pris en descendant et de façon à éviter d'accumuler de vieux travaux dangereux sous des travaux en activité.

§ 2. Les mines importantes ou étendues seront divisées en quartiers indépendants.

§ 3. L'aérage doit être ascensionnel dans les chantiers.

Toutefois on pourra aérer au moyen d'un courant d'air descendant les ouvrages pris en gradins droits et un travail préparatoire, soit au rocher, soit au charbon.

On pourra même exceptionnellement user de cette faculté pour un travail quelconque, quand les conditions du gisement l'exigeront absolument, à condition d'en avertir préalablement les Ingénieurs des mines.

Dans tous les cas, des dispositions spéciales seront prises pour assurer l'assainissement de ces travaux.

Dans son ensemble, la circulation de l'air dans les retours doit être ascensionnelle.

§ 4. Excepté pour des travaux préparatoires ou pour des cas exceptionnels, l'aérage ne peut avoir lieu par tuyaux ou canars.

ARTICLE 5.

Toute *mine franchement grisouteuse* doit être munie de moyens de ventilation à air comprimé, ou de tous autres moyens mécaniques d'une efficacité équivalente, pour assurer l'aérage auxiliaire de travaux particuliers ou exceptionnels.

ARTICLE 6.

Les dispositions nécessaires seront prises à la surface pour que du grisou sortant de la mine par le puits de retour d'air ne puisse s'enflammer à un foyer ou à une flamme du voisinage.

ARTICLE 7.

Les *mines franchement grisouteuses* seront exploitées avec remblais complets autant que les conditions de l'exploitation le permettront ; les galeries à abandonner devront être remblayées avant leur délaissement toutes les fois que cela sera reconnu nécessaire.

Les *mines faiblement grisouteuses* pourront être exploitées par remblais partiels.

Les remblais devront être aussi imperméables à l'air que possible, et serrés contre le toit.

Ils suivront le front de taille d'aussi près que possible, tout en évitant des vitesses de courant d'air excessives.

Les cloches se produisant dans les chantiers et aux toits des galeries seront entièrement et soigneusement remblayées ou convenablement aérées.

Les voies et les travaux abandonnés, ou arrêtés et non aérés, seront rendus inaccessibles aux ouvriers.

ARTICLE 8.

§ 1. Toute *mine franchement grisouteuse*, qui n'aura pas deux ventilateurs équivalents avec machine distincte, susceptibles chacun d'assurer l'aérage normal de la mine, aura, outre le ventillateur assurant l'aérage normal, un appareil mécanique de ventilation de nature à assurer la continuation de l'aérage et à permettre aux ouvriers de sortir en toute sécurité en cas d'arrêt accidentel du ventilateur ; ce cas arrivant, on ne pourra maintenir dans la mine que le personnel jugé par l'Ingénieur de la mine en rapport avec l'aérage restant.

Toutes mesures doivent être prises pour qu'en cas d'arrêt accidentel du ventilateur le second ventilateur ou l'appareil de secours soit aussitôt mis en marche.

§ 2. Dans les *mines faiblement grisouteuses*, le ventilateur ne peut être arrêté que sur l'ordre écrit et suivant les conditions fixées par l'Ingénieur de la mine ; tout arrêt accidentel doit lui être immédiatement signalé, sans préjudice des mesures que les chefs porions ou porions auraient cru devoir prendre immédiatement pour assurer la sécurité du personnel.

§ 3. En tout cas, lorsque la ventilation mécanique aura été arrêtée pendant un chômage de l'exploitation, la rentrée des ouvriers ne pourra avoir lieu que sur l'ordre et dans les conditions fixées par l'Ingénieur de la mine.

ARTICLE 9.

Le ventilateur sera établi, autant que possible, en un point et dans les conditions qui le mettent à l'abri en cas d'explosion.

13

ARTICLE 10.

Tout ventilateur doit être muni d'un manomètre à eau et d'un appareil enregistrant automatiquement les dépressions ou surpressions.

ARTICLE 11.

Tous les ouvrages souterrains, accessibles aux ouvriers, doivent être parcourus par un courant d'air suffisant pour déterminer l'assainissement et garantir contre tout danger provenant des gaz nuisibles et des fumées, dans les circonstances normales de l'exploitation.

Les travaux des étages dont l'exploitation est terminée ou abandonnée et qui pourraient occasionner du danger seront efficacement isolés des travaux en activé ou ventilés ; dans ce dernier cas, ils auront un retour d'air spécial soigneusement écarté de tout chantier ou de toute galerie actuellement fréquentée.

ARTICLE 12.

Les puits et galeries servant au parcours de l'air doivent rester en bon état d'entretien et être facilement accessibles dans toutes leurs parties.

ARTICLE 13.

Toute mine à grisou aura un plan d'aérage spécial tenu à jour, sur lequel seront indiquées la direction et la répartition des courants d'air, la situation de toutes les portes obturantes ou à guichets, ainsi que les stations de jaugeage.

ARTICLE 14.

Les travaux seront disposés de manière à réduire le nombre des portes pour diriger ou diviser le courant d'air.

Dans les galeries très fréquentées on n'emploiera que des portes multiples convenablement espacées; des mesures seront prises pour que l'une au moins de ces portes soit toujours fermée.

Il en sera de même pour toute porte dont l'ouverture intempestive pourrait apporter des perturbations dans un ou plusieurs des courants d'air principaux.

Les portes doivent se refermer d'elles-mêmes.

Celles qui sont temporairement sans usage seront enlevées de leurs gonds.

ARTICLE 15.

Le nombre des chantiers simultanément en activité sur un même courant d'air sera en rapport avec leur production, le volume d'air et le dégagement du grisou ; la teneur en grisou du retour d'air d'aucun chantier ne doit dépasser normalement 1,50 % pour les chantiers de traçage et 1,00 % pour les travaux de dépilage.

ARTICLE 16.

Les jaugeages du courant d'air devront être effectués à des intervalles de un mois au plus.

Ils devront être renouvelés dès que, par suite d'un nouveau percement, d'une modification dans les portes ou pour toute autre cause, il se sera produit ou il aura pu se produire une modification essentielle dans la direction, la distribution ou la répartition de quelqu'une des branches principales du courant d'air.

Les jaugeages seront faits à l'entrée et à la sortie de la mine, à l'origine et à l'extrémité de chacune des branches principales du courant d'air et immédiatement en avant et en arrière des chantiers ou groupes de chantiers.

Les jaugeages autres que ceux des tailles et chantiers seront effectués dans des stations à ce disposées.

Les résultats des jaugeages seront consignés, à leur date, sur le registre d'aérage.

ARTICLE 17.

La teneur en grisou des retours d'air est relevée quotidiennement dans les *mines franchement grisouteuses* et au moins une fois par semaine dans les *mines faiblement grisouteuses*, au moyen d'un indicateur donnant des résultats immédiats. Ces résultats sont contrôlés, au moins une fois par mois, dans les mines franchement grisouteuses, au moyen d'un appareil de dosage. Les teneurs ainsi déterminées sont consignées à leur date sur un registre.

Toute *mine à grisou* devra avoir au moins deux indicateurs de grisou.

Les indicateurs doivent déceler une teneur de un quart pour cent de gaz, et l'erreur sur la teneur indiquée ne doit pas dépasser 2 millièmes du volume total. Leur emploi ne doit pas exposer à des dangers plus sérieux que ceux pouvant résulter des types de lampes de sûreté agréés en vertu de l'article 25.

ARTICLE 18.

Les *mines franchement grisouteuses* devront être visitées tous les jours, à la lampe de sûreté, avant la reprise du travail.

Dans les *mines faiblement grisouteuses*, cette visite pourra n'être faite que le lendemain des jours de chômage ou après une suspension de la ventilation.

Dans l'un et l'autre cas, la visite sera faite par un agent à ce désigné, dans les conditions fixées par une consigne.

Cette consigne indiquera, s'il y a lieu, les points d'arrêt que les ouvriers ne pourront franchir avant que la visite ait été effectuée.

Les résultats de la visite seront consignés dans des registres.

Les ouvriers sont tenus de rechercher la présence du grisou dans leurs chantiers, notamment au début du poste et à chaque reprise du travail.

ARTICLE 19.

On devra porter sur le plan des travaux, en les distinguant les uns des autres, les barrages construits contre des feux et ceux faits pour fermer les vieux travaux ; on y distinguera les galeries et chantiers remblayés de ceux qui ne l'auraient pas été.

ARTICLE 20.

Sauf pour l'exécution de travaux indispensables en cas de sauvetage ou de danger imminent, il est interdit de travailler, de circuler ou de séjourner dans les points de la mine où le grisou marque à la lampe.

Si, pendant leur travail, la flamme des lampes annonce la présence du grisou, les ouvriers sont tenus de se retirer en tenant la lampe près du sol, et ils doivent immédiatement prévenir un chef-porion ou un porion pour que les mesures nécessaires soient prises.

Dans les cas prévus au § 1er, les travaux ne pourront être exécutés que d'après les indications directes de l'Ingénieur responsable, par des ouvriers de choix, sous la surveillance et en la présence continue d'un préposé spécial, sous réserve des mesures urgentes que les chefs-porions ou porions auraient cru devoir prendre pour assurer la sécurité du personnel.

ARTICLE 21.

Des mesures seront prises pour assainir tout chantier où la présence du grisou aura été signalée en quantité dangereuse. On se conformera pour cela aux prescriptions de l'article 23.

Jusqu'à ce qu'il ait été assaini, l'accès du chantier sera interdit par une fermeture effective.

En attendant que cette fermeture ait pu être posée, l'accès est interdit par deux bois placés en croix.

Nul, sans ordre spécial, en dehors des Ingénieurs, chefs-porions et porions, ne peut pénétrer dans un chantier interdit, ni toucher au dispositif de fermeture ou d'interdiction.

ARTICLE 22.

On doit faire précéder de sondages les chantiers dirigés vers d'anciens travaux ou vers des régions dans lesquelles on peut craindre des amas de grisou.

Dans le cas où le trou de sonde dénote à la lampe de sûreté la présence du grisou, les ouvriers arrêtent le travail, évacuent le chantier en plaçant à son entrée le signal d'interdiction et préviennent le chef-porion ou le porion.

ARTICLE 23.

Les amas de grisou formés accidentellement ne doivent être dissipés qu'avec la plus grande prudence, et seulement lorsqu'on a la certitude de ne pas créer un danger sur le parcours de sortie. L'Ingénieur des travaux dirigera lui-même ces opérations ou déléguera un chef-porion ou porion pour les exécuter, d'après les instructions qu'il devra lui donner.

Il est interdit de chercher à chasser le grisou en agitant des vêtements.

ARTICLE 24.

Aucune modification ne peut être introduite dans les dispositions générales de l'aérage d'une mine sans la permission écrite du directeur des travaux ou de l'Ingénieur.

Toutefois, en cas d'urgence, les chefs-porions et porions peuvent prendre les mesures immédiates nécessaires, en en référant de suite à l'Ingénieur.

Il est interdit de laisser ouverte une porte d'aérage non sortie de ses gonds et d'obstruer entièrement ou particulièrement un courant d'air.

D'autre part il est prescrit aux ouvriers d'avertir sans retard les porions ou autres agents de la surveillance, s'ils s'aperçoivent d'un dérangement quelconque survenu à la ventilation ordinaire, d'un accident aux portes, gaines ou cloisons d'aérage, enfin de toute infraction au règlement qui pourrait mettre la mine en danger.

SECTION II

Éclairage

ARTICLE 25.

Il n'est fait usage, pour l'éclairage des mines à grisou, que de lampes de sûreté des types Mueseler (type réglementaire belge), Marsaut ou Fumat, ou de toute autre lampe dont le type et les conditions d'emploi seront agréés par le Préfet. Toutefois l'usage des lampes à feu nu est toléré dans la colonne des puits d'entrée d'air et aux recettes d'accrochage de ces puits.

ARTICLE 26.

Les lampes de sûreté sont fournies et entretenues par l'exploitant.

Elles ne sont remises pour être employées et ne peuvent être employées que fermées de telle sorte que leur ouverture en service ne puisse avoir lieu sans rompre ou fausser tout ou partie des organes et sans en laisser des traces apparentes et aisément discernables.

Les modes de fermeture à employer pour satisfaire à ces conditions doivent être agréés par le Préfet.

ARTICLE 27.

Chaque lampe porte un numéro distinct.

Avant la descente, la lampe est remise par le lampiste, et sous sa responsabilité, en parfait état, garnie, allumée et dûment fermée. Il ne doit délivrer aucune lampe à un homme en état d'ivresse.

Toute personne qui reçoit une lampe doit s'assurer qu'elle est complète et en bon état ; elle doit refuser celle qui ne paraît pas remplir ces conditions. Si on la trouve ouverte ou détériorée entre ses mains, elle sera considérée comme l'ayant ouverte ou détériorée elle-même.

Toute ouverture ou tentative d'ouverture est formellement interdite, sauf pour le rallumage dans les conditions prévues à l'article 30.

ARTICLE 28.

Un contrôle, tenu à la lampisterie sous la responsabilité du lampiste, doit permettre de connaître le nom de toute personne descendue dans la mine et le numéro de la lampe qui lui a été remise.

ARTICLE 29.

Un agent spécialement désigné vérifiera l'état de chaque lampe après la remise par le lampiste et avant l'entrée dans les travaux.

ARTICLE 30.

Une lampe éteinte dans la mine doit être rallumée à la lampisterie du jour; elle peut aussi être dans les travaux, soit échangée contre une lampe allumée, soit rallumée par un agent à ce autorisé, le tout dans les points et sous les conditions que fixera une consigne que l'exploitant transmettra aux Ingénieurs des mines.

Inscription immédiate doit être faite de tout échange de lampe.

ARTICLE 31.

Toute lampe détériorée pendant le travail ou dont le tamis viendrait à rougir doit être immédiatement éteinte et rapportée, pour être échangée dans les conditions indiquées à l'article précédent.

ARTICLE 32.

Les lampes doivent être placées à l'abri des chocs qui pourraient détériorer les toiles métalliques ou briser les verres.

On doit éviter de les exposer à de forts courants d'air tels que ceux se produisant à l'orifice des gaines et tuyaux d'aérage et aux interstices des portes.

On ne doit pas éteindre les lampes, quand besoin en est, en soufflant dessus; on doit noyer la mèche ou étouffer la flamme avec précaution sous des vêtements.

Lorsqu'on doit évacuer un chantier à raison de l'envahissement du grisou, on se retirera sans précipitation en agitant la lampe le moins possible et en la tenant près du sol.

ARTICLE 33.

Les lampes ne doivent jamais être abandonnées dans les chantiers, même momentanément.

ARTICLE 34.

Au sortir de la mine, les lampes sont remises au lampiste qui relève et signale des défectuosités.

Quiconque ne rend pas au lampiste la lampe que celui-ci lui a remise le prévient des causes et conditions du changement.

SECTION III

Explosifs

ARTICLE 35.

L'emploi de la poudre noire est interdit dans les mines à grisou.

Il ne peut y être fait usage que d'explosifs détonants qui devront satisfaire aux conditions suivantes :

1° Les produits de leur détonation ne contiendront aucun élément combustible, tel que hydrogène, oxyde de carbone, carbone solide ;

2° Leur température de détonation ne devra pas être supérieure à 1,900° pour les explosifs employés aux percements au rocher, ni à 1,500° pour ceux employés dans les travaux en couche.

ARTICLE 36.

Les explosifs détonnants ne peuvent être employés dans une mine à grisou que dans les conditions fixées par des ordres écrits du Directeur ou de l'Ingénieur.

ARTICLE 37.

Le bourrage est fait avec des terres argileuses ou autres matières plastiques qu'on doit employer non durcies.

Elles ne doivent pas être mêlées à des poussières charbonneuses ou à des débris de quartz ou d'autres matières dures.

La hauteur du bourrage ne sera pas inférieure à $0^m,20$ pour les premiers 100 grammes de la charge avec addition de 5 centimètres pour chaque centaine de grammes ajoutée ; on ne sera toutefois jamais obligé de dépasser $0^m,50$.

Les bourroirs sont exclusivement en bois.

La détonation de la cartouche sera provoquée par une capsule fulminante assez énergique pour assurer la détonation de l'explosif même à l'air libre.

Les cartouches et les amorces doivent toujours être séparées. Elles sont tenues dans des boîtes en bois, étuis ou sacs distincts, isolés les uns des autres, et bien fermés.

ARTICLE 38.

Pourront être autorisés, sur le rapport des Ingénieurs des mines :

1° Dans un travail de percement au rocher, l'emploi d'explosifs détonants autres que ceux désignés à l'article 35 ;

2° Une hauteur de bourrage moindre que celle prévue au 3e alinéa de l'article précédent.

ARTICLE 39.

L'allumage des coups ne peut être fait que par des boute-feux spéciaux non intéresssés dans le travail du chantier. Ils devront faire bourrer la mine en leur présence et y mettre eux-mêmes le feu.

En cas de dispersion trop grande des chantiers, l'Ingénieur pourra désigner un ouvrier de choix pour faire fonction de boute-feu dans le chantier où il est occupé.

ARTICLE 40.

L'allumage, s'il n'est pas fait à l'électricité, aura lieu par des moyens évitant autant que possible la projection de flammèches.

On ne se servira que de mèches fabriquées de manière à ne pas donner de projections latérales pendant la propagation du feu.

La longueur de la mèche, comptée depuis l'avant de la cartouche antérieure, sera d'au moins 0^m,80 ; et son extrémité libre devra toujours être à 0^m, 25 au moins du plafond.

ARTICLE 41.

Aucun coup de mine ne peut être allumé avant que le boute-feu ou l'ouvrier en faisant fonction n'ait constaté, par une visite minutieuse, l'absence de grisou dans le rayon où sa présence pourrait être dangereuse.

Cette visite doit être faite immédiatement avant l'allumage de chaque coup ou le tir de chaque volée.

Il est interdit : 1° De tirer aucun coup de mine dans une région sèche ou poussiéreuse, avant d'avoir soigneusement humecté le sol ou enlevé les poussières dans le rayon du voisinage où le coup serait susceptible de les soulever ;

2° De jamais allumer plusieurs mines à la fois dans un chantier poussiéreux. On doit attendre que les poussières soulevées par l'explosion d'une mine soient tombées avant de mettre le feu à la suivante.

SECTION IV

Dispositions diverses

ARTICLE 42.

Dans les mines à poussières inflammables, l'emploi des explosifs pour les travaux au charbon est soumis aux dispositions des articles 35 à 41.

ARTICLE 43.

Le travail des chantiers ou galeries dans lesquels on a lieu de craindre des dégagements instantanés de grisou est conduit dans les conditions que fixe une consigne approuvée par le Préfet.

En tout cas, le retour d'air de ces chantiers ne devra pas passer par d'autres chantiers en exploitation ou par des voies servant normalement au roulage ou à la circulation.

ARTICLE 44.

En cas de feux on devra prendre les mesures nécessaires pour éviter que, dans aucun cas, un courant d'air chargé de grisou en proportion dangereuse, vienne en contact du front des barrages établis pour circonscrire les feux.

ARTICLE 45.

Toute mine à feux doit être munie d'une canalisation d'eau sous pression qui permette de les combattre immédiatement.

ARTICLE 46.

Il est interdit de fumer dans les mines à grisou et d'y porter des pipes, du tabac à fumer, du papier à cigarettes, des allumettes ou tous autres engins et matières pouvant produire de la flamme, ainsi que tout outil pouvant servir à ouvrir indûment les lampes.

Pour constater l'observation de ces prescriptions, les chefs porions, porions et agents assermentés sont autorisés à visiter les vêtements, paniers et sacs des ouvriers, sans que ceux-ci puissent s'y opposer.

ARTICLE 47.

Il est interdit aux ouvriers de parcourir, sans permission spéciale, d'autres voies que celles qu'ils ont à suivre pour se rendre à leur chantier et en revenir ou pour exécuter leur travail.

ARTICLE 48.

Il est interdit de faire travailler seul un ouvrier dans des points où, en cas d'accident, il n'aurait pas à bref délai quelqu'un pour le secourir.

ARTICLE 49.

Aucune personne étrangère au service ne doit pénétrer dans la mine sans la permission de l'exploitant qui la fait accompagner.

ARTICLE 50.

Le présent règlement doit être porté à la connaissance de tous les employés et ouvriers par un affichage permanent. Un extrait imprimé, contenant tout ce qui est relatif aux ouvriers, doit en être remis par l'exploitant, contre reçu, à tout ouvrier, lors de l'embauchage.

L'exploitant doit adresser aux Ingénieurs des Mines les règlements, consignes et instructions que mentionnent les articles précédents.

Les ouvriers sont tenus de se conformer aux prescriptions dudit règlement ainsi qu'aux ordres qui leur seraient donnés par le Directeur, les Ingénieurs, chefs porions. porions et surveillants, en vue d'assurer la sécurité du personnel.

Le Préfet,

ALAPETITE.

CONSIGNES RELATIVES AUX MINES GRISOUTEUSES

CONSIGNE RELATIVE A L'ARTICLE 18.

Visite pour le grisou

Les Agents spécialement désignés pour la visite de la mine, avant la reprise du travail, recherchent la présence du grisou, et interdisent aux ouvriers l'entrée des chantiers contaminés. Ils portent, surtout, leur attention sur les points où l'aérage est moins actif et où le grisou peut s'accumuler, tels qu'aux toits des galeries, aux coupures des tailles, aux cloches, cassures et relais de toit, aux fronts des montages, particulièrement dans les travaux préparatoires et en cul de sac et ceux qui sont aérés par canars, ventilateurs secondaires ou air comprimé.

Pour ces recherches ils sont munis d'une lampe de sûreté ordinaire.

Si dans leur visite ils constatent le grisou en quantité non inquiétante, ils essaient de le chasser avec les moyens simples dont ils disposent, mais sans jamais agiter des vêtements. S'ils n'y parviennent pas, ils indiquent sa présence par de petites croix en bois clouées au boisage.

Si le grisou est en quantité dangereuse, ils ne chercheront pas à le chasser et interdiront le chantier, ou la galerie, à toutes les issues et à une distance suffisante par deux bois mis en croix. Ils avertiront, le plus rapidement possible, le porion, le chef porion et l'Ingénieur pour que la fermeture prescrite par l'article 21 du règlement général soit installée sans retard, en attendant que l'amas de gaz puisse être dissipé conformément aux prescriptions de l'article 23 du même règlement.

Ils doivent, dans tous les cas, se rencontrer avec le porion du matin et lui rendre compte du résultat de leur visite et des mesures qu'ils ont prises.

Avant de quitter la mine, ils doivent, autant que possible, rendre compte de leur visite au chef porion et, en tout cas, faire un rapport écrit indiquant les points où ils ont rencontré du grisou, la quantité de grisou constatée et les mesures prises pour le faire disparaître.

CONSIGNES RELATIVES A L'ARTICLE 30.

Rallumage des lampes

Le rallumage des lampes est autorisé au fond, à la condition qu'il soit effectué dans une galerie débouchant directement dans le puits d'entrée d'air, en un point désigné par l'Ingénieur.

La lampisterie établie en ce point doit pouvoir être fermée à clef. L'entrée en est interdite aux ouvriers. Le lampiste ne doit, en aucun cas, s'absenter sans en avoir fermé la porte à clef et enlevé la clef, qu'il remet à son remplaçant, ou au chef lampiste du jour, au changement de poste.

Ce lampiste doit être un homme de confiance, désigné par l'Ingénieur. Il s'assure du bon état de toutes les parties des lampes qui lui sont remises pour être rallumées, les remplace en cas de besoin, vérifie la fermeture et note les changements de verre ou de tamis.

Il est responsable, au même titre que les lampistes du jour, des lampes qu'il rallume ou donne en échange.

Toute lampe présentée non fermée, ou avec le système de fermeture faussé ou abimé, doit être retenue par lui, avec les nom et prénoms de l'ouvrier, et le porion prévenu commence immédiatement une enquête.

Un préposé peut être autorisé à faire des échanges de lampes, quand c'est absolument nécessaire, il note, alors, les numéros des lampes éteintes et de celles remises en échange, et les nom et prénoms de l'ouvrier.

Si l'échange des lampes éteintes et rallumées a lieu par l'intermédiaire de porteurs de feu, ceux-ci doivent être spécialement désignés. Ils sont munis d'un carnet sur lequel ils notent le numéro de la lampe éteinte, celui de la lampe remise, et les nom et prénoms de l'ouvrier. Ils remettent ce calepin au chef lampiste du jour à la remonte et le reprennent le lendemain à la descente.

Dans le cas où une provision de lampes allumées serait mise, en certains points, à la disposition des ouvriers, elles devraient être renfermées dans des niches fermant à clef, et placées sous la surveillance d'un ouvrier de confiance, spécialement désigné, qui aurait seul la clef et serait seul autorisé à faire des échanges. Il serait muni d'un carnet comme celui des porteurs de feu, et y inscrirait les mêmes indications.

CONSIGNE RELATIVE A L'ARTICLE 36.

Emploi des explosifs détonants

Les boute-feux et les ouvriers en faisant fonction, aux termes de l'article 39 du règlement général, sont seuls chargés du transport et de l'emploi des explosifs. En descendant dans la mine, chacun d'eux doit être porteur d'un bulletin visé par l'Ingénieur, indiquant les chantiers dans lesquels il est autorisé à employer les explosifs durant son poste.

Le boute-feu ne fera sauter la mine que s'il a fait, relativement au grisou et aux poussières, la visite réglementaire prévue par l'article 44 du règlement, visite qui devra s'étendre jusqu'à 15 mètres, au moins, du point où la mine est placée.

Il suivra à la lettre les prescriptions du règlement sur le grisou et sur l'emploi de la dynamite.

Il proportionnera la charge de la mine au travail à faire, de façon à éviter les mines faisant canon, il refusera de charger les mines dont la profondeur serait insuffisante pour permettre un bourrage efficace.

L'emploi des explosifs sans bourrage, c'est-à-dire, autrement que dans un trou de mine et avec la longueur de bourrage réglementaire est absolument interdit.

Avant de charger une mine, le boute-feu s'assurera que le trou ne dégage pas de grisou. S'il en dégage, il ne chargera pas la mine et en référera à ses chefs.

Le boute-feu veillera à ce que toutes les directions aboutissant à une mine soient gardées.

Il interdit l'entrée des voies aboutissant à une mine ratée.

Avant de procéder au chargement du coup foré en remplacement du coup raté, dans les conditions prévues par le règlement sur la dynamite, on doit déblayer complètement le chantier. L'enlèvement des déblais du second coup se fera avec précaution et le boute-feu recherchera l'explosif de la mine ratée.

Le briquet et l'amadou qui servent au boute-feu pour mettre le feu à la mine doivent être tenus dans un sac spécial, afin d'être isolés du sac à capsules et du sac aux explosifs.

Quand le boute-feu sera appelé à circuler dans la mine sans le sac aux explosifs, celui-ci devra être déposé dans un coffre fermant à clef.

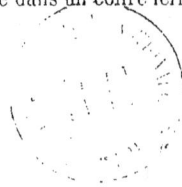

DOUAI — IMPRIMERIE PAUL DUTILLEUX

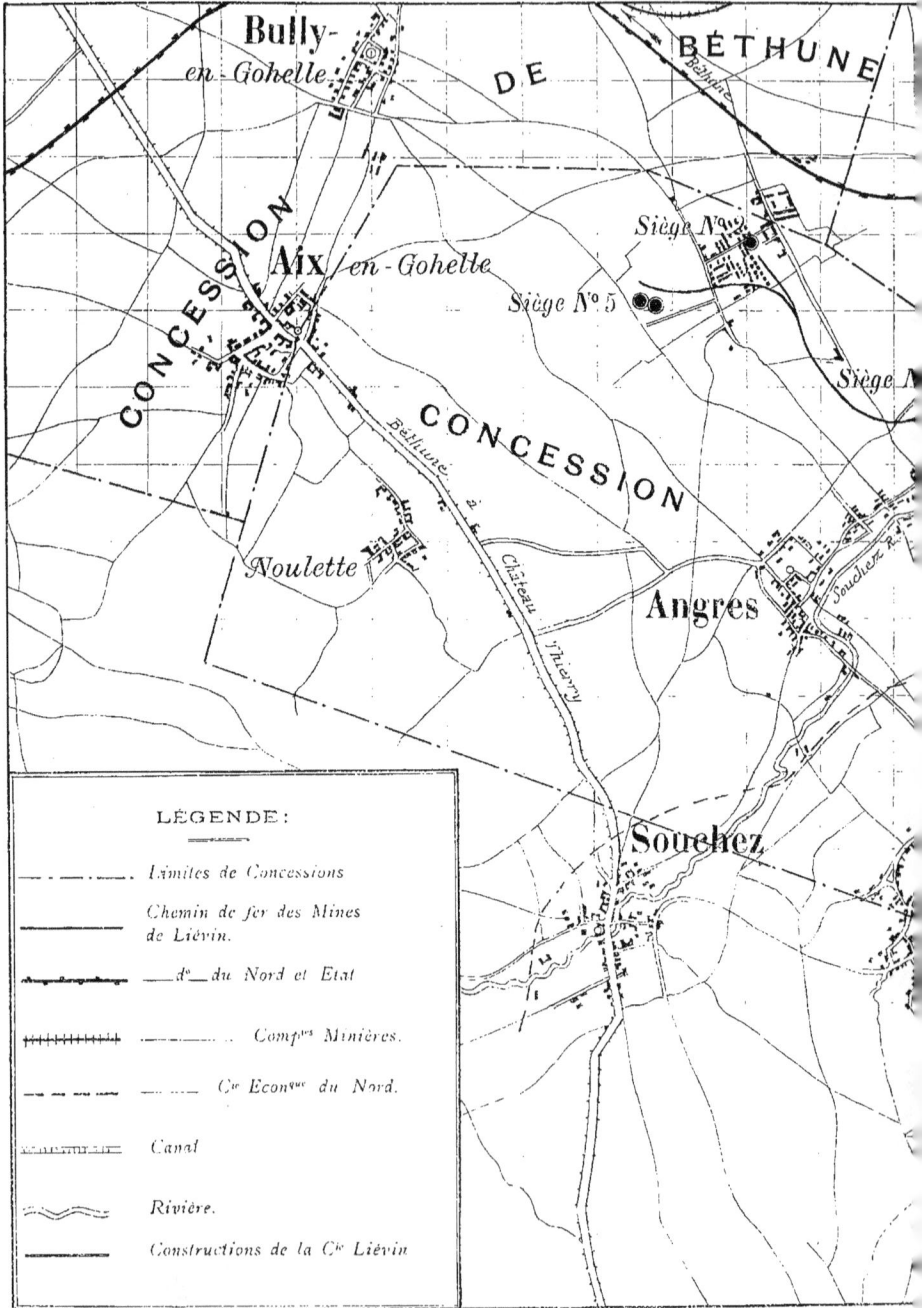

Bully-
en-Gohelle

DE

BÉTHUNE

CONCESSION

Aix en-Gohelle

Siège N°

Siège N° 5

Siège N

CONCESSION

Noulette

Angres

Souchez

LÉGENDE:

_._._._._ ..... Limites de Concessions

——————— Chemin de fer des Mines
de Liévin.

—•—•—•— d° du Nord et Etat

++++++++++ ..... Comp^ies Minières.

— — — — — ... Cie Econ^que du Nord.

...•...•... Canal

∿∿∿∿∿ Rivière.

——————— Constructions de la Cie Liévin

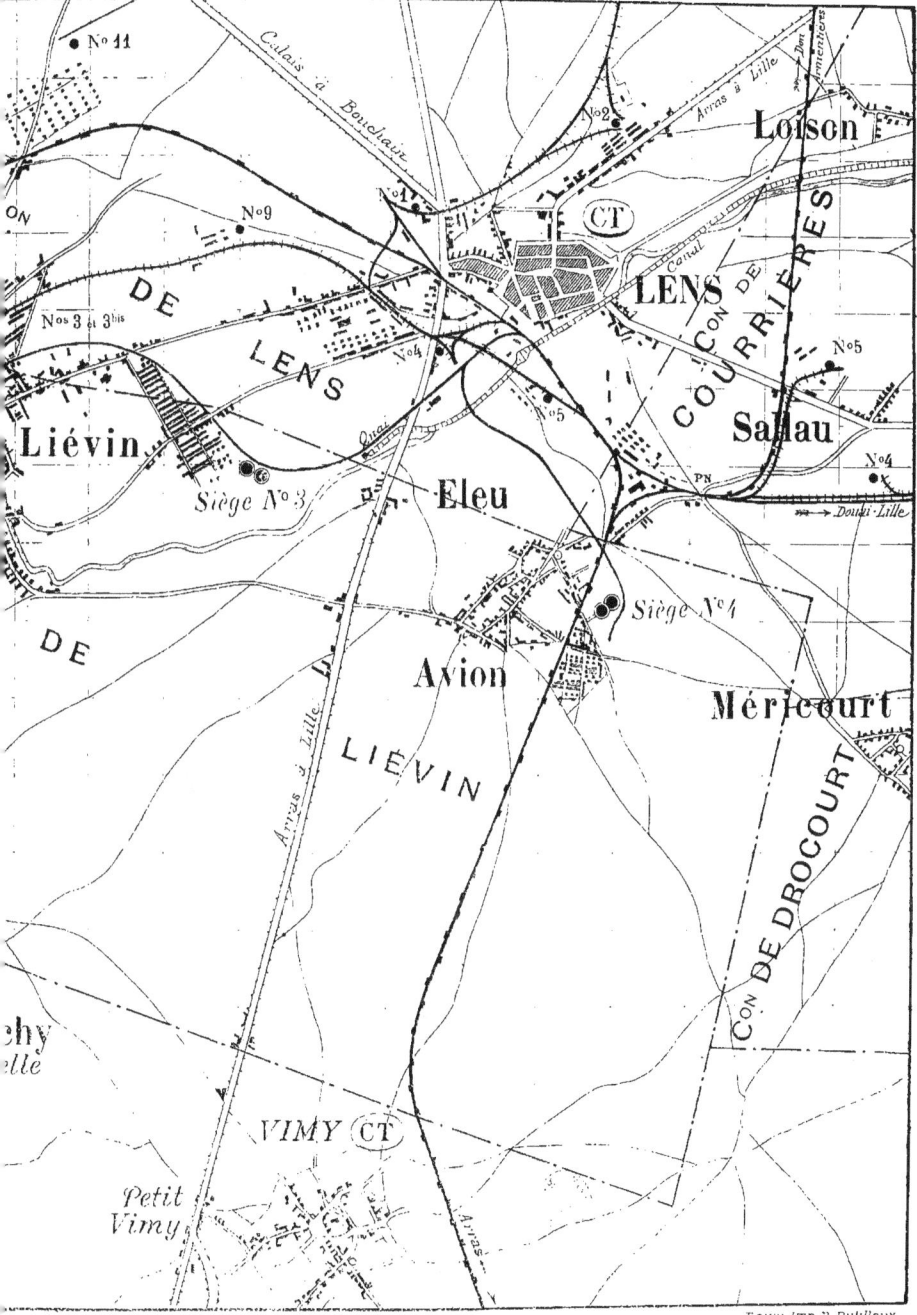

LIÉVIN

Echelle $\frac{1}{40.000}$

No 11

Calais à Bouchain

Arras à Lille

No 2

Loison

No 9

CT

LENS

C^{ON} DE

COURRIÈRES

ON

DE

No 3 et 3bis

LENS

No 4

No 5

Canal

Liévin

No 5

Sallau

Siège No 3

Eleu

PN

No 4

Douai-Lille

Quai

DE

Siège No 4

Avion

Méricourt

LIÉVIN

Arras à Lille

C^{ON} DE DROCOURT

chy
elle

VIMY CT

Petit
Vimy

Arras

Douai Imp P Dutilleux.

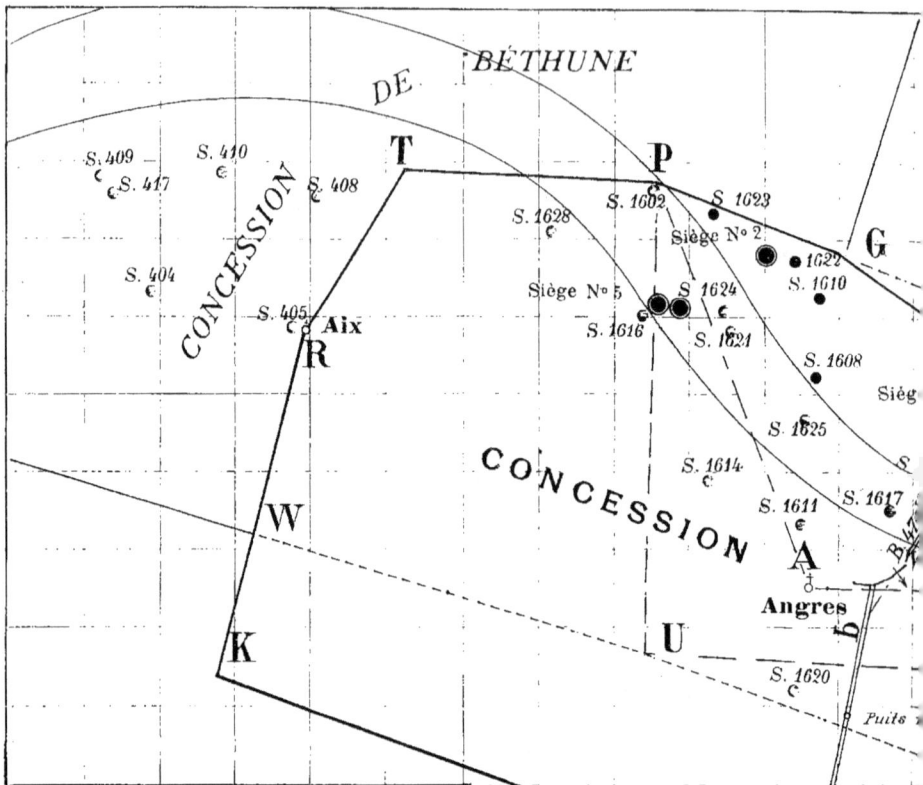

BÉTHUNE

S. 409
S. 417
S. 410
S. 408
CONCESSION DE
T
P
S. 1602
S. 1623
S. 1628
Siège N° 2
G
S. 404
S. 1622
S. 1610
Siège N° 5
S. 1624
S. 405
Aix
R
S. 1616
S. 1621
S. 1608
Siège
S. 1625
Siège
W
CONCESSION
S. 1614
S. 1611
S. 1617
K
A
Angres
U
S. 1620
Puits

N°ˢ des Sondages	Épaisseur des morts terrains	Épaisseur		Profondeurs	
		Dévonien rouge	Schistes gris	du T. houiller	des Sondages
417	144ᵐ00	108ᵐ20	155.48	407ᵐ48	501.84
1628	140.00	63.00	105.63	309.58	353.96
1613	126.20	"	44.50	170.70	212.00
1626	142.00	"	17.00	159.00	351.00
1630	141.00	77	111.00	329.00	387.60
2010	150.50	168	123.00	441.50	551.75

Tableau des terrains traversés par les Sondages

Souchez
S. 1699

LÉGENDE.

⊚ Puits

• Sondages ayant rencontré le terrain houiller en-dessous du Crétacé.

◉ Sondages ayant rencontré les terrains anciens en-dessous du Crétacé.

□ Affleurement du Houiller au Crétacé.

□ id. des Schistes gris (Gédinnien inférieur ou Silurien supérieur)

□ Affleurement du Gédinnien supérieur (Dévonien rouge)

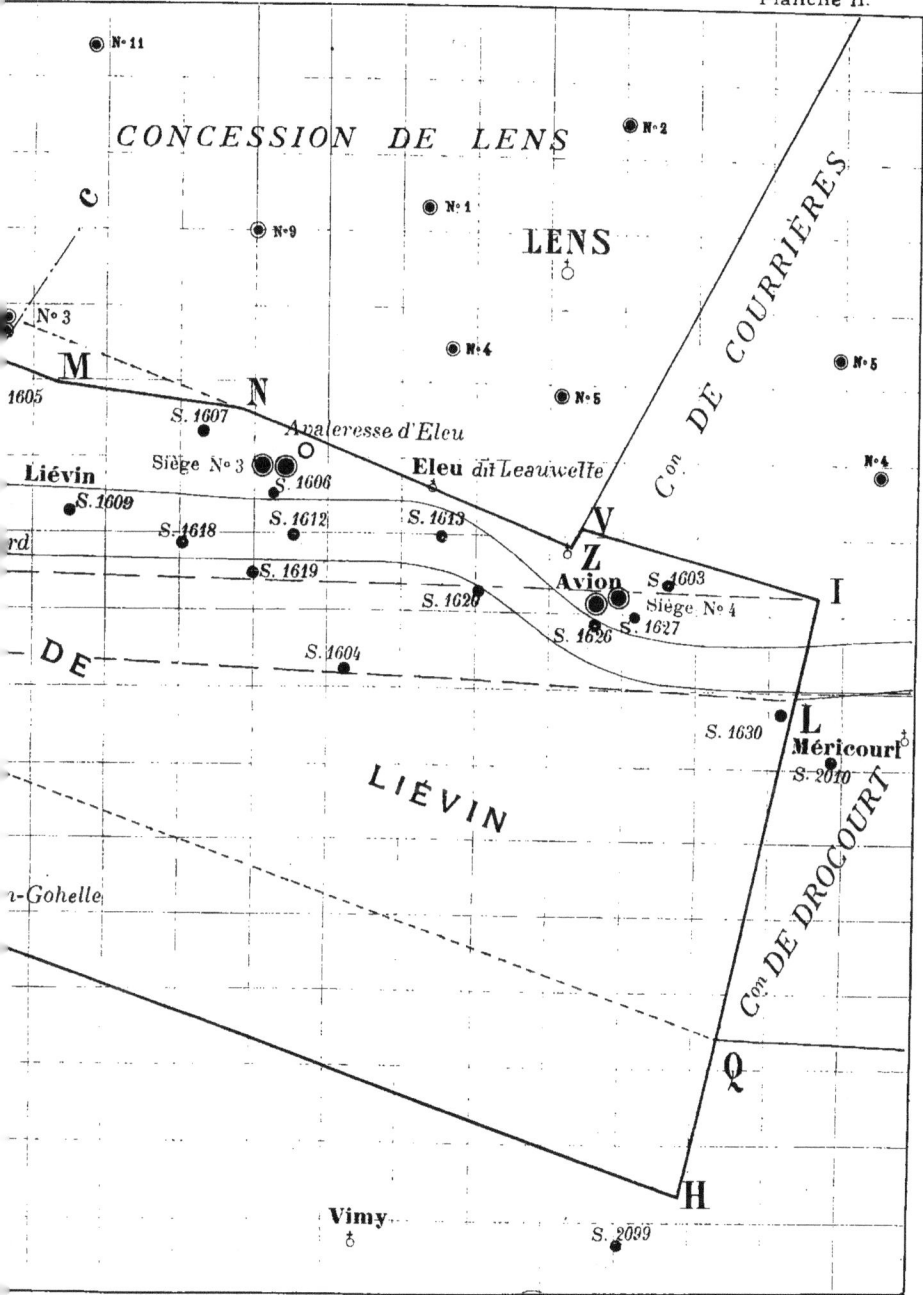

N° 11

CONCESSION DE LENS

N° 2

c

N° 1

N° 9

LENS

N° 3

N° 4

N° 5

M

N

N° 5

N° 4

1605

S. 1607

Analeresse d'Eleu

Liévin

Siège N° 3

Eleu dit Leauwette

S. 1606

S. 1609

N

rd

S. 1618

S. 1612

S. 1613

Z

I

S. 1619

Avion

S. 1603

S. 1620

Siège N° 4

S. 1627

DE

S. 1626

S. 1604

L

S. 1630

Méricourt

LIÉVIN

S. 2010

C⁰ⁿ DE COURRIÈRES

i-Gohelle

Q

C⁰ⁿ DE DROCOURT

H

Vimy

S. 2099

Douai Imp. P. Dutilleux

Echelle 1/40.000

Echelle: $\dfrac{1}{20.00}$

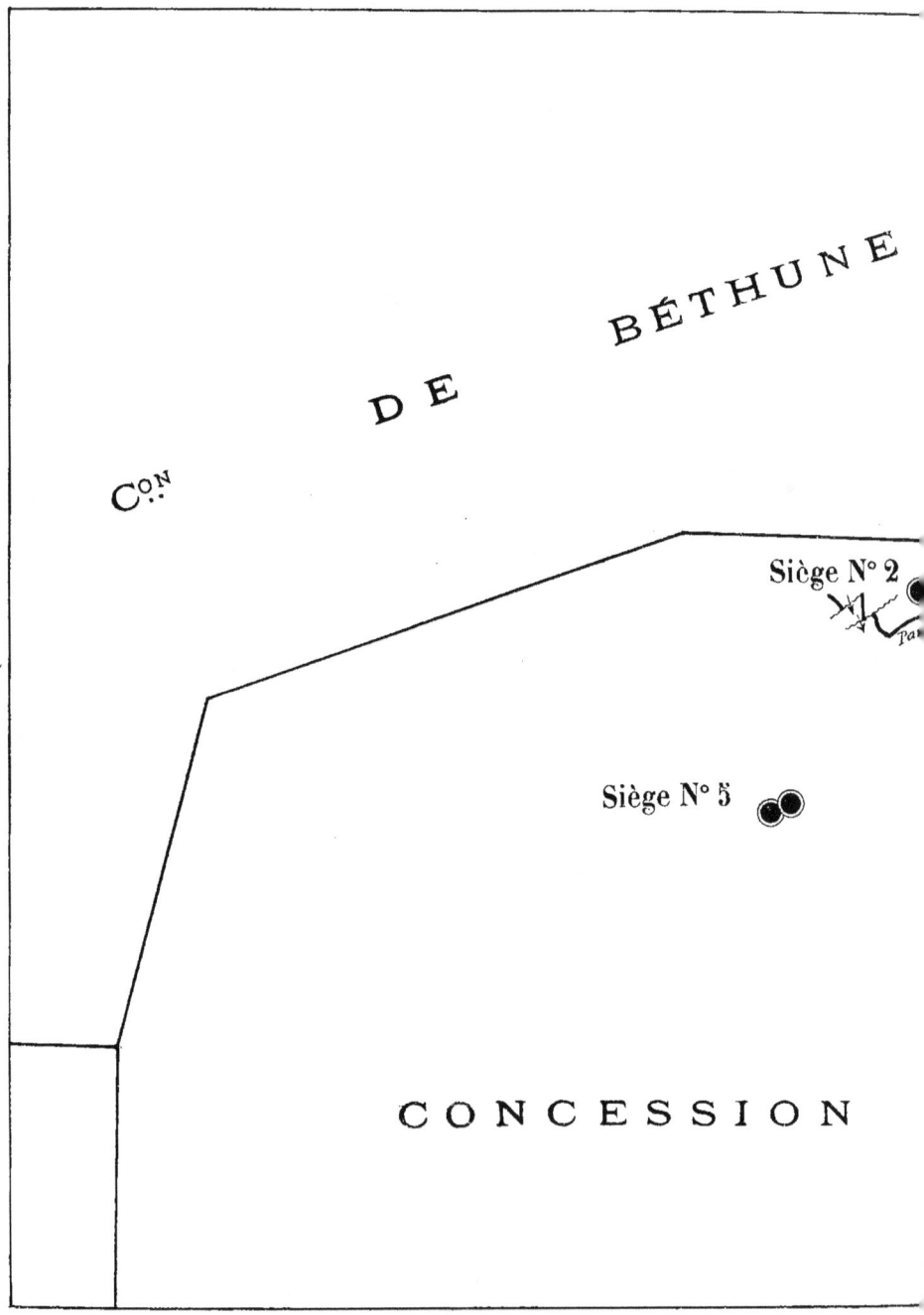

BÉTHUNE

D E

C^{ON}

Siège N° 2

Siège N° 5

CONCESSION

PLAN DES VOIES DE NIVEAU

Echelle: $\frac{1}{20.000}$

Planche 18.

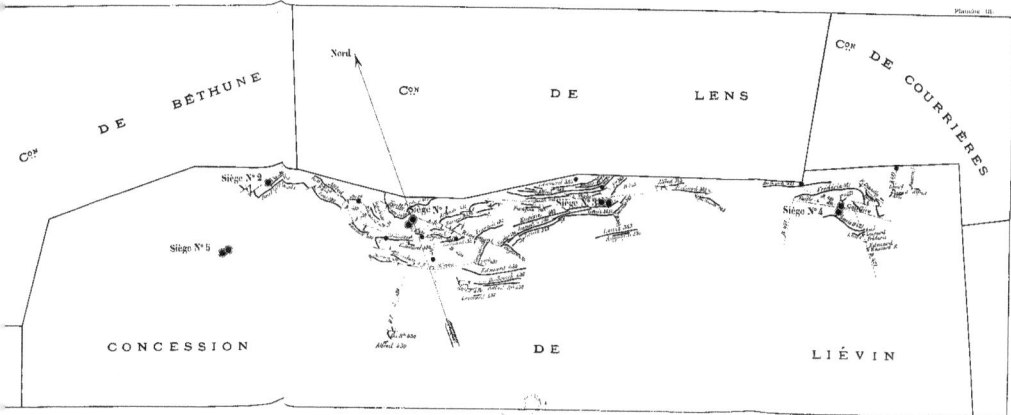

C^{on} DE BÉTHUNE

C^{on}

Nord

C^{on} DE LENS

C^{on} DE COURRIERES

Siège N° 2

Siège N° 5

Siège N° 4

CONCESSION

DE

LIÉVIN

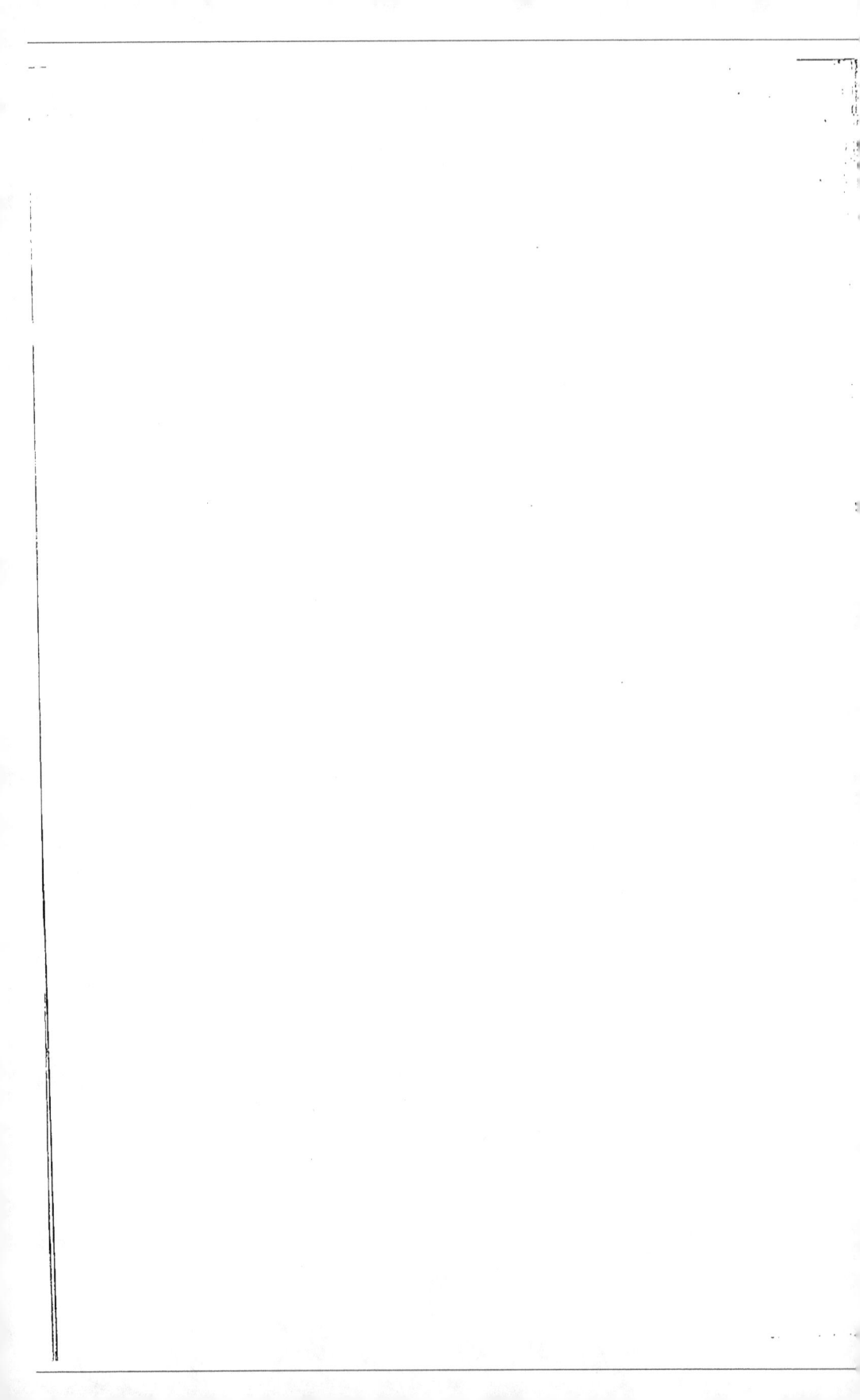

SOCIÉTÉ HOUILLÈRE DE LIÉVIN

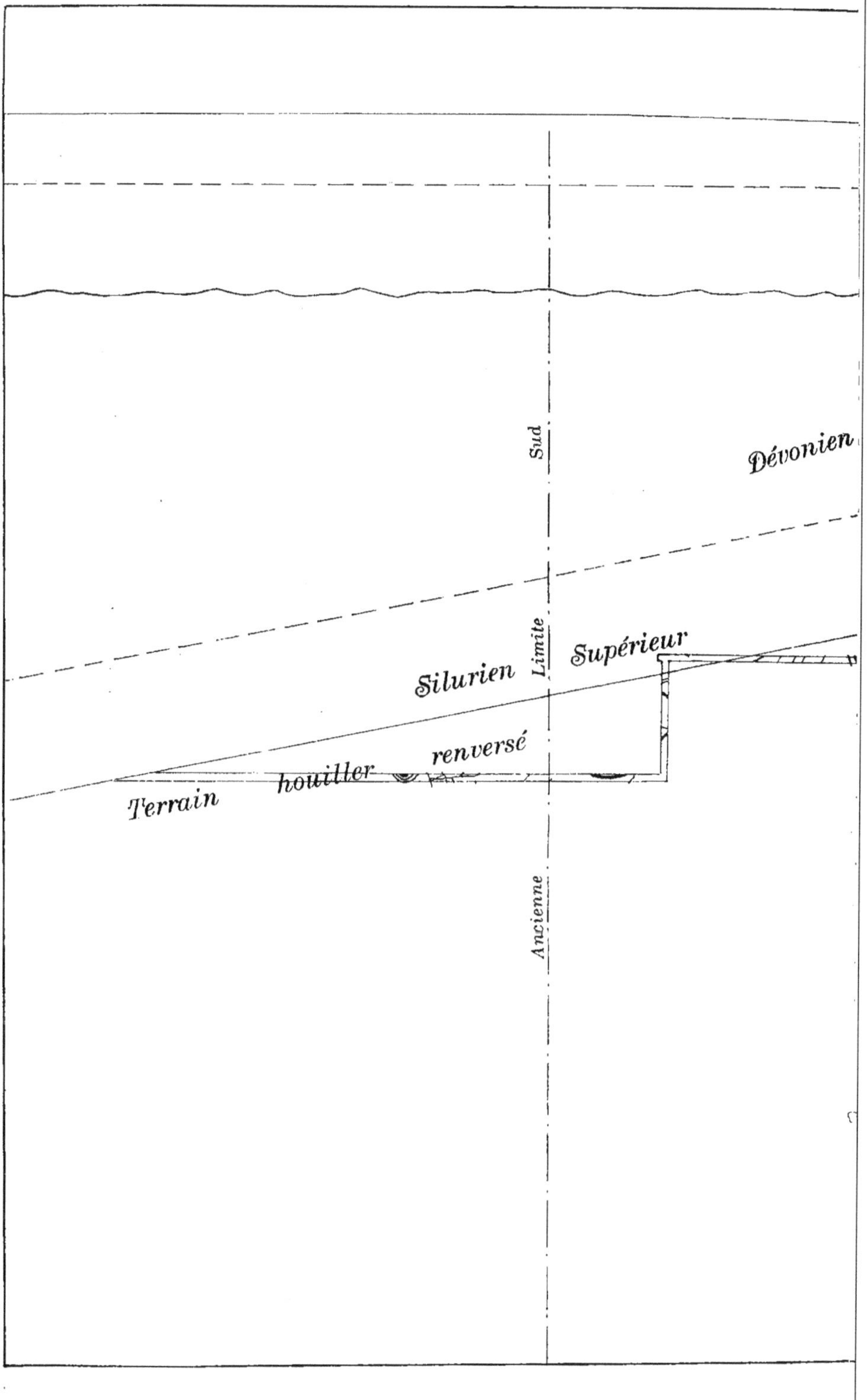

SIÈGE N° 1 — COUPE PAR LA BOWETTE SUD AU NIVEAU DE 476ᵐ   (Ligne abc du Plan)

Échelle de

Niveau de la mer

TERRAIN   CRÉTACÉ

Dévonien *Dévonien supérieur*

Dévonien *moyen moyen inférieur*   Premier renversés incomplets

Bituleux *Houiller* *Supérieur*

Terrain *houiller inférieur*

B COTE AL 576

N.B. Une bôche jaune a été posée entre Lénard et Beaumont,
pour amortir à l'œil le mouvement des terrains.

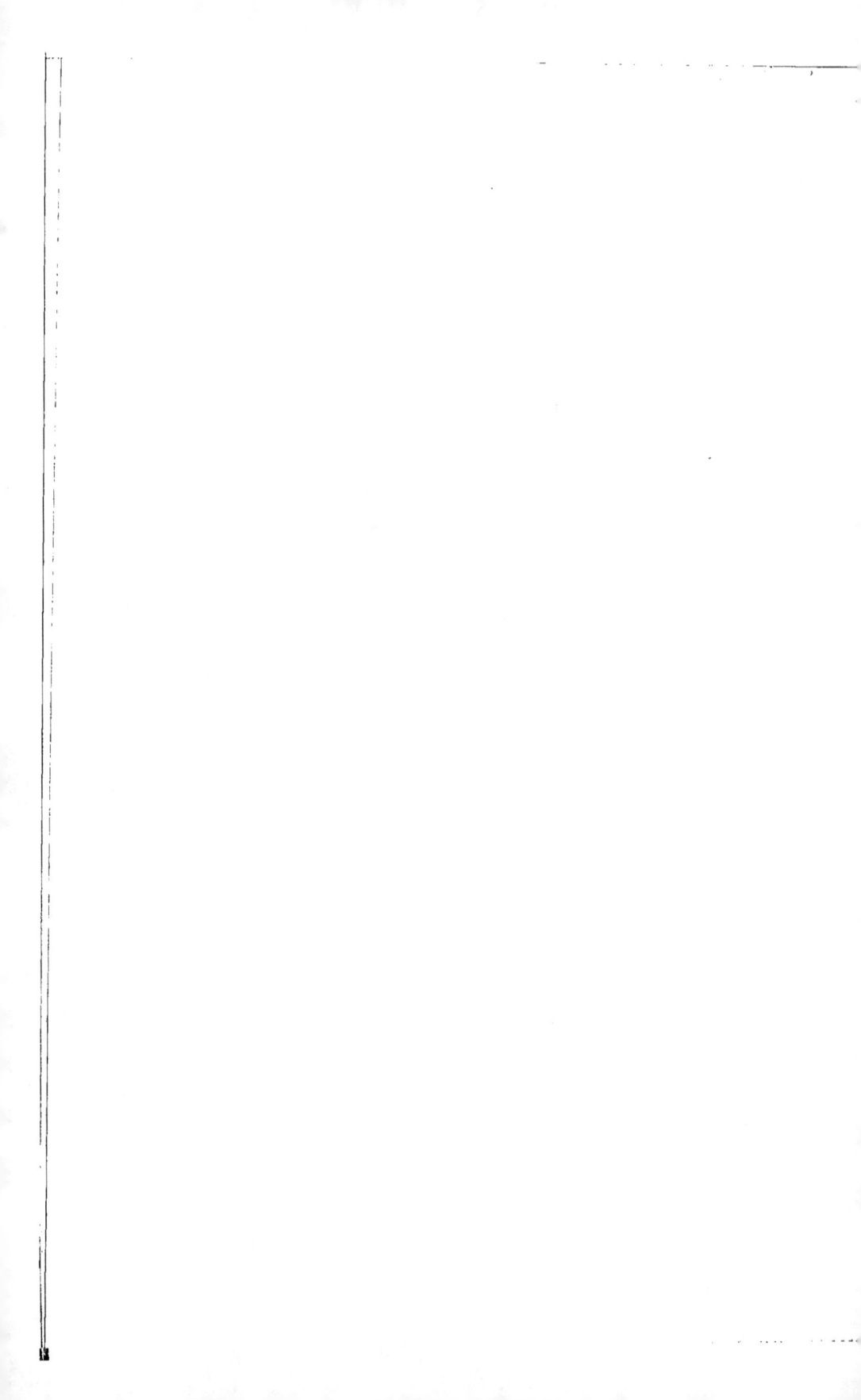

SOCIÉTÉ HOUILLÈRE DE LIÉVIN

SIÈGE FORMÉ P.

COUPE NORD-SUD PA

NIVEAU DU SOL - 50ᵐ 35?

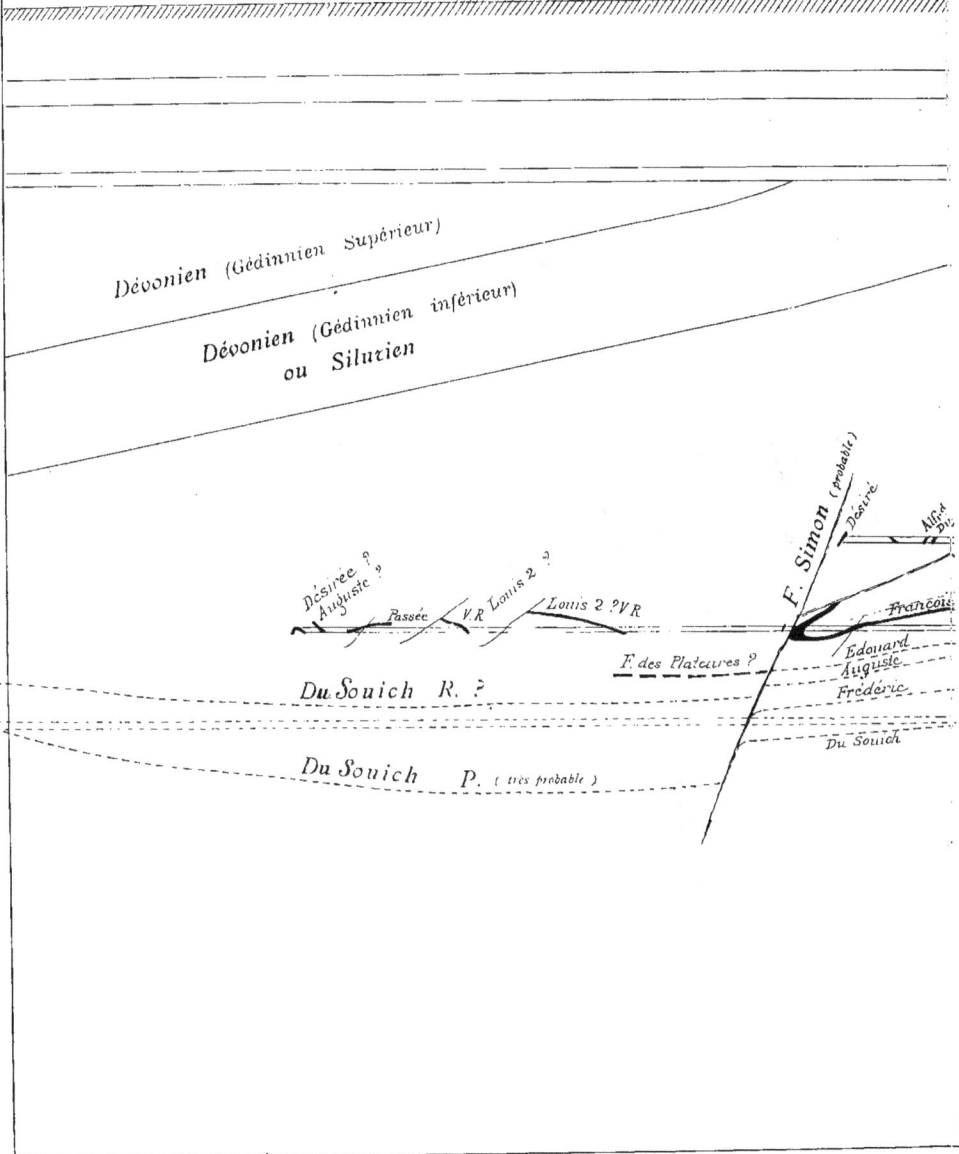

Dévonien (Gédinnien Supérieur)

Dévonien (Gédinnien inférieur)
ou Silurien

Désirée ?
Auguste ?
Passée   V.R Louis 2 ?   Louis 2 ?VR

F. Simon (probable)

Désiré

Alfred
Dt.

François

F. des Plateures ?

Edouard
Auguste

Du Souich R. ?

Frédéric

Du Souich

Du Souich P. (très probable)

LES PUITS Nᵒˢ 3-3ᵇⁱˢ

L'AXE DU PUITS Nᵒ 3

rapport au niveau de la mer

Echelle de $\frac{1}{5000}$

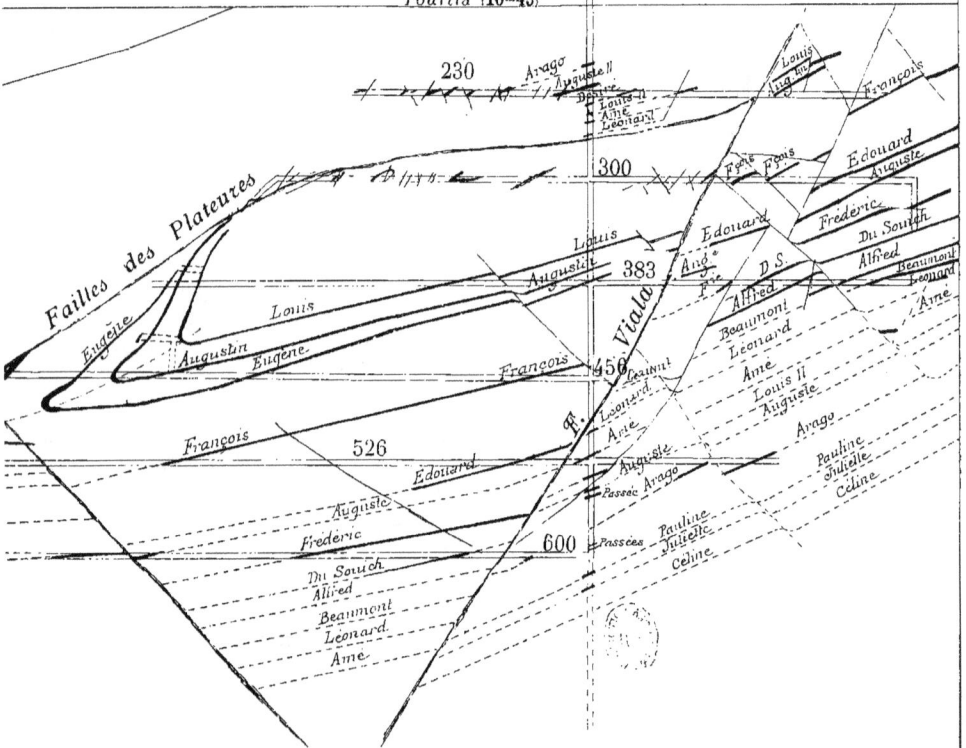

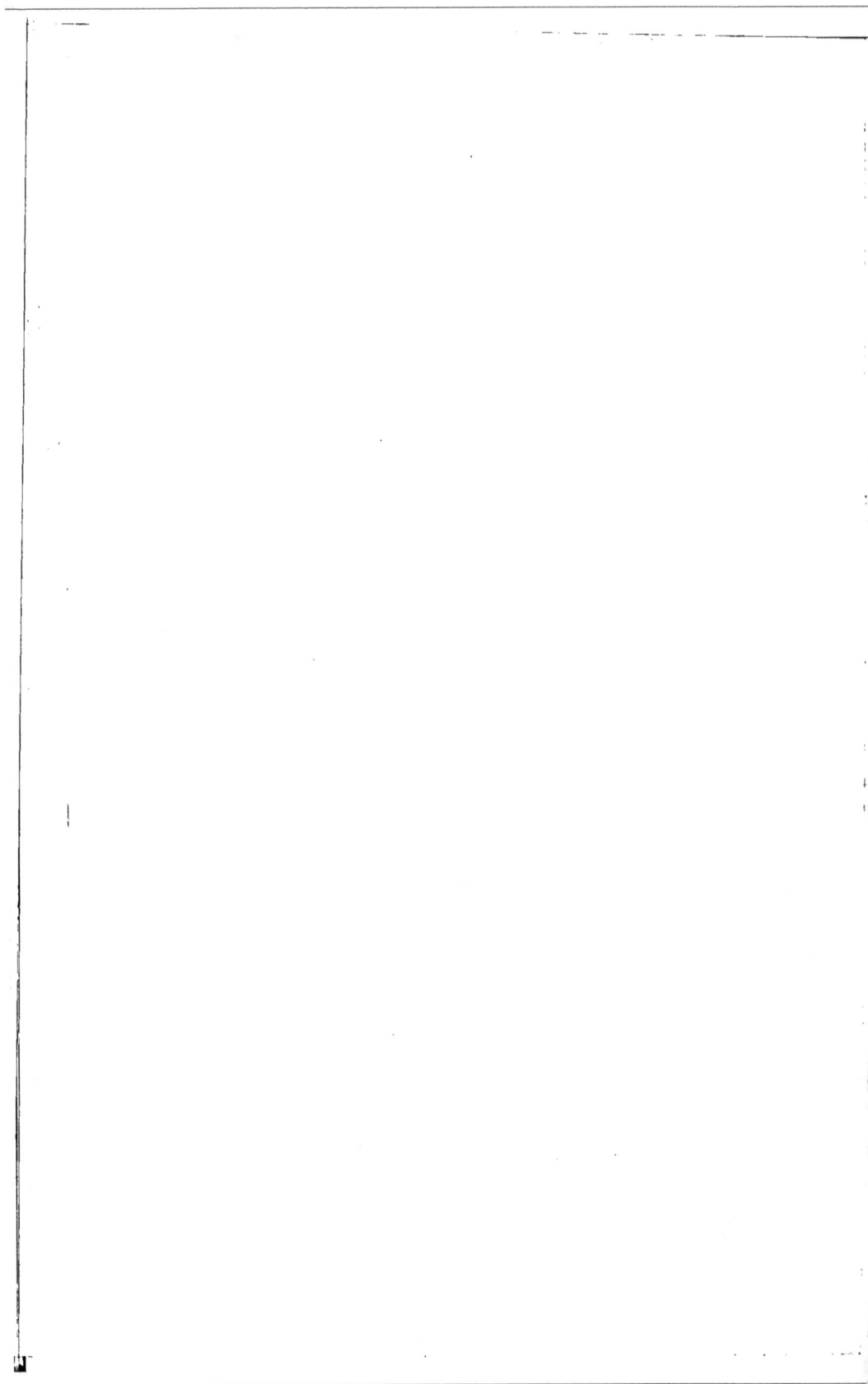

SOCIÉTÉ HOUILLÈRE DE LIÈVIN

COUPE NORD-SUD PAR L'AXE DU PUITS N° 2

Echelle de $\dfrac{1}{5000}$

NIVEAU DU SOL — 65m06 par rapport au niveau de la mer

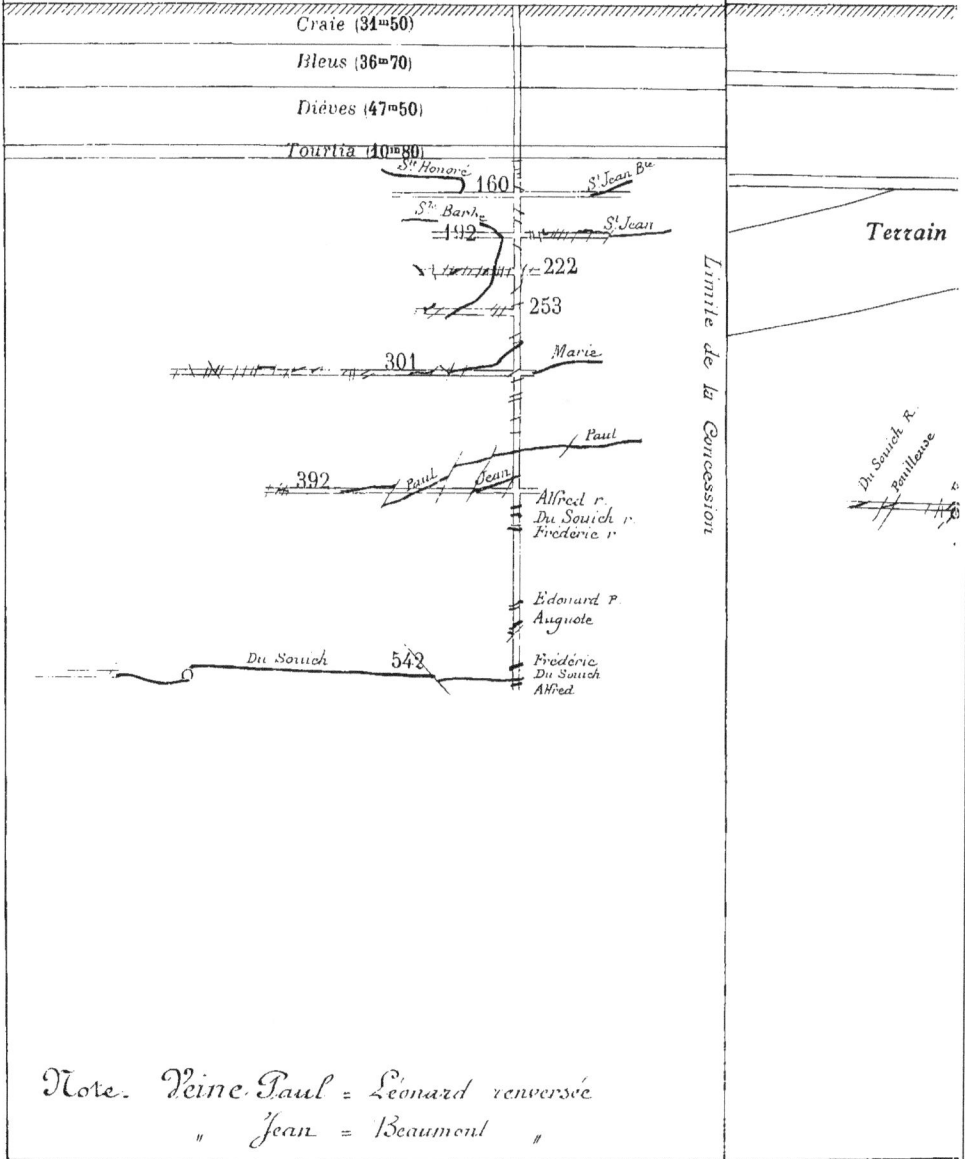

Craie (31m50)

Bleus (36m70)

Diéves (47m50)

Tourtia (10m80)

St Honoré 160 St Jean Bte

St Barbe St Jean
192

222

253

Marie
301

Paul
392 Paul Jean

Alfred r.
Du Souich r.
Frederic r.

Edouard P.
Auguste

Du Souich 542 Frédéric
Du Souich
Alfred

Limite de la Concession

Terrain

Du Souich R.
Pouilleuse

Note. Veine Paul = Léonard renversée
       " Jean = Beaumont "

SIÈGE FORMÉ PAR LES PUITS Nᵒˢ 4-4ᵇⁱˢ

...UPE NORD-SUD PAR L'AXE DU PUITS Nᵒ4

NIVEAU DU SOL -40ᵐ30 par rapport au niveau de la mer

Echelle de $\frac{1}{5000}$

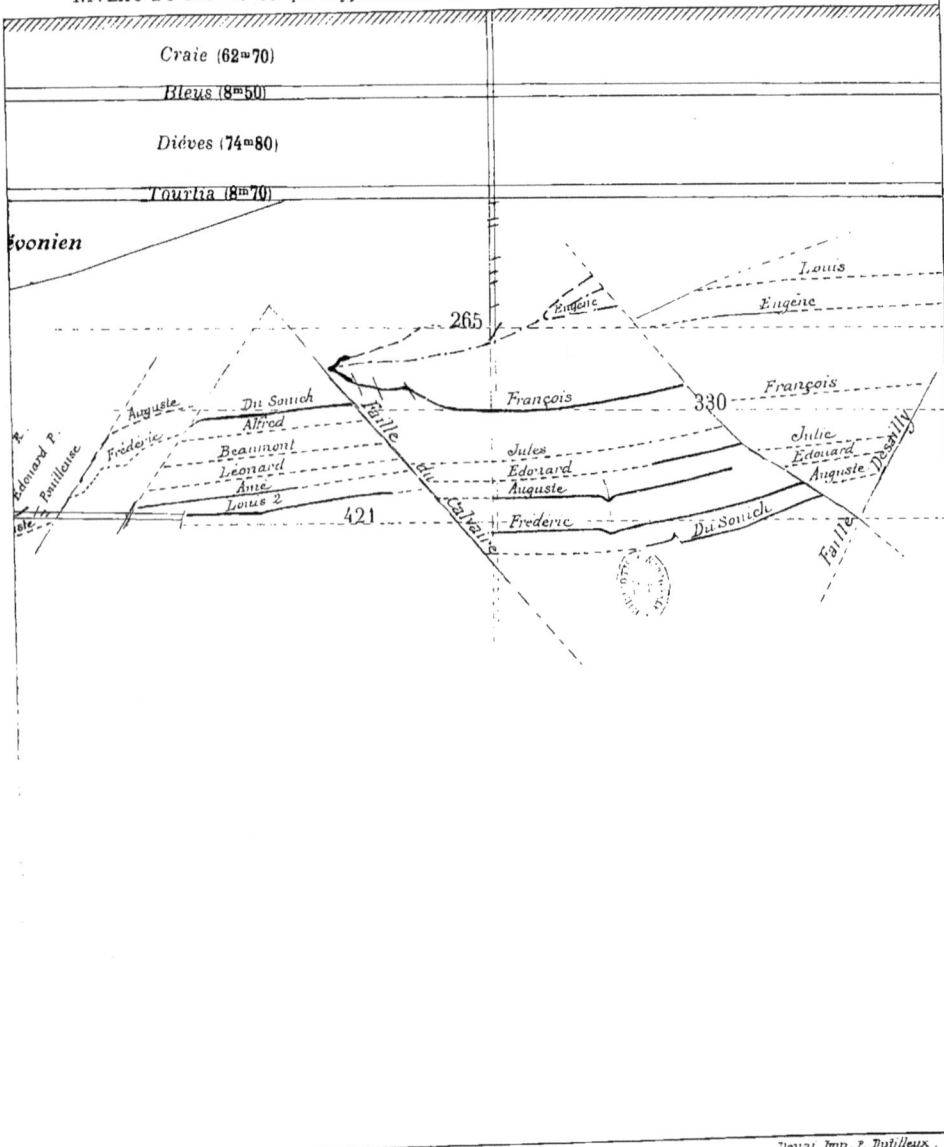

Craie (62ᵐ70)

Bleus (8ᵐ50)

Diéves (74ᵐ80)

Tourtia (8ᵐ70)

...vonien

Louis

Eugène

Eugène

265

François

330

François

Auguste

Du Souich

Julie

Alfred

Édouard

Édouard P.

Frédéric

Beaumont

Jules

Auguste

Pouilleuse

Léonard

Édouard

Desailly

Âme

Auguste

Louis 2

421

Frédéric

Du Souich

Faille

du

Calvaire

Faille

COMPARAISON DES TERRAINS SUPÉRIEURS
DU FAISCEAU DES VEINES
EN PLACE AUX DEUX SIÉGES 1 & 3

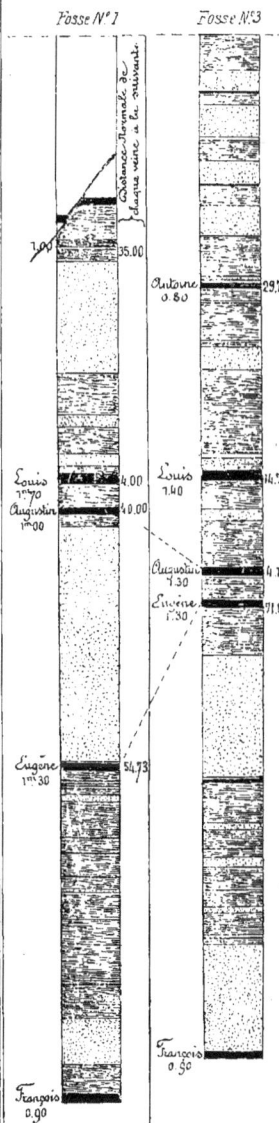

FAISCEAU DES VEINES
RECOUPÉES A LIÉVIN
EN-DESSOUS DE LA VEINE FRANÇOIS

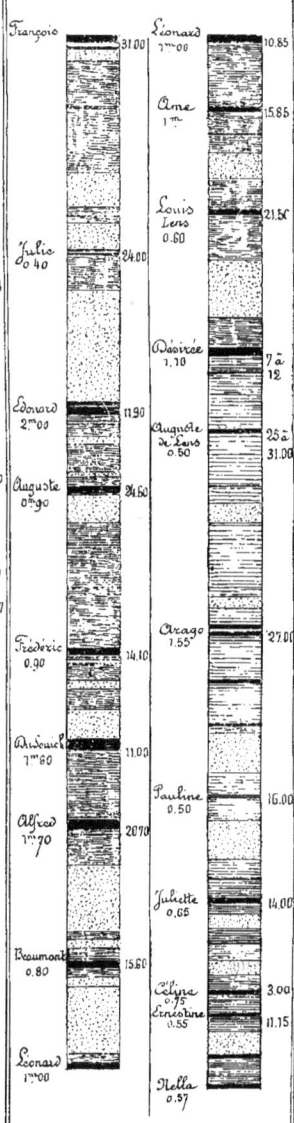

FAISCEAU DES VEINES
RECONNUES A LENS ET QUE LES PUITS
DE LIÉVIN TRAVERSERONT EN PROFONDEUR

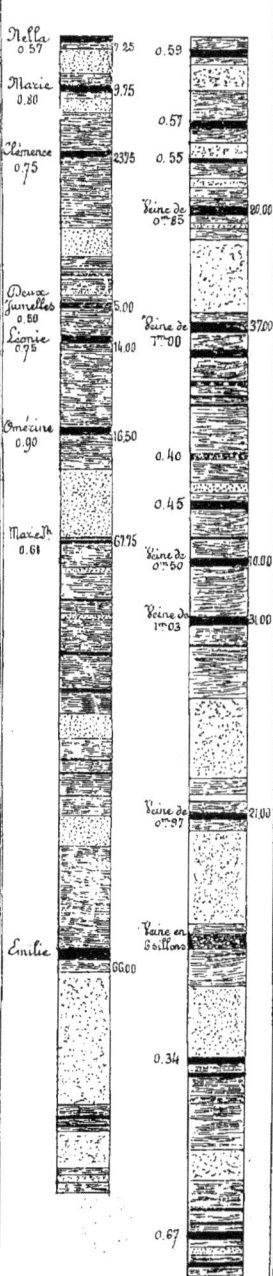

Fosse N° 1

Fosse N° 3

Distance normale de chaque veine à la suivante

7.00

35.00

Louis
1^m70 — 4.00
Augustin
1^m00 — 40

Eugène
1^m30 — 54.73

François
0.90

Louis
1.40 — 14.10

Antoine
0.80 — 29.73

Augustin
1.30 — 4.10
Eugène
1.30 — 71.07

François
0.50

François — 31.00
Julie
0.40 — 24.00

Édouard
2^m00 — 11.90

Auguste
0^m90 — 84.60

Frédéric
0.90 — 14.10

Audouel
1^m60 — 11.00

Alfred
1^m70 — 20.70

Beaumont
0.80 — 15.60

Léonard
1^m00

Léonard
1^m00 — 10.85

Ame
1^m — 15.85

Louis
Lens
0.60 — 21.50

Désirée
1.10 — 7 à 12

Auguste
de Lens
0.50 — 25 à 31.00

Arago
1.55 — 27.00

Pauline
0.50 — 16.00

Juliette
0.65 — 14.00

Célyre
0.75 — 3.00
Ernestine
0.55 — 11.15

Nella
0.57

Nella
0.57 — 7.25

Marie
0.80 — 9.75

Clémence
0.75 — 23.75

Deux
Jumelles
0.50 — 5.00
Léonie
0.75 — 14.00

Omérine
0.90 — 16.50

Marie Th
0.64 — 67.75

Émilie
66.00

0.59

0.57

0.55

Veine de
0^m85 — 80.00

Veine de
1^m00 — 37.00

0.40

0.45

Veine de
0^m50 — 50.00

Veine de
1^m03 — 31.00

Veine de
0^m57 — 21.00

Veine en
6 sillons

0.34

0.67

Échelle — 1/1000

SIÈGE N° 1

Tableau des veines renversées

(Ces veines sont indiquées dans leur position renversée, mur au toit)

Structure moyenne des veines H: houille. S: schistes. E: escaillage M: faux mur. T: faux toit	Ouverture totale	Distance normale moyenne de chaque veine à la suivante	Proportions pour 100			Nom de la veine identique en place.
			Matières volatiles	Carbone	Cendres	
Ste Sophie — S: 0.05 / H: 0.30 / H: 0.80 / S: 0.05 / H: 0.30	1.50	20.00	39.00	61.00	4.20	Edouard
Forest — S: 0.20 / H: 0.10 / H: 0.90	1.20	10.00	"	"	"	Frédéric
Ste Pauline — S: 0.10 / H: 0.25 / H: 1.05 / H: 0.25	1.65	10.00	39.00	61.00	4.50	Du Souich
St Emmanuel — H: 0.75	0.75	15.00	33.33	63.66	3.00	Beaumont
St Victor — H: 0.85 / S: 0.30 / H: 0.50 / H: 0.30	1.95	14.00	38.00	62.00	4.85	Léonard
Ste Monique — H: 0.40 / M: 0.50	0.90	16.00	"	"	"	
Ste Thérèse — S: 0.15 / H: 0.50 / M: 0.15 / H: 0.30	1.10	15.00	"	"	"	
Ste Victoire — H: 0.50 / S: 0.50 / H: 0.30	1.30	"	38.00	62.00	3.25	

Structure moyenne des veines H: houille – S: schistes – E: escaillage M: faux mur – T: faux toil	Ouverture totale	Distance normale moyenne de chaque veine à la suivante	Proportions pour 100 Rapportées au charbon pur			Observations
			Matières volatiles	Carbone	Cendres	
Louis S.0.10 S.0.05 — H.0.24 H.0.52 S.0.20 — H.0.48	1.59	4ᵐ à 14.70	35.46	64.54	5.50	Charbon dont les morceaux sont très purs. Menu fort terreux à cause de la composition de la veine. Le havage se fait au dessous du sillon du mur dans le banc terreux... Toit souvent mauvais. Le coupage des voies se fait sans difficulté.
Augustin H.1.00 S.0.10	1.10	4ᵐ 40.00	33.78	66.22	3.50	Charbon gailleteux. Le havage se fait au mur, tantôt dans le charbon, tantôt dans un sillon escailleux. Toit assez résistant. Mur dur. Le coupage des voies se fait dans le toit sans difficulté.
Eugène S.0.10 — H.0.50 H.0.80	1.40	53.60	33.21	66.79	4.40	Charbon très gailleteux quelquefois barré. Toit très solide quelquefois de grès. Le sillon inférieur adhère souvent fortement au mur ce qui rend l'habillage difficile. Le banc d'escaillage qui se trouve entre les deux sillons de charbon se transforme en banc de schiste dur dans la région du levant. Le coupage des voies se fait le plus souvent dans le mur à l'aide du coin ordinaire & de l'aiguille infernale.
François S.0.15 — H.0.90 S.0.10	1.15	31.00	33.02	69.98	4.00	Veine très irrégulière ; fournit un charbon assez mal propre à cause du sillon d'escaillage qui se trouve au toit. Toit souvent ébouleux. Mur dur. Le coupage des voies se fait dans le toit sans difficulté.
Edouard S.0.05 — H.0.40 H.1.60	2.05	24.00	33.34	66.66	3.45	Très belle couche ayant jusqu'à 2ᵐ d'épaisseur. Charbon gailleteux. Le havage se fait entre les deux sillons. Toit de dureté variable quelquefois de grès quelquefois ébouleux. Mur escailleux. Le coupage des voies se fait facilement dans le mur.
Auguste H.1.00	1.00	11.90	32.60	67.40	3.00	Charbon assez grenu. Havage au mur dans le charbon. Toit solide, mur dur. Le coupage des voies se fait à l'aide du coin ordinaire & de l'aiguille infernale.
Frédéric H.0.90 S.0.30 — H.0.10	1.30	24.60	28.90	71.10	4.00	Charbon de forge assez friable. Havage au mur. Toit solide. Mur tendre dans lequel on fait la voie.
Du Souich H.1.60 M.0.15	1.75	14.10	34.50	65.50	4.50	Très belle couche, fournissant beaucoup de gros. Havage au mur. Toit solide, mur solide dans lequel se fait la voie à l'aide de la pointerolle.

veines en place.

Structure moyenne des veines H: houille — S: schistes — E: escaillage M: faux mur — T: faux toit — G: Gayet.	Ouverture totale.	Distance normale moyenne de chaque veine à la suivante	Proportions pour 100			Observations
			Matières volatiles (Rapportées au charbon pur)	Carbone	Cendres	
Alfred H. 1.80 S. 0.30 H. 0.25 S. 0.20	2.55	11.00	31.00	69.00	3.00	Fournit moins de gros que du Souich. Havage au mur. Toit très éboulem . Le coupage des voies se fait dans le mur et est facilité par la présence d'une passée
Beaumont H. 0.40 H. 0.20 M. 0.50	1.10	20.70	31.50	68.50	4.50	Charbon très gailleteux. Le sillon d'escaillage du mur salit le charbon. Toit solide. Mur dur en dessous du sillon escailleux . Le coupage des voies se fait dans le sillon escailleux & dans le banc de mur qui se trouve en dessous. Celui-ci exige souvent l'aiguille infernale .
G. 0.10 G. 0.20 **Léonard** H. 0.70 M. 0.40	1.40	15.60	31.57	68.43	5.00	Structure très variable. Charbon souvent impur. Gayet schisteux.
Amé H. 0.39 H. 0.33 H. 0.08 S. 0.79 H. 0.12 M. 1.45	3.07	10.85				Veine peu exploitée

Tableau des veines renversées.

Structure moyenne des veines H: houille. S: schistes. E: escaillage. M: faux mur. T: faux toit	Ouverture totale	Distance normale moyenne de chaque veine à la suivante	Proportions pour 100			Nom de la veine identique en place
			Matières volatiles	Carbone	Cendres	
Paul H. 0.30 H. 0.65 H. 0.25	1.20	21.00	"	"	"	Léonard
Jean E. 0.60 S. 0.10 H. 0.40 H. 0.50	1.60	23.40	34.73	65.27	5.00	Beaumont
Veine à 404 S. 0.10 H. 0.25 H. 1.60 T. 0.35	1.95	5.20	33.89	66.11	3.60	Alfred
Veine à 409 S. 0.15 H. 1.25	1.40	9.00	35.05	64.95	3.00	Du Souich
Veine à 418 S. 0.05 S. 0.25 H. 0.15 H. 0.15 H. 0.65	1.25	59.70	"	"	"	Frédéric

SIÈGE N° 2
Tableau des veines en place

Structure moyenne des veines H: houille. S: schistes. E: escaillage. M: faux mur. T: faux toit.	Ouverture totale	Distance normale moyenne de chaque veine à la suivante	Proportions pour 100			Observations
			Matières volatiles rapportées au charbon pur	Carbone	Cendres	

Édouard
Havrit 0.20
H. 0.40
H. 0.80
M. 0.40
— Ouverture totale 1.80 — Distance 17.40

Observations : Ces veines sont encore peu connues au N° 2, l'exploitation n'y étant pas ouverte.

Auguste
H. 0.70
H. 0.35
M. 0.15
— Ouverture totale 1.20 — Distance 35.05

Frédéric
Grès 0.08 (Clayaté)
S. 0.06
S. 0.04
M. 0.20
H. 0.76
H. 0.18
H. 0.12
— Ouverture totale 1.44 — Distance 12.05

Du Souich
T. 0.20
S. 0.15
H. 0.25
H. 1.32
M. 0.15
— Ouverture totale 2.07 — Distance 5.70 — Matières volatiles 35.90 — Carbone 61.10 — Cendres 2.5

Alfred
H. 0.12
H. 1.12
S. 0.70
M. 0.10
H. 0.10
— Ouverture totale 2.14 — Matières volatiles 33.5 — Carbone 66.5 — Cendres 3.00

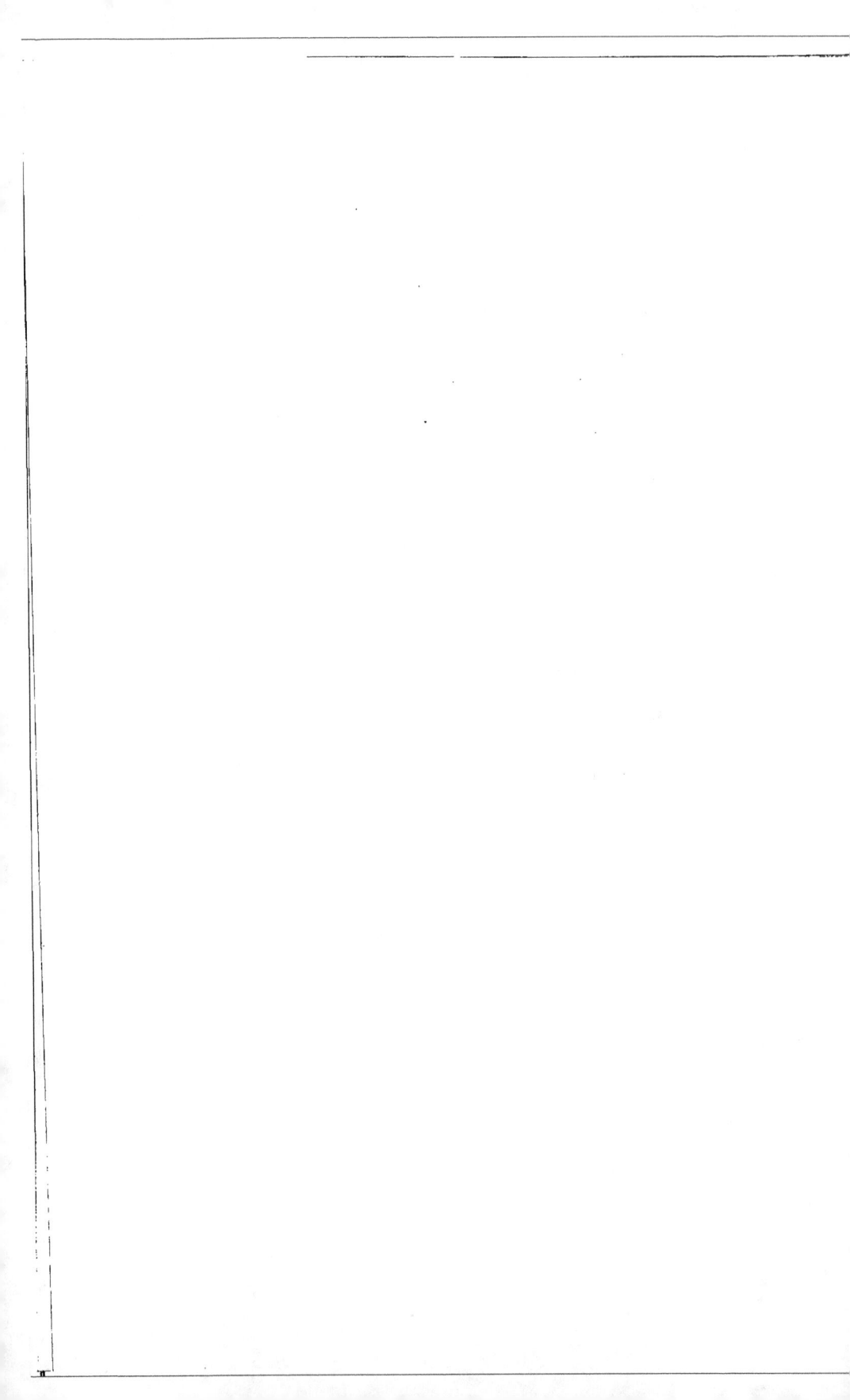

Structure moyenne des veines H: houille — S: schistes — E: escaillage M: faux mur — T: faux toit — G: Gayet.	Ouverture totale.	Distance normale moyenne de chaque veine à la suivante	Proportions pour 100 Rapportées au charbon pur			Nom de la veine identique en place
			Matières volatiles	Carbone	Cendres	
4ᵉ Veine du Nord H. 0.80 G. 0.70 E. 0.30 S. 0.20 H. 0.20	2.20	40.00				*Léonard*
3ᵉ Veine du Nord T. 0.08 H. 0.50 H. 0.30 S. 0.60 H. 0.30	1.76	12.00				*Amé*
2ᵉ Veine du Nord S. 0.10 H. 0.10 H. 0.55 M. 0.15	0.90	9.00				*Louis*
Célestin T. 0.10 H. 0.40 H. 0.50 M. 0.20	1.20	18.00	35 à 38	65 à 62	3 à 5	*Désirée*
Veine de 0,70 H. 0.55 M. 0.15	0.70	19.00				"
Margueritte S. 0.10 — H. 0.18 S. 0.05 — H. 0.18 S. 0.18 — H. 0.20 E. 0.70 S. 0.20 — H. 0.20 E. 0.22 — H. 0.20 S. 0.40 — H. 0.30	3.11	30.00				*Arago*
E. 0.10 — H. 0.10 H. 0.90 M. 0.20	1.30	"				"

veines renversées

Structure moyenne des veines H: houille - S: schistes - E: escaillage M: faux mur - T: faux toit	Ouverture totale	Distance normale moyenne de chaque veine à la suivante	Proportions pour 100 Rapportées au charbon pur			Observations
			Matières volatiles	Carbone	Cendres	
Louis 0.08 S — H. 0.60 / H. 0.35 / H. 0.37	1.40	Ils sont réduits d'un tiers en moyenne.	34.76	65.24	3.23	Le charbon est plus compact et plus dur que dans les veines en place. Il est quelquefois barré. Le nettoyage des terres qui sont dans la veine est très difficile à cause de la grande pente. L'exploitation se fait par longues tailles divisées en gradins de 3 mètres. Le havage se fait dans le sillon de 0m-37.
Augustin 1.00 à 1.50 S.E — H. 0.80	0.80		35.23	64.77	3.38	On a dû renoncer à l'exploitation de cette couche renversée à cause des nombreuses parties stériles qu'elle présente et aussi à cause du banc de schiste escailleux très épais qui la recouvre.
Eugène 0.05 S — H. 0.40 / H. 0.30	0.75		34.50	65.50	2.69	Cette veine distante de quelques mètres seulement de la veine Augustin présente les mêmes irrégularités.
Édouard 0.15 S.E / 0.05 S.E — H. 0.50 / H. 0.30	1.00		36.36	63.64	2.45	
Auguste H. 0.62	0.62		31.63	68.37	4.05	
Frédéric H. 0.70 / H. 0.20	0.90	Les intervalles entre les veines, dans le faisceau renversé, sont toujours moins grands que dans le faisceau en place.	34.08	65.92	1.90	
Du Souich H. 0.65 / H. 0.20	0.85		34.30	65.70	8.04	Des recherches faites dans les veines Du Souich et Alfred renversées ont rencontré des parties fort accidentées ou leurs compositions étaient très variables
Alfred 0.20 E / 0.10 S — H. 0.30 / H. 1.00 / H. 0.10	1.70		33.69	66.31	2.78	Le sillon de charbon du haut, est la passée qui est au mur de la veine en place.

Structure moyenne des veines H: houille — S: schistes — E: escaillage M: faux mur — T: faux toit	Ouverture totale	Distance normale moyenne de chaque veine à la suivante	Proportions pour 100 Rapportées au charbon pur			Observations
			Matières volatiles	Carbone	Cendres	
Antoine 0.25 S H.0.35 / H.0.20	0.80					
Louis 0.05 T / 0.10 S / 0.05 E H.0.25 / H.0.35 / H.0.80	1.60	12.00	37.37	62.63	7.00	Charbon brillant, mais tendre & menu. Le havage se fait dans la partie supérieure du sillon du mur. Produits assez impurs à cause des sillons de terre qui entrent dans la composition de la veine. Toit ébouleux. Coupage des voies facile
Augustin H.1.10 1.00 S·E	2.10	18.00	37.23	62.77	4.40	Charbon gailleteux de couleur terne. Le havage se fait dans le charbon à la base de la couche. Toit et mur solides. Dans le voisinage du puits il se trouve au mur 4ᵐ de schistes escailleux. Coupage des voies facile
Eugène 0.10 S·E H.0.80 / H.0.35	1.25	60.00	34.65	65.35	6.20	Charbon très gailleteux. Le gros est souvent barré. Le havage se fait dans les petits sillons intermédiaires. Toit dur, quelquefois de grès. Parfois il se trouve au toit de la veine un banc de schistes de 0ᵐ.15 à 0.20 qu'on enlève avec le charbon. Mur solide. Coupage des voies dans le mur (coin & aiguille infernale). Le sillon de terres entre les 2 bancs de charbon à souvent 4.0 d'épaisseur au détriment du sillon supérieur de charbon.
François 0.10 T H.1.00 0.10 M	1.20	31.00	34.68	65.23	3.10	Charbon assez gailleteux. Bon toit bon mur. Le havage se fait au mur dans le sillon d'escaillage. Le sillon d'escaillage, qui est au toit contribue beaucoup à la malpropreté du charbon. Le creusement des voies dans le mur exige souvent l'aiguille infernale.
Julie 0.06 S H.0.20 / H.0.05	0.31	24.00				N'est pas exploitable.
Edouard H.0.50 / H.1.10	1.60	13.00	34.20	65.80	3.50	Charbon assez brillant peu gailleteux légèrement pyriteux. Quand la veine n'a qu'un sillon, le havage se fait à la base. Quand il y a deux sillons le havage se fait entre les deux. Toit très mauvais, Mur friable, escailleuse. Coupage des voies facile.

Veines en place

Structure moyenne des veines H: houille – S: schistes – E: escaillage M: faux mur – T: faux toit	Ouverture totale	Distance normale moyenne de chaque veine à la suivante	Proportions pour 100			Observations
			Matières volatiles	Carbone	Cendres	
Auguste — H.0.85	0.85	11.00	34.16	65.84	3.10	Charbon brillant très gailleteux mais un peu pyriteux. Havage à la base. Au toit de la veine un petit banc de terres noires tendres, qui cependant ne tombent pas toujours pendant l'abatage. Coupage des voies à l'aide de l'aiguille infernale.
Pouilleuse — 0.10 S / 0.50 E — H.0.25	0.85	17.00				Inexploitable
Frédéric — 0.05 T / 0.10 M — H.0.90	1.05	24.00	34.01	65.99	3.70	Charbon peu gailleteux légèrement pyriteux. Au toit trois centimètres de schistes noirs qui tombent pendant l'abatage. Dans le charbon beaucoup de clivages noirs qui s'écrasent et salissent le charbon. Havage dans le sillon de 15 centimètres. Toit solide, mur friable. Coupage des voies dans le mur nécessite quelquefois l'aiguille infernale.
Du Souich — 0.05 T — H.0.40 / H.0.95 — 0.20 E	1.60	17.00	33.17	66.83	3.50	Charbon dur, brillant. Fournit beaucoup de gros. Pyriteux, le havage se fait au mur. Toit et mur solides. Coupage des voies facile.
Alfred — H.0.15 / H.1.40 — 0.30 S / 0.20 E — H.0.35	2.40	14.00	33.06	66.94	3.20	On n'exploite que les sillons du toit (1.43). Le boisage se fait sur le sillon de terres de 0m.30. Havage à la base. Toit généralement bon, mur mauvais. Coupage des voies facile.
Beaumont — H.0.40 / H.0.25 — 0.50 E	1.15	14.00	30.87	69.13	2.80	Charbon tendre. Difficile d'obtenir du charbon propre à cause du sillon d'escaillage qui est au mur. Toit solide. Le coupage des voies se fait dans le mur sans difficulté.
Léonard — 0.08 S / 0.20 M — H.1.00 / H.0.30 / H 0.12	1.60	18.00	31.64	68.36	2.00	Charbon peu gailleteux, malpropre à cause du sillon de terres. Toit solide, mur peu dur. Le havage se fait dans le sillon du charbon du milieu. Nombreuses intercalations de schistes dans le sillon d'un mètre. L'épaisseur du charbon est très variable.

Structure moyenne des veines H: houille – S: schistes – E: escaillage M: faux mur – T: faux toit	Ouverture totale	Distance normale moyenne de chaque veine à la suivante	Proportions pour 100			Observations
			Rapportées au charbon pur		Cendres	
			Matières volatiles	Carbone		
Amé — 0.19 E — 0.50 S — H.0.30 — H.0.18 — H.0.40	1.63	12.00	28.10	71.90	2.60	1000 mètres au Levant du Puits N° 3 la veine Amé à 0.60 d'épaisseur en charbon terne dur et compacte et un lit d'escaillage de 0.18 au mur
Louis (de Lens) — H.0.22	0.22	15.00				Très peu connue
Désirée — 0.10 T — H.0.42	0.52	12.00	28.37	71.83	2.57	Inexploitable aux points recoupés
Auguste (de Lens) — 0.20 E — 0.13 S — H.0.30 — H.0.05	0.68	31.00	30.82	69.18	3.80	Peu connue — **Auguste** (de Lens) au Puits N°3 bis — 0.18 T — 0.10 S — 0.10 M — H.0.35 — H.0.15
Arago — 0.05 T — 0.10 S — 0.25 S.E — 0.10 S — H.0.60 — H.0.50	1.60	26.00	33.64	66.36	2.30	Le sillon du toit est friable. Le banc de schiste escailleux du milieu de la couche varie beaucoup de composition, il est assez souvent subdivisé en 3 sillons de charbon pur, séparés par des bancs de schistes réguliers ou interrompus d'épaisseurs variables. On le trouve aussi avec un lit de charbon & un de schistes escailleux. Le sillon de charbon du mur est gailleteux. Le toit est solide.
Pauline — H.0.50	0.50	16.00	29.28	70.72	3.98	Peu connue — Au puits N°3 bis et à la bowette tournante de 600 Pauline est en 2 à 3 sillons
Juliette — 0.05 T — 0.05 M — H.0.65	0.75	14.00	29.82	70.18	2.42	Peu connue — **Juliette** au Puits N°3 bis — 0.10 T — 0.05 M — H.0.68
Céline — 0.07 T — 0.05 M — H.0.75	0.87	3.30	27.75	72.25	2.72	Charbon friable, produits assez malpropres à cause du faux toit qui tombe avec la veine et aussi à cause du faux mur. Quelquefois au mur, un sillon de charbon de 0.15 séparé du sillon de 0.75 par 0.03 d'havit.

N° 3
Veines en place

Planche XII.

Structure moyenne des veines H: houille - S: schistes - E: escaillage M: faux mur - T. faux toit.	Ouverture totale	Distance normale moyenne de chaque veine à la suivante	Proportions pour 100 (Rapportées au charbon pur)			Observations
			Matières volatiles	Carbone	Cendres	
Ernestine H.0.55	0.55	11.00	26.80	73.20	3.75	Pas encore en exploitation.
0.02 T Nella H.0.57	0.59		27.64	72.36	2.23	id

SIÈGE N° 4 — Tableau des veines renversées

Structure moyenne des veines H: houille - S: schistes - E: escaillage M: faux mur - T. faux toit.	Ouverture totale	Distance normale moyenne de chaque veine à la suivante	Proportions pour 100 (Rapportées au charbon pur)			Observations
			Matières volatiles	Carbone	Cendres	
0m20 T Du Souich H. 1.30 H. 0.45			31.65	68.35	1.92	Le charbon est plus beau que dans la veine en place. On fait le havage dans le sillon du mur. La hauteur de la voie se prend dans le toit qui est assez lourd.
François 0m10 T H 0m60 0m03 S H 0m60 0m03 M			32.30	67.70	2.50	Le havage se fait dans les schistes du faux mur. L'abattage du charbon est facilité par le filet schisteux intermédiaire. Les voies sont creusées dans le toit ou dans le mur, de préférence dans ce dernier.

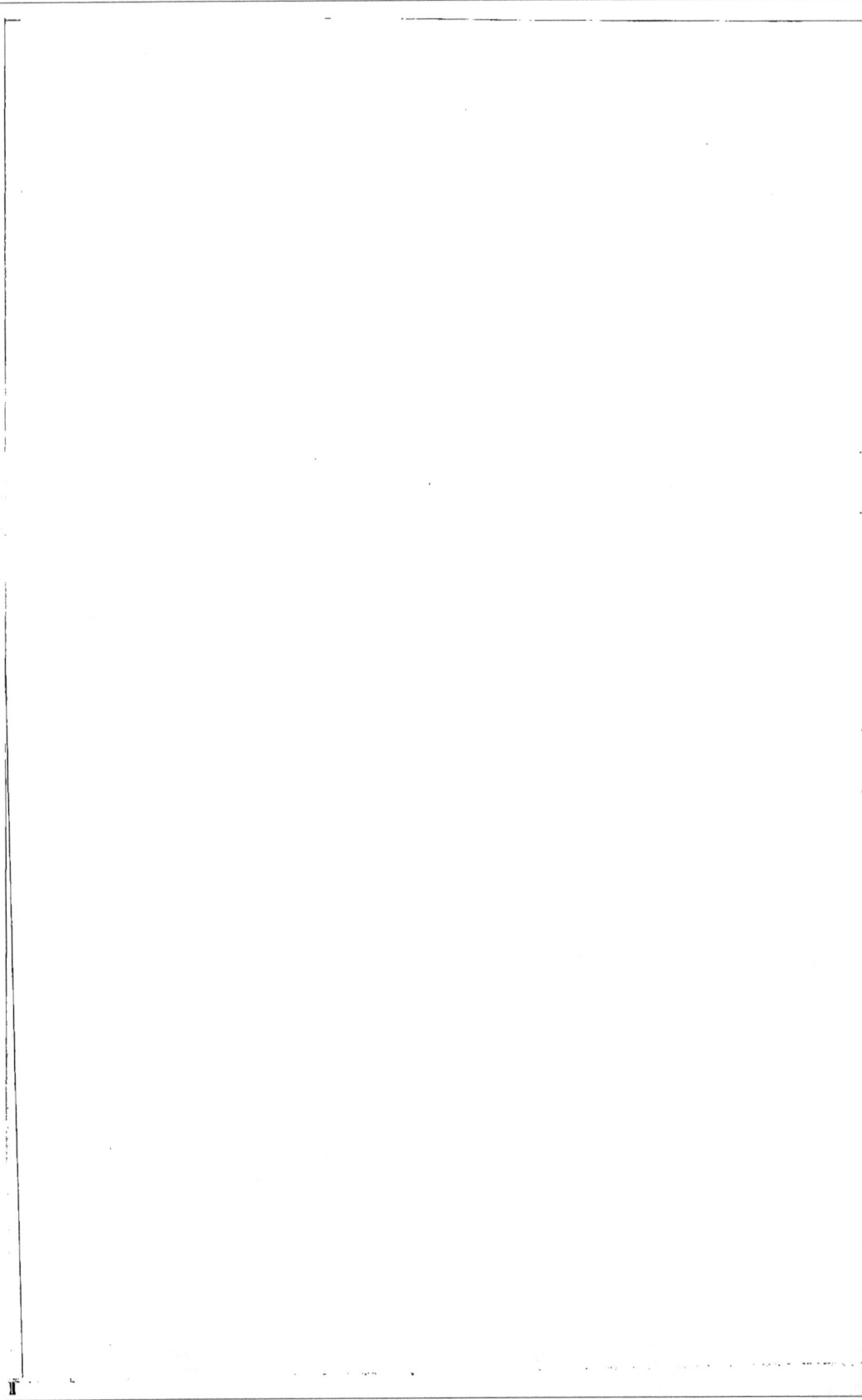

Structure moyenne des veines (H: houille — S: schistes — E: escaillage, M: faux mur — T: faux toit)	Ouverture totale	Distance normale moyenne de chaque veine à la suivante	Proportions pour 100 (Rapportées au charbon pur)			Observations
			Matières volatiles	Carbone	Cendres	
Eugène — 0.08 T, H.1.30	1.38	70.00	34.81	65.19	3.50	Charbon très gailletteux, assez dur contenant quelques barres. Le mur est très dur. Le toit est ébouleux à cause du voisinage d'Augustin.
François — 0.05 T, 0.05 S, 0.15 M, H.0.45, H.0.75	1.45	41.00	34.19	65.81	3.50	Charbon gailletteux, brillant, un peu pyriteux. Le havage est fait entre les deux sillons. Bon toit et bon mur. Les galeries se creusent dans le toit.
Julie — 0.03 T, 0.46 E, H.0.17	0.66	15.00	33.38 / 31.57	66.62 / 68.43	7.18 H / 11.00 E	Passée inexploitable
Edouard — H.0.10, H.1.00, H.0.40	1.50	17.00	30.72	69.28	4.96	Charbon assez dur, très peu de clivages, barré par places, assez gailletteux. Le havage se fait dans le sillon du mur. Mur dur, toit très friable dans lequel on fait l'ouverture des galeries.
Auguste — H.0.90	0.90	16.00	33.20	66.80	1.74	Charbon très dur, brillant, donnant de la belle gailletterie. Très pur. Toit & mur très durs. Le coupage des voies se fait dans les deux de préférence dans le mur.
Pouilleuse — 1.10 S.E, 0.46 S, 0.35 E, H.0.06	1.96	12.00				Inexploitable
Frédéric — 0.04 Havrit, H.0.56, H.0.30	0.90	25.00	31.10	68.90	2.18	Charbon tendre, grenu, brillant. Le havage se fait entre les deux sillons. Toit moyen. Mur tendre dans lequel on coupe très facilement la hauteur nécessaire à la voie.

Structure moyenne des veines H: houille – S: schistes – E: escaillage M: faux mur – T: faux toit	Ouverture totale	Distance normale moyenne de chaque veine à la suivante	Proportions pour 100 Rapportées au charbon pur			Observations
			Matières volatiles	Carbone	Cendres	
Du Souich H. 0.50 / H. 1.00 / 0.20 M	1.70	22.00	33.89	66.11	2.65	Très beau charbon, brillant et gailleteux. Parfois très dur, surtout vers le couchant. Le havage est fait dans le faux mur. Bon toit. Le coupage des voies se fait au mur.
Alfred 0m12 T / H. 1m60 / 0.34 S / H. 0.23 / H. 0.10 / 0.70 M	2.89	18.00	29.95	70.05	4.42	Très belle veine, charbon brillant, avec de gros clivages donnant assez de gros. Charbon très pur dans le sillon du toit; un peu barré dans ceux du mur. On have à la base du gros sillon. Le toit est lourd. On trouve très facilement la hauteur des voies dans le banc de faux mur.
Beaumont 0.10 Gayet / H. 0m30 / H. 0.22 / 0.10 E / 0.40 M	1.12	20.00	31.04	68.96	3.77	Cette veine n'a pas encore été mise en exploitation.
Léonard H. 0.15 / H. 0.10 / H. 0.55 / 0.60 E / H. 0.45	1.85	14.00	32.39	67.61	2.67	Charbon très gailleteux à clivages miroitants et lisses. On have dans l'escaillage. Au Levant le banc d'escaillage se transforme en charbon. Le toit est en grès. Le mur est très dur. Le coupage des voies se fait dans le mur quand l'ouverture de la veine le demande.
Amé 0.18 S / H. 0.85 / 0.15 E	1.18	10.00	31.07	68.93	2.48	Belle veine; donnant du charbon assez pur, brillant et assez gailleteux. Le havage est fait dans l'escaillage du mur. Beaucoup de clivages viennent faciliter l'abattage. Toit dur. On fait les voies dans le mur.
Louis II Bowette Sud de 421 / H. 0.57 / 13 Avril / H. 0.74	1.44	21.00	29.89	70.11	2.90	Charbon en moyenne gailleteux bien clivé et s'abattant facilement. On have au milieu. Le sillon d'havrit disparaît au Levant tandis qu'au Couchant il passe un banc de schistes variant de 0.80 à 0.50 d'épaisseur. Le toit est lourd et permet un coupage facile pour les voies. Le mur est assez dur.
Désirée 0.10 T / H. 0.87	0.97	17.00	31.77	68.23	2.14	Veine donnant du charbon assez gailleteux propre et brillant. On have à la base. L'abattage est assez facile. Le toit est assez ferme au-dessus des fausses terres. Le mur est dur. On fait les voies dans le toit.
Auguste de Leos H. 0.30 / 0.10 S / H. 0.15	0.55	»	27.60	69.35	3.05	Pas encore en exploitation.

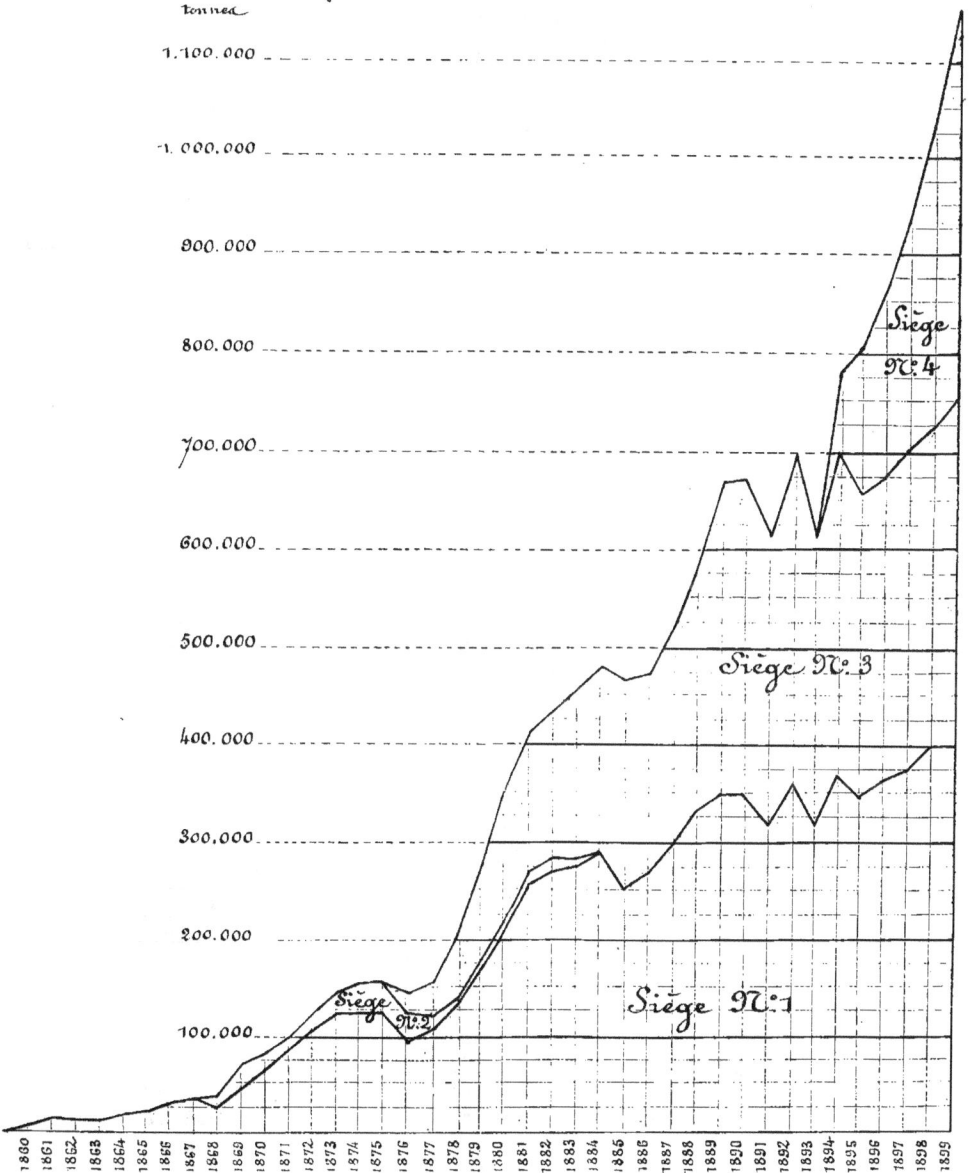

Diagramme de l'Extraction

depuis l'origine de la Compagnie

Décomposé en extraction par Sièges

Echelle
{
Abcisses (Années) 0.ᵐ 004 par année

Ordonnées (Tonnes) 0ᵐ 004 par 25.000 tonnes .
}

tonnes

1.100.000

1.000.000

900.000

800.000

700.000

600.000

500.000

400.000

300.000

200.000

100.000

Siège Nᵒ 4

Siège Nᵒ 3

Siège Nᵒ 2

Siège Nᵒ 1

1860 1861 1862 1863 1864 1865 1866 1867 1868 1869 1870 1871 1872 1873 1874 1875 1876 1877 1878 1879 1880 1881 1882 1883 1884 1885 1886 1887 1888 1889 1890 1891 1892 1893 1894 1895 1896 1897 1898 1899

Diagramme des Ventes et Consommations

depuis l'origine de la Compagnie

décomposé en consommations intérieures (Machines & Ouvriers)

Ventes par voitures
Ventes par chemins de fer et Ventes par bateaux

Echelle { Abcisses (Années) 0.^m 004 par année
Ordonnées (Tonnes) 0.^m 004 par 25.000 tonnes

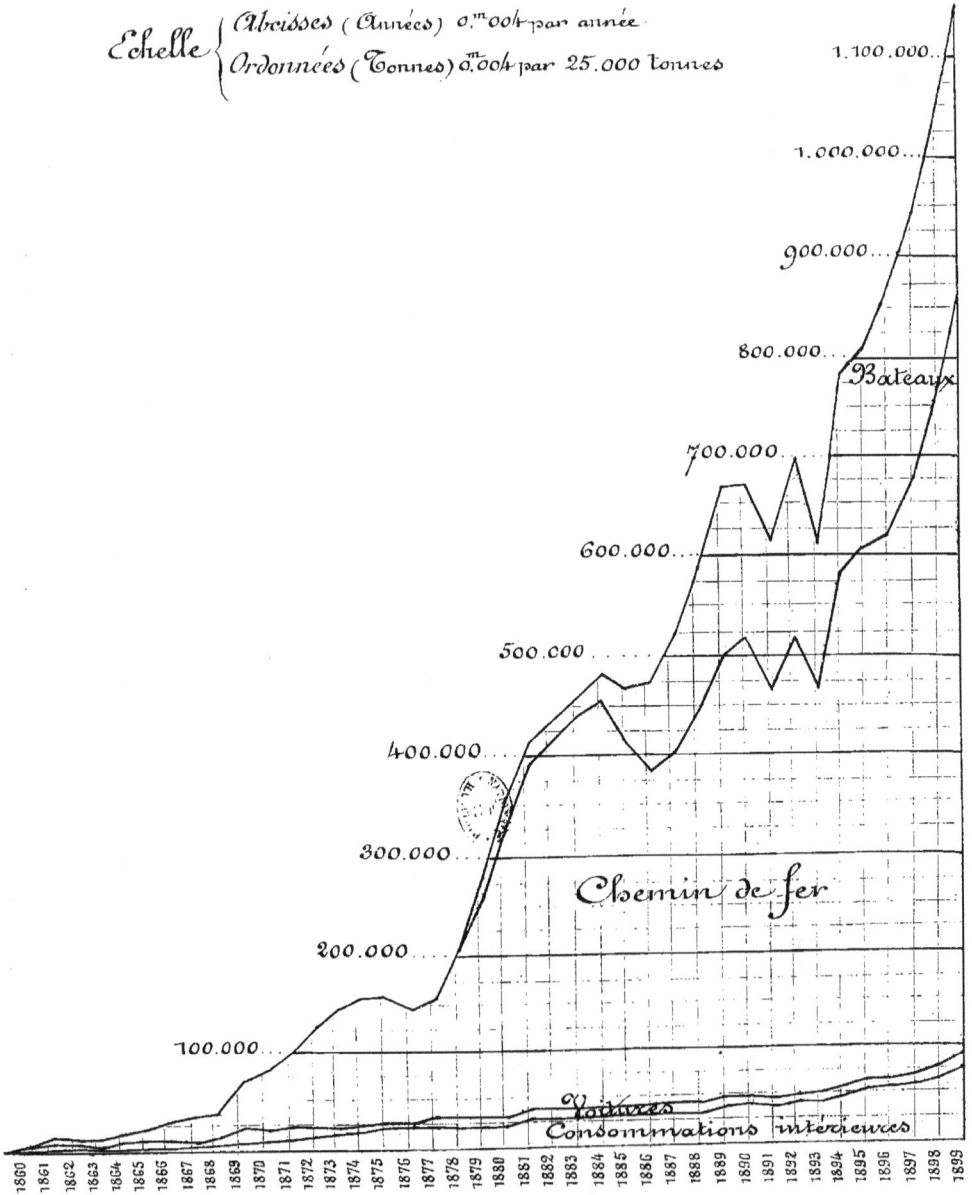

Salaires totaux, Capitaux immobilisés
et nombre d'ouvriers

Echelle $\left\{\begin{array}{l}\text{Abcisses (années) } 0^{m}.005 \text{ par année} \\ \text{Ordonnées } \left\{\begin{array}{l}\text{Francs } 0^{m}.001 \text{ par } 100.000 \text{ fr.} \\ \text{Ouvriers } 0^{m}.002 \text{ par } 100 \text{ ouvriers.}\end{array}\right.\end{array}\right.$

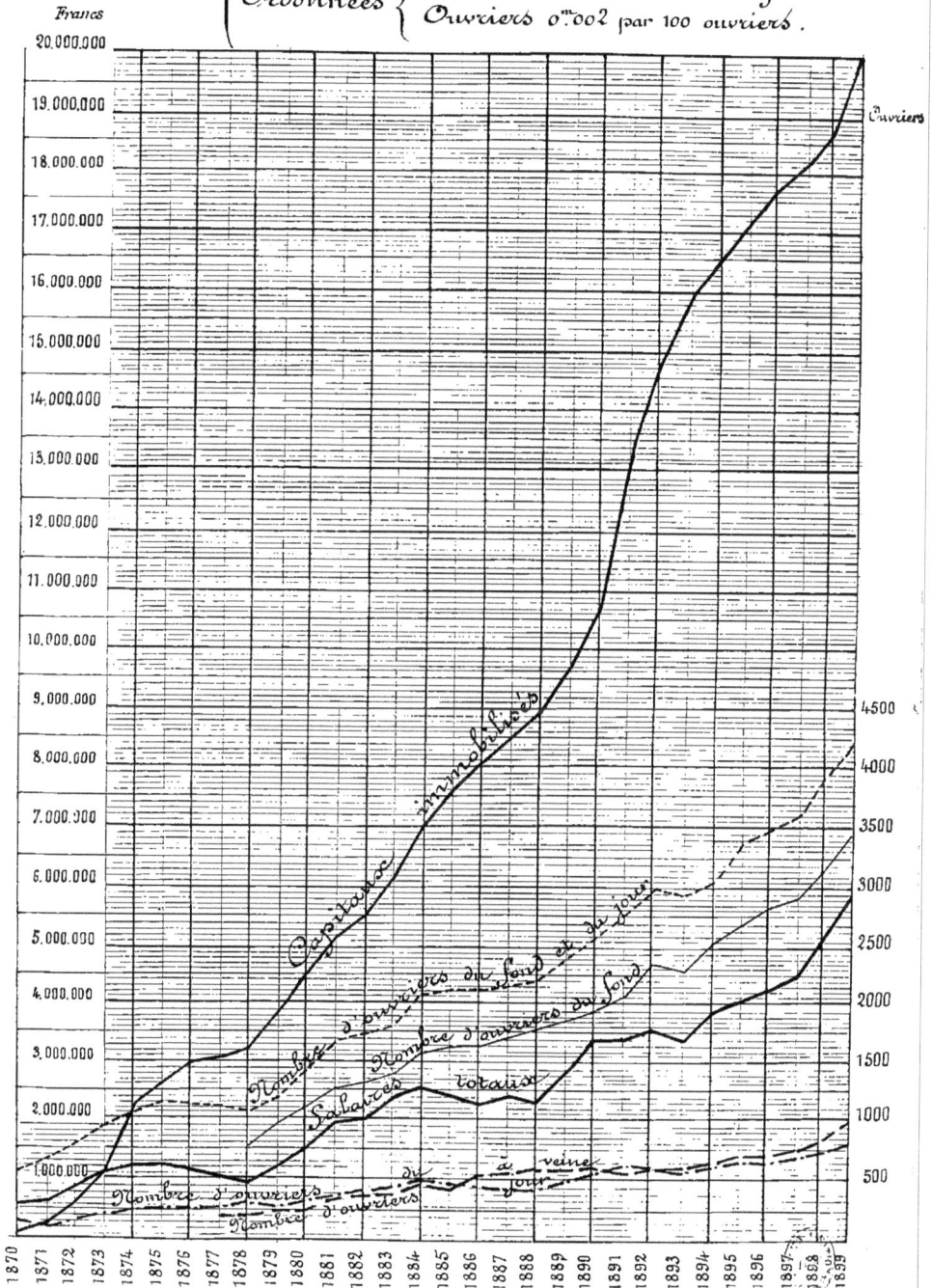

Francs

20.000.000
19.000.000
18.000.000
17.000.000
16.000.000
15.000.000
14.000.000
13.000.000
12.000.000
11.000.000
10.000.000
9.000.000
8.000.000
7.000.000
6.000.000
5.000.000
4.000.000
3.000.000
2.000.000
1.000.000

Ouvriers

4500
4000
3500
3000
2500
2000
1500
1000
500

Capitaux immobilisés

Nombre d'ouvriers du fond et de jour

Nombre d'ouvriers du fond

Salaires totaux

à veine

Nombre d'ouvriers

Nombre d'ouvriers

1870 1871 1872 1873 1874 1875 1876 1877 1878 1879 1880 1881 1882 1883 1884 1885 1886 1887 1888 1889 1890 1891 1892 1893 1894 1895 1896 1897 1898 1899

Production annuelle par ouvrier et gain journalier moyen

Echelle $\left\{\begin{array}{l}\text{Abcisses (Années)} \quad 0^m005 \text{ par année}\\ \text{Ordonnées}\left\{\begin{array}{l}\text{(Tonnes)} \quad 0^m010 \text{ par 100 Tonnes}\\ \text{(Francs)} \quad 0^m015 \text{ par franc}\end{array}\right.\end{array}\right.$

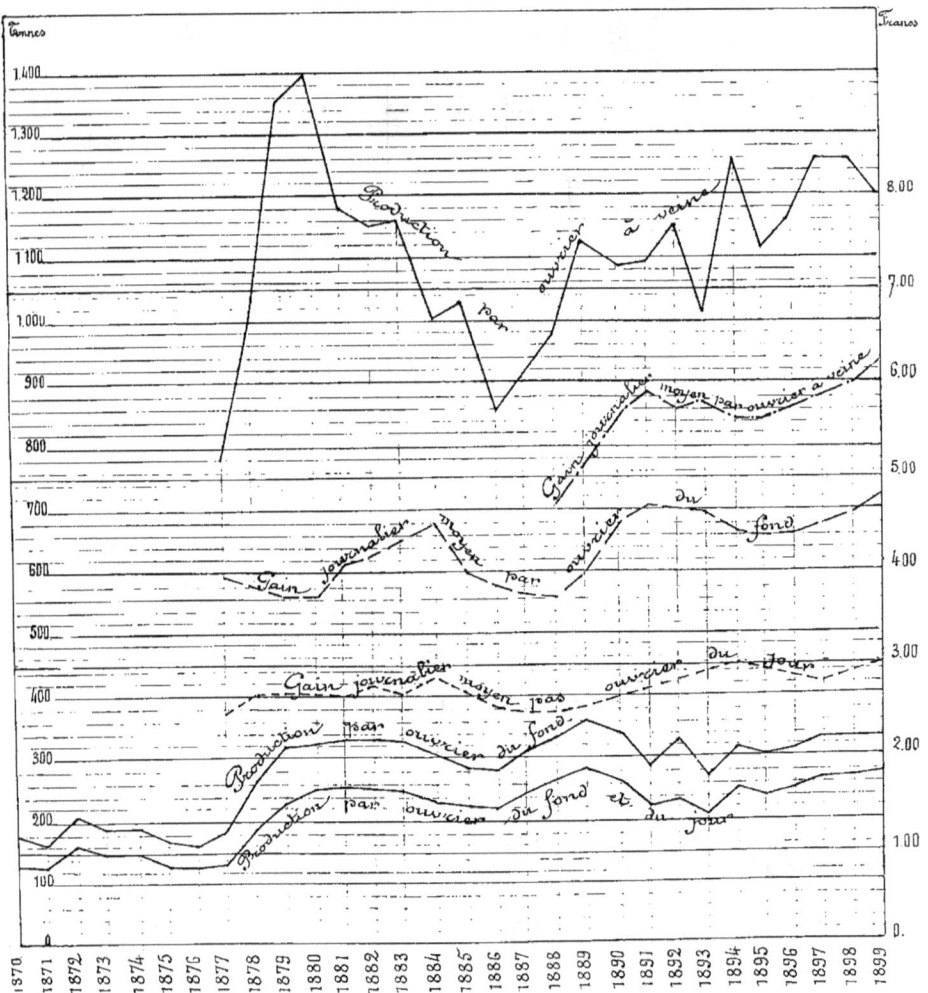

www.ingramcontent.com/pod-product-compliance
Lightning Source LLC
Chambersburg PA
CBHW070757270326
41927CB00010B/2176